JN033551

英語読みのプロが語る

文学作品に学ぶ 英語の読み方・味わい方

江藤秀一［編］

開拓社

まえがき

2021年度入試から始まった大学共通テストにおける英語の試験では，本試験を迎えるまで，民間の英語検定試験の導入を巡って混迷が続いた．結局，民間の英語検定試験は導入されないことになったが，学校教育の目的に鑑みると当然のことである．学校における英語教育は教育基本法にあるように，「平和で民主的な国家及び社会の形成者として必要な資質を備えた心身ともに健康な国民の育成」（教育基本法第一条）の一環であり，その目的を果たすために，英語という外国語を教材としているのである．したがって，学校における英語教育は買い物をしたり，道を尋ねたり，広告文を読んだりといった実用的なことではなく，もっと奥の深い，人格形成にかかわることを英語の学習を通じて学ぶのが主目的である．

ところが，最近の高等学校の英語教育では，思考力や判断力の育成が求められているにもかかわらず，英語をもっぱらコミュニケーションの道具としての観点から考える傾向にあり，「すくい読み」(skimming) や「拾い読み」(scanning) といった字面のみの浅い読み方に力点が置かれ，文学作品の精読は非実用的だとして軽んじられている感がある．こうした傾向は高校のみならず大学にも波及し，日本の英語教育観として定着しそうな勢いですらある．本来，知識やスキルは深い学びによって強化され，それによってより力を発揮するものであり，内容のないおしゃべりは話し手の本性を見透かされてしまうし，運用する言語の程度もそれなりのものでしかない．

学校で学ぶ英語や英語で書かれた文学作品は，実際のところ非実用的で役に立たないのか．いや，そうではないだろうと思い，日ごろから大学で，各種の英語検定試験対策や英作文といった「実用的な」英語を教えながらも，英語で書かれた文学作品に深く切り込み，字面の奥の真髄に迫る教育を実践している仲間に声をかけてみた．その結果，本書が誕生した．

本書は英語で書かれた文学作品が英語の深い理解と読みを促し，教育基本法や高等学校指導要領が求める他者への配慮や寛容の精神を涵養し，多面的な思考を可能にすることを，「英語読みのプロ」が具体的な作品を通して述べたものである．構成は3つのパートからなっている．Part I では英語の読み方・味わい方の入門編として，語の用い方や文法や英語の構文を手掛かりに，英文の読み方や英語的な発想を身につける方法を紹介する．Part II では，その応用編として，英文学から具体的な作品を取り上げ，Part I で紹介した英文の読み方や英語的な発想を盛り込みながら作品を読み解き，社会問題や人間のありように光を当てる．Part III では，上級編として，ナンセンス文学と戯曲と英語の韻律を取り上げ，英文をより深く味わい，楽しむ秘訣を披露する．英語のリズムや音の特徴を深く理解することは，英語らしい発音につながるし，英文をより深く理解する上にも必要である．本書の締めくくりは，今後さらに普及すると思われる機械翻訳と文学のかかわりを述べる．

それぞれの章では各執筆者が何を手掛かりにどのように文学作品を読み解いているのかを解説しながら，各執筆者独自の英語の読み方と味わい方を述べる．したがって，その読み方や味わい方には異論があるかもしれない．とはいえ，そもそも言葉というものは電化製品の使用説明書や入学試験問題のような複数の解釈があっては困る文を除いて，あいまいで多様な解釈を許すものである．加えて，英語で書かれた文学作品の解釈は英語に関する知識だけでなく，教養の程度や人生経験もかかわってくる．次は19世紀イギリスの詩人クリスティーナ・ロセッティの "What Are Heavy?" という詩であるが，語彙も文法も構文も決して難しくはない．しかし，この詩を読んで，自分の考えを形成して，それを英語で伝えるとなるとそう簡単ではない．

> What are heavy? sea-sand and sorrow:
> What are brief? today and tomorrow:
> What are frail? Spring blossoms and youth:
> What are deep? the ocean and truth.

このような詩はひとそれぞれに捉え方や考え方が異なるであろうから，たった1つの答えを期待する高等学校の英語教育では好まれず，「非実用的」で「役に立たない」英語の教材とされてしまうことだろう．しかし，先述のとおり，言葉や文章は複数の解釈を許すものであり，ことに文学作品では，年を重ねるごとに，そして多様な経験を積むごとに，解釈や理解が深まり，様々なことを考えさせてくれる．だからこそ，ロセッティの詩のような文学作品は「役に立つ」．人生 100 年のいま，学び直しが叫ばれる時代には，まさに豊富な人生経験があればあるほどこのような文学作品を英語で読んでみたいものだ．日本語とは違った言語体系で書かれた文学作品を読むことは，多面的な思考力と豊かな発想をもたらすことはもちろん，脳の活性化にもつながり，老化を防ぎ，心身ともに人生をより豊かなものにしてくれるはずだ．本書はそのような深い英語の学びを求める読者諸氏に向けた一書である．あわせて，学校の教科書では物足りない，さらに深い英語の読み方を身につけたいと願っている高校生や大学生にもお勧めしたい．

なにかにつけ，技能や実用を重んじる忙しい世界に住んでいる現代人だからこそ，各章の執筆者と共にじっくりと英語に対峙していただき，英語を読む楽しさや喜びを味わっていただければ幸いである．本書が高校時代に学ぶ「英語の読み方」から「さらに深い英語の読み方」への橋渡しとなり，巡り巡って教養あふれる英語による会話の創出につながることを願っている．

最後に，本書の出版に当たり，開拓社出版部長の川田賢氏に企画の段階から刊行まで大変にお世話になった．記してお礼を申し上げる．

2021 年 12 月 13 日

江藤　秀一

目次

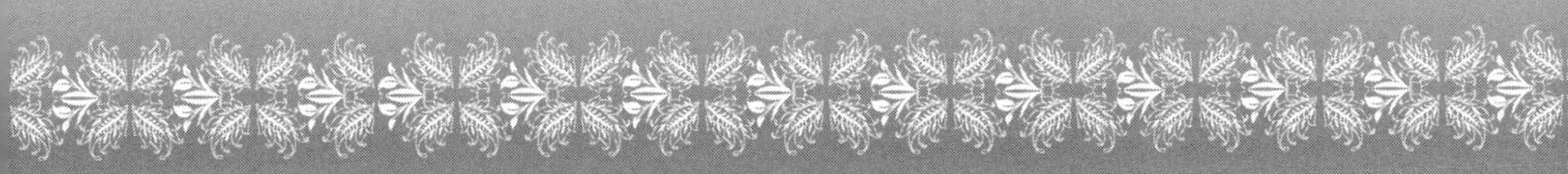

Part Ⅰ

英語の読み方・味わい方（入門編）

英語を読む秘訣

第1章

英語的発想法を身につけるための文学作品の読み方

倉林秀男

1. わが国の言語教育政策の問題点

わが国の小学校，中学校および高等学校における教育は文部科学省が告示した学習指導要領に基づいて行われている．学習指導要領はおおむね10年毎に改訂が行われ，その社会と時代の要請などが反映される．平成30年に告示された高等学校国語科の学習指導要領は平成22年に告示されたものから，大幅な改訂が行われている．これまでは必ず1週間に4時間学習しなければならなかった『国語総合』が姿を消した．『国語総合』は「国語を適切に表現し的確に理解する能力を育成し，伝え合う力を高めるとともに，思考力や想像力を伸ばし，心情を豊かにし，言語感覚を磨き，言語文化に対する関心を深め，国語を尊重してその向上を図る態度を育てる」(平成22年告示『高等学校学習指導要領解説　国語編』) ことを目標とする科目であった．平成30年の改訂では，『国語総合』は『現代の国語』と『言語文化』に分割され，それぞれ週に2時間ずつ割り当てられた．さらに，必履修ではない科目は，『現代文A』(週に2時間) および『現代文B』(週に4時間) は廃止され，『論理国語』(週に4時間) と『文学国語』(週に4時間) が新設された．加えて『古典A』(2単位科目) と『古典B』(4単位科目) は『古典探求』(4単位科目) として統合された．『高等学校学習指導要領 (平成30年告示) 解説　国語編』によると，『現代の国語』の設置の目的は「実社会における国語による諸活動に必要な資質・能力の育成に主眼を置き，全ての生徒に履修させる共通必履修科目として」（p. 14）と明示されている．

新設された『現代の国語』は，解説編を見ると，特に「論理」，「実社会」がキーワードとなり，科目が構築されていることがわかる．例えば，「教材は，現代の社会生活に必要とされる論理的な文章及び実用的な文章」（p. 15）とある．そして，「実社会に必要な国語の知識や技能を身に付けるようにする」という知識および技能の目標が設定されている．加えて，「論理的に考える力や深く共感したり豊かに想像したりする力を伸ばし，他者との関わりの中で伝え合う力を高め，自分の思いや考えを広げたり深めたりすることができるようにする」と思考力，判断力，表現力等の目標が設定されている．こうした変更は国語にとどまらず，英語についても見られる．具体的には『英語表現』が廃止され，『論理・表現』が設置された．例えば，『論理・表現 I』の「話すこと」には「基本的な語句や文を用いて，情報や考え，気持ちなどを論理の構成や展開を工夫して伝えることができるようにする」（『高等学校学習指導要領（平成 30 年告示）解説 外国語編　英語編』p. 94）という目標が示されている．英語も国語と同様に「論理」が重要視されていることがわかる．

一方で，必履修ではない『文学国語』の知識および技能に関する目標は，「生涯にわたる社会生活に必要な国語の知識や技能を身に付けるとともに，我が国の言語文化に対する理解を深めることができるようにする」とある．また，思考力，判断力，表現力等の目標として「深く共感したり豊かに想像したりする力を伸ばすとともに，創造的に考える力を養い，他者との関わりの中で伝え合う力を高め，自分の思いや考えを広げたり深めたりすることができるようにする」と掲げられている．

さて，ここで単純な疑問が浮かび上がってくる．学習指導要領で言及されている「論理的」とはいかなるものなのだろうか．論理は必ずしも科学的な情報伝達や内容の正確さとは関係がないことを確認しておくことにしよう．例えば，3 歳児から「どうして夜になるの？」と聞かれたときに，太陽や月の位置，地球の自転と公転の話を丁寧に説いたところで当然，聞き手である子供は前提の知識を持ち合わせていないため，理解を示さないだろう．しかし，「眠たくなったときに暗くないと眠れないから夜になるんだよ」とか「太陽がおねんねすると暗くなるから」など非科学的な答えに幼児は納得することもある．つまり，非科学的な答えであっても，幼児との会話が成立しており，メッセージの伝達が成功する何らかのロジックが存在しているのだ．つまり，話し手と聞き手の間でメッセージの伝達が成功すれば，それが論理として成立するということなのだ．

わが国の言語教育の問題は尽きることはない．『現代の国語』は目安となる授業時間数の配分に問題がある．「話すこと・聞くこと」は 20 ～ 30 時間程度，「書くこと」は 30 ～ 40 時間程度，「読むこと」は 10 ～ 20 時間程度となっている．このような時間配分は，わが国の教育が「読む」ことよりも，音声によるメッセージの伝達，受容が重視されていることの表れであろう．こうした音声重視の考えは，英語教育に対する考えと全く同じである．そこで，『現代の国語』の設置の目的の文言のうち，「実社会」の部分を「グローバル社会」に，そして，「国語」を「英語」に置き換えてみよう．そうすると，どうなるだろうか．「グローバル社会に必要な英語の知識や技能を身に付けるようにする」となる．これが今日の英語教育の目標である，と言っても疑う人はいないだろう．高等学校学習指導要領（平成 30 年告示）解説外国語編 英語編（p. 6）によると，「グローバル化が急速に進展する中で，外国語によるコミュニケーション能力は，これまでのように一部の業種や職種だけではなく，生涯にわたる様々な場面で必要とされることが想定され，その能力の向上が課題となっている」と改訂の目的が述べられているだけではなく，「高等学校の授業においては，依然として外国語によるコミュニケーション能力の育成を意識した取組，特に「話すこと」及び「書くこと」などの言語活動が適切に行われていない」という問題点が示されている．こうしてわが国の英語教育は，国語教育と同じく，音声言語でのやりとりを重視する方に舵を切ったのである．さらに，外国語（英語）の学習指導要領の文言には「小説」や「文学」という言葉は出てこない．いわゆる「物語」という言葉が出てくるのは，『英語コミュニケーション III』の「日常的な話題について，新聞記事や物語などから必要な情報を読み取り，文章の展開や書き手の意図を把握する活動」という部分だけである．しかも『英語コミュニケーション III』は必履修科目ではないため，授業科目として設置しなくてもよい．そのため，「物語」に触れることなく，高等学校を卒業する生徒も出てくる可能性がある．わが国の言語教育について，国語教育や英語教育の学習指導要領の改訂を見る限り，「物語」や「小説」，「文学」の扱いは「雑」であり，「実社会」，「グローバル化」，「論理」という抽象的で多様に解釈できる言葉が踊っているだけなのである．

こうした「実社会」や「グローバル化」が具体的に，どのような社会や世界を指すのか明確に示されることはないのである．虚像の社会が想定され，そこで必要とされる「実用的」な言語表現を教えるのが今日の学校教育であり，大きな問題が潜んでいるのである．そこで，本章では「実用的」なものと対極に位置するかのように扱われている虚像の社会を描き出す文学作品に焦点を当て，英語的発想法を身につけるための読み方を示してみたい．

2. 「ことば」に支えられること

我々は「ことば」に込められたメッセージを読み解くだけでなく，ことばそのものに感動したり，傷つけられたり，励まされたり，悩まされたりすることがある．今でも多くのビジネスマンを魅了してやまない書物として，ソニーの創設者である盛田昭夫氏の『MADE IN JAPAN わが体験的国際戦略』(PHP 出版）や，本田技研工業の創業者である本田宗一郎氏に関する『本田宗一郎 夢を力に ── 私の履歴書』（日経ビジネス人文庫）などがある．こうした著作は，その言葉が発せられた文脈を離れ，読者が現在置かれた自分自身の状況や立場に照らし合わせて読み，その言葉に共感するのである．もしくは，苦境に立たされたとき，先人たちの言葉からヒントを得ようと思い，こうした著作を手に取ることがあるだろう．

さらに，紀元前 500 年ごろに書かれた「ことば」に頼る人たちもいる．『孫子』の兵法書がよい例である．2500 年以上前の中国の「ことば」が日本語に翻訳されたものであるが，今日でもビジネス分野など，様々な場面で引用されることもある．こうした，過去の偉人たちの「ことば」を大切にし，自らの行動指針の規範にしている人もいるだろう．

我々は，何かに頼りたくなったときに，「誰かのことば」を参照することがある．それは日常生活を営むうえで，重要な「ことば」なのだ．苦しいときに自分を鼓舞するために，音楽を聴く人もいるだろう．そうすることで，その歌詞に背中を押されたり，支えられたりする．もちろん，文学作品の中に出てくる「ことば」もその 1 つだ．我々は他人によって産出された「ことば」に大きな影響を受けるのである．こうした，「ことば」を正確に理解するためには，「ことば」を見る視点が必要であり，次節以降にその点を詳しく述べていくことにする．

3. 「ことば」を見る視点

誰もが知っている名言を1つ取り上げてみることから始めたい．アメリカの作家マーガレット・ミッチェル（Margaret Mitchell, 1900-1949）の『風と共に去りぬ』（*Gone With the Wind*, 1936）で主人公のスカーレット・オハラが最後に口にすることばである．故郷に帰ればきっとなんとかなるという場面である．

After all, tomorrow is another day.

この文の another は「また」や「別の」という意味で，「今日とは違う日」になる，すなわち「今日は今日，明日は明日だから，明日になればなんとかなる」という彼女の態度が表されている．しばしば文頭の after all が省略され "Tomorrow is another day."（明日は明日の風が吹く）とされることがあるが，文頭の after all が重要である．これを省略してしまうと，本来の意図が十分に伝わらないのである．そこで，この after all について考えてみたい．

after all には「述べられている内容が予想や期待に反して起こった事柄であること」を示す役割がある．したがって，例えば，"He came to the party after all." という文からは，「彼がパーティにやってきた」という事実を話し手が「予想外」であったと思っていることがわかることになる．

次に，この after all の実態をつかむために，ディズニーの名曲の1つ "It's a Small World" の一節を取り上げてみる．

It's a world of laughter, a world of tears.
It's a world of hopes, a world of fear.
There's so much that we share.
That it's time we're aware.
It's a small world after all.

サビの部分に "It's a small world after all." が出てくる．この after all も話し手にとって「予想外」の事柄を表している．"It's a Small World" は歌詞にあるとおり，「この世界には笑いもあり，涙もある．希望もあれば恐れることもある」から始まる．そして，"There's so much that we share."（私たちが共有しているものがこんなにもたくさんある）と続く．つまり，「人種や民族，宗教，肌の色など違うことはあるけれど，共有している部分はたくさんある」というメッセージがこの歌詞の中に込められている．そして，“That it's time we're aware.”（今，そのことに気がつくときなのだ）と続き，問題の “It's a small world after all.” が出てくる．「今まで気がついていなかったけれど，気がつけば世界は小さいのだ」となる．このように具体的なコンテクストから，after all がどのように使われているのかを知ることで，その「実態」をつかみとることができる．

次に，「そもそも，なにしろ」という意味を持つ after all についてみていこう．これは，「話し手が既に知っていることについて述べる」際に用いられる副詞句である．例えば，“You can't meet him. After all he is in the hospital.” は，「彼に会うことができないのは，そもそも彼は入院しているからだ」という意味になる．「彼が入院している」ということは話し手にとって既に知っている事実なのである．

では，スカーレットの言った “After all, tomorrow is another day.” に戻って考えてみることにしよう．これは後者の「なにしろ」という感じで使われているのである．毎日が波乱にあふれ，一日たりと同じ日を送ることはない．今，くよくよしてもしょうがないのである．そんなときに彼女はこれまでのことを思い出し，「そうだ，今までも経験してきたように，明日になれば大丈夫だ．なにしろ今日と明日は違う日だ」と考えていることがこの文からわかるのである．

このように，丁寧に表現を見ていくことで，その表現に潜む話し手や書き手のメッセージをきちんと読み取ることが可能なのである．そこで役に立つのが文法や語法の知識である．つまり，語彙，語法，文法を頼りに推論しながらその文に込められているメッセージを読み取ることができるのである．

4. 英語らしい表現を巡って

英語の「自動詞」と「他動詞」についてここでは考えていきたい．自動詞はその動詞だけで働くことができ目的語をとらない動詞のこと，例えば，“The baby is crying.”（その赤ん坊が泣いています）や “Melos ran.”（メロスは走った）

のような動詞である．そして他動詞は後ろに目的語として名詞相当語句を必要とするもので，例えば，“I watch TV every morning.”（私は毎朝テレビを見る），“I like music.”（音楽が好き）のような動詞である．自動詞の後ろに何かの名詞を持ってくるときには，例えば，“He looked at the girl.”（彼はその女の子を見た）のように「前置詞＋名詞」の形を取ることになる．

それを踏まえて，以下の4つの例を見てみよう．

(1) The horse kicked Tom.
(2) The horse kicked at Tom.
(3) A drowning man will catch at a straw.
(4) A drowning man will catch a straw.

(1) の文は kicked Tom では実際にトムが馬に蹴飛ばされたことを意味する．だが，(2) では kick at Tom と，前置詞句が動詞の後に置かれたことで，馬がトムを蹴飛ばそうとしたことに焦点があたり，トムが蹴られたかどうかは言及されていない．本来，動詞の kick は他動詞として目的語をとり〈kick＋人・もの〉で「人・ものを蹴る」となる．これは行為者の行為が対象者（物）に直接的な影響を与えるという意味を表し，このような構文を「他動詞構文」と呼ぶ．つまり，「蹴る」という行為が成功するには，対象物に直接的な物理的な力が加わる必要があるというわけである．

また，(2) のように，他動詞が前置詞の at を後続させ，〈kick at＋人・もの〉と自動詞的に機能する場合がある．このときは，「人・ものをめがけて蹴る」という意味となり，対象物が蹴られたかどうかは不明である．あくまでも at 以下の人や物は標的となる「場所」として扱われ，その行為が達成したかどうかは言及されないのだ．こうした構文を動能構文（conative construction）と呼ぶ．

次に，「溺れる者は藁をもつかむ」ということわざを英語にしたものを考えてみたい．この場合 (4) の文ではなく，(3) の前置詞を含んだ文が正しい．危機的な状況に陥った人は，どんな弱いものであっても，何かにすがろうと手を伸ばす，そうした瞬間を「溺れる者は藁をもつかもうとする」と表現しているのである．実際につかんだという結果ではなく，つかもうとする行為に焦点が当てられているわけである．そのため，他動詞構文で “A drowning man will catch a straw.” とすると，溺れている人が藁を実際につかむことになり，ことわざの意味を表す英文としては不適切である．こうした他動性や動能構文のように日本語にはない英語特有の表現形態を理解していくことで，正しく英語を理解することができるようになる．

筆者は文法理解とあわせて，英語で書かれた文学作品とそれらの翻訳を通じ，英語と日本語の差を確認することで英語的な発想法を理解することができると考えている．そこで，具体的に文学作品の例をあげて，代表的な日本語訳を参照しながら考えていくことにしよう．まずは，アメリカを代表する小説家アーネスト・ヘミングウェイ（Ernest Hemingway，1899-1961）の短編である「フランシス・マカンバーの短い幸福な生涯」（“The Short Happy Life of Francis Macomber”，1936）の結末部分を取り上げ，動能構文と関連させて述べていくことにする．なお，引用する英文は，Ernest Hemingway, *The complete short stories of Ernest Hemingway*（New York: Charles Scribner's Sons, 1987）の28頁からのものである．

この物語は，アメリカ人マカンバー夫妻がアフリカに猛獣狩りに来ているところからはじまる．ガイドのウィルソンが夫妻に帯同する．夫フランシスは長身のスポーツマンではあるが，臆病者である．ライオン狩りでは，ライオンが彼に向かってくると，彼は，怖気づき皆が見ている前で一目散に逃げてしまう．その様子を見ていた妻のマーゴットは夫に愛想を尽かす．その晩，彼女はウィルソンと逢い引きをする．これが原因となり，夫婦関係は最悪な状態になる．翌日の水牛狩りでは，仕留めたはずの一頭の水牛が薮の中に逃げ込むと，彼らは，その水牛を追いかけ，対峙する．襲いかかってくる水牛に対し，フランシスは勇敢にも立ち向かう．水牛の角が夫に迫ってきた瞬間，妻はライフルを手に取り，銃弾を放つ．妻が「水牛めがけて放った」弾が頭部にあたり，彼は命を落としたのである．

水牛を追ってフランシスとウィルソンが草むらのなかに入っていく．マーゴットは車の中に残り，彼らの方を眺めているという場面を以下に引用する．

(5) Wilson had ducked to one side to get in a shoulder shot. Macomber had stood solid and shot for the nose, shooting a touch

high each time, and hitting the heavy horns splintering and chipping them like hitting a slate roof and Mrs. Macomber, in the car, had shot at the buffalo with the 6.5 Mannlicher as it seemed about to gore Macomber and had hit her husband about two inches up and a little to one side of the base of skull. （下線部は筆者による）

今まで，臆病な夫に対して優位に立っていた妻にしてみれば，夫が勇敢さを取り戻すことは恐怖でしかない．そこで自分の立場を守りたい一心で夫を殺めてしまったという，意図的な事件とみる研究もある．それに対し，夫を助けたいと思い銃を撃ったが，水牛ではなく夫に当たってしまった事故と結論づける研究もあり，長らく議論がなされてきた．この問題を解決する鍵を握るのが，「他動詞構文」と「動能構文」なのである．

妻が銃を放った様子を確認してみよう．下線部で示したが，“shot at the buffalo” とあり，水牛をめがけて銃を放ったのである．ここが動能構文の “shot at the buffalo” ではなく，他動詞構文の “shot the buffalo” となっていれば，銃弾が確実に水牛に命中していることになるため，後続する “hit her husband” と矛盾する．しかし，本文にあるように “shot at the buffalo” では，銃口が水牛に向けられたことが明示されるのみであり，その銃弾が水牛に当たったかどうかは読み取ることができないのである．そこで，“shot at the buffalo” がどのように翻訳されているのかをいくつかの翻訳を比較してみることにしたい．

(6)　福田陸太郎訳

そこで，車の中にいたマコウマー夫人が，六・五のマンリッヒャー銃をとつて水牛を射つた．水牛の角があわやマコウマーの體を突きさしそうに見えたときであつた．そしてその弾丸は夫の頭蓋骨の基底の二インチばかり上部，ちよつと片方へ寄つた所に命中したのである．

（福田陸太郎訳「フランシス・マコウマーの短い幸福な生涯」『ヘミングウェイ全集 I』三笠書房，1965，p. 391）

(7)　谷口陸男訳

マコーマー夫人が六・五のマンリッヒャー銃をとり，水牛がまさにマコーマーを角にかけんばかりに見えたとき，水牛めがけて射ったのである，弾丸は夫に命中した，彼の頭蓋骨のつけ根から二インチほど上で，すこし横にはずれたところだった．

（谷口陸男 編訳「フランシス・マコーマーの短い幸福な人生」『ヘミングウェイ短編集（下）』岩波文庫，1972，pp. 217–218）

(8) 高見浩訳

次の瞬間，車の中にいたマカンバー夫人は，雄牛が夫に突きかかろうとする寸前，6.5 マンリッヒャー銃でバッファローを狙い撃った．弾丸は夫の後頭部の基底のやや横，五センチほど上部に命中した．

（高見浩訳「フランシス・マカンバーの短い幸福な生涯」『ヘミングウェイ全短編 2』新潮文庫，1996，p. 315）

（下線部は筆者による）

(6) の福田訳は「水牛を射つた」とあり，他動詞構文と動能構文の区別を付けることが難しい．しかし，(7) の谷口訳では，「水牛めがけて射った」，そして (8) の高見訳は，高見訳では「バッファローを狙い撃った」とあり，「狙い」という銃口が向けられる対象を明示する前置詞 at を意識した翻訳となっている．このように，翻訳家によって，訳が異なってくることがわかる．

ここでは，銃口が向けられる対象が夫にであれば，妻による夫殺しの物語となる．しかし，ヘミングウェイは前置詞の目的語に水牛を置き，あくまでも狙いは「水牛」であり「夫」ではないことを明示しているのだ．

さらこの部分を考えて見たい．続く，“and had hit her husband” の hit は典型的な打撃系の他動詞である．つまり，主体による対象への「直接的な」働きかけが示されている．妻が水牛に照準を合わせて放った銃弾が夫に当たってしまったのである．このように考えると，妻による意図的な夫殺しと結論づけることは不可能なのである．もちろん，この解釈も推論であり，いくつもの解釈の可能性が残されているはずである．こうした解釈の楽しみを得ることができるのが文学作品の特徴の 1 つであるといえるだろう．

こうした楽しみを得るには，英語の動詞の特徴を理解していなければならない．例えば，「撃つ」と shoot は同じ意味を伝えているように思われがちであるが，それぞれが持つ意味は異なっている．英語の shoot は「撃つ」という行為だけではなく，対象に「当たる」という結果も含まれる．だが，日本語の「撃つ」は「警官は犯人を撃ったが，命中しなかった」と言うことができることからも，英語のように結果は含意されない．こうした類いの動詞は他にもある．有名な例を 1 つ出しておくことにしよう．「説得する」という意味を持つ“persuade”も日本語にはない意味が含まれている．英語の“persuade”は，「説得し，それが成功する」という意味なのである．つまり，説得するという行為と，そこから生じた「結果」まで含むのである．一方，日本語の「父を説得したけれど，翻意させられなかった」というように，「説得する」は，説得が成功しない場合も用いることができる．このように，英語の場合，他動詞は行為の結果までも表すことができ，日本語は結果を含意しないことがある．こうした英語の他動詞の特徴を「他動性」と専門的には言うのであるが，この英語的な発想法を具体的に英文を読みながら理解していくことで，その英文が伝えている意味を正確に捉えることができるようになるのである．この「他動性」については，言語学者の池上嘉彦の『「する」と「なる」の言語学』（大修館書店，1981）に詳しい．以後，英語は主体が客体にはたらきかけを「する」的な言語であり，日本語はある状況に「なる」という言語であると考えられるようになった．この「する」的言語の特徴として，他動性があるのだ．加えて，英語の意図的な行為を表す動詞は，その行為と結果を含むが，日本語は行為に焦点があてられるだけであり，結果が含まれないことも指摘されている．

次に，『サロメ』や『ドリアン・グレイの肖像』で有名なアイルランド出身の作家オスカー・ワイルド（Oscar Wilde, 1854-1900）の童話，「幸福な王子」（“The Happy Prince”）を見ながら，他動詞構文の目的語を意識することの重要性について確認したい．この物語のあらすじは以下のとおりである．

ある町に，全身金箔で，目にはサファイア，剣の柄には赤いルビーが輝く王子の像が高くそびえ立っていた．ある日，渡り鳥のツバメが，暖かいエジプトに向かおうとしていたところで王子の像に出会い，王子から町中の困っている人に，自分の目のサファイアや剣の柄の赤いルビーを与えるように命じられる．ツバメは王子の依頼に応え，戻ってきては「エジプトに行きます」と言うのであった．しかし，王子は困っている人たちに体を覆っている金箔を届けるよう繰り返し頼み，ツバメを引き留める．その願いをかなえるツバメであるが，とうとう体力もなくなり，エジプト行きを諦め，冬の訪れとともに，天に召される．

以下に引用する場面は，死期が近いことを悟ったツバメが，エジプト行きを諦め，王子に今生の別れを告げるところである．なお，英文は，Oscar Wilde, *Complete Short Fiction* (Penguin, 1994) 10 頁からのものである．

(9) "Good-bye, dear Prince!" he murmured, "will you let me kiss your hand?"

"I am glad that you are going to Egypt at last, little Swallow," said the Prince, "you have stayed too long here; but you must kiss me on the lips, for I love you." （下線部は筆者による）

ここでは動詞 kiss に注目してみたい．"kiss your hand" と "kiss me on the lips" とどちらも他動詞としての kiss となっているが，目的語に置かれているものが異なっている．前者は kiss の目的語が your hand という「身体部分」であり，後者は me と「人」になっている．その後に身体部分を表す前置詞句 on the lips と続け，場所を明示する．動詞の kiss には目的語に直接身体部位を持ってくる場合と，「人＋前置詞句」で身体部分を表すものではニュアンスの差がある．"kiss my lips" は「唇」に焦点が置かれ，「唇にキスをする」という「行為」のみを描写している感じがある．目的語に身体部分をおいた場合は，人よりも身体部分に興味が向いていると考えられる．そのため，直接目的語として「唇」をとると，そこだけにフォーカスされることで，ある種の「生々しさ」も感じとることができる．

これに対して，"kiss me on the lips" は「私にキスをする」という愛情表現であり，キスをする場所が「唇」である．人を目的語に取った場合は，関心が人に向けられ，人全体に影響を与えたというイメージになる．つまり，ツバメにキスをしてもらうことによって，王子自身が何らかの影響を受けることになるのが，この "kiss me on the lips" なのである．ツバメからの愛情を体全体で受けるかのような表現であるといってもよいだろう．なお，一般には，身体部分を直接目的語に取るパターンよりも，〈動詞＋人＋前置詞＋the＋部位〉というパターンが好んで用いられる．

では，ツバメの "will you let me kiss your hand?" について考えてみることにしよう．なぜ，ツバメは "will you let me kiss you on your hand?" とい

う言い方をしていないのだろうか．ツバメには，王子に対して影響を与えてしまうほど，「図々しいこと」ができない．本当はエジプトに行きたいのに，王子の頼みを最後まで断れなかったことも，その表れと言ってよいだろう．この “will you let me kiss your hand?” は，「愛情の表現なんていう図々しいことではなく，最後のお願いとして，せめて手に口づけをさせてもらえませんか？」という，とても切ない思いを感じさせ，読者の涙を誘うと考えてもよいだろう．

ちなみに，“you must kiss me on the lips” のように，〈動詞＋人＋前置詞＋the＋身体部位〉で表される文のことを，身体部位所有者上昇構文（body-part possessor ascension construction）と呼び，動詞の意味内容に応じて，どのような前置詞が用いられるのかについて野中大輔による興味深い論考がある．興味のある方は影山太郎編『日英対照　名詞の意味と構文』（大修館書店，2009: 284-287 頁）を参照されたい．

そこで，本文に用いられている，身体部位所有者上昇構文について日本語ではどのように扱われているのかを確認するために (9) の引用部分に対する翻訳を見てみることにしよう．

(10)　西村孝次訳

「さようなら，王子さま！」つばめは，つぶやくようにいいました，「お手にキスさせてくださいませんか？」

「おまえがやっとエジプトへいくことになってうれしいよ，小さなつばめさん．お前はここに長くいすぎた．でも，わたしのくちびるにキスしなさい，わたしはおまえを愛しているのだから」

（西村孝次訳『幸福な王子』新潮文庫，1968，p. 23）

(11)　富山太佳夫訳

「さようなら，王子さま．最後に，お手にキスをしてもよろしいですか？」

「ツバメよ，よかったね，とうとうエジプトにゆくときがきたんだね．ほんとうに長いこと，ここにいてくれた．わたしのくちびるにキスをしておくれ，わたしがおまえを愛した，そのしるしに」．

（富山太佳夫，富山芳子訳『幸福な王子』青土社，1999，p. 25）

（12） 小尾芙佐訳

「さようなら，いとしい王子さま！」燕は小さな声でいった．「あなたの手に接吻してもいいでしょうか？」

「よかった，いよいよエジプトに出立するんだね，いとしい燕よ」王子は申された．「きみはここに長くいすぎたようだね．だが接吻は私の唇にしておくれ，わたしはきみを愛しているのだもの」

（小尾芙佐訳『幸福な王子／柘榴の家』光文社古典新訳文庫，2017，p. 24）

（13） 富士川義之訳

「さようなら，王子さま！」と，つばめはつぶやいた．「あなたの手にキスさせていただけませんか？」

「きみがやっとエジプトへいくことになってうれしいよ，小さなつばめさん」と，王子は言った．「きみはここに長くいすぎたようだね．でも，きみにはぼくの唇にキスしてほしい，ぼくはきみを愛しているんだから」

（富士川義之訳『童話集　幸福な王子　他八篇』岩波文庫，2020，p. 24）

（下線部は筆者による）

上掲の訳文はどれもツバメと王子の最後の場面を見事に表しているといえるだろう．kiss me on the lips の訳文から見ていくことにしよう．西村および富山訳では「わたしのくちびる」，小尾訳は「私の唇」，富士川訳は「ぼくの唇」と全て，〈「所有者」＋の（連体修飾の格助詞）＋「所有物」〉という構造になっている．また，“kiss your hand” は「あなたの手」（小尾訳，富士川訳）も〈「所有者」＋の（連体修飾の格助詞）＋「所有物」〉となっていることから，“kiss me on the lips” の訳文と同じ構造である．ここで取り上げている箇所は，原文の持つ味をどこまで翻訳で置き換えることができるのか，非常に難しい問題を含んでいる．しかしながら，この場面の翻訳を通して言えることは，“kiss your hand” と kiss me on the lips の部分に関しては，原文の持つ味を端的な日本語に置き換えることは非常に困難であることがわかる．英語に特徴的な文法構造，語彙・語法をきちんと把握することが，英語で描き出されている事柄をきちんとつかみ取り，意味を理解することができるのである．

5. テンスとアスペクトに注意をして読む

最後にもう1つ日英語の違いを意識して読むことを考えてみたい．英語と日本語の代表的な違いの1つに「テンス」と「アスペクト」がある．英語における「テンス」とは，動詞の形で「現在」と「過去」を表し，「アスペクト」は動作や状態のありようを示し「単純」，「進行」，「完了」の3種がある．たとえば，“He plays tennis every Sunday.” で考えてみよう．この文の動詞であるplays は，テンスが「現在形」，アスペクトは「単純」となり「習慣」を表している．また，“He is playing tennis now.” と言えば，テンスは「現在形」，アスペクトは「進行」となり，「動作の最中・一時性」を表す．このように，英語では動詞の形によって，事態の描写の仕方が変わってくるのである．一方，英語と異なり，日本語では，動詞を変化させて過去形と過去完了形にすることがない．したがって，“I thought he had left for London the day before.” を日本語に直す場合，「彼が先日ロンドンに向けて発ったと私は思った」のようにthought を「思った」とし，さらに，had left を「発った」とし，過去形と過去完了を明確な違いとして訳し分けていないことがある．英語の動詞部分が担う「テンス」と「アスペクト」は，日本語の発想と大きく違うということを，きちんと理解しておく必要があるだろう．

そこで，「テンス」と「アスペクト」について，アメリカの作家である，F・スコット・フィッツジェラルド (Francis Scott Fitzgerald, 1896-1940) の『グレート・ギャツビー』(*The Great Gatsby*, 1925) の冒頭部分を例として見ていきたい．なお，引用する英文は F S. Fitzgerald, and Matthew J. Bruccoli 編の *The great Gatsby* (Cambridge and New York: Cambridge University Press, 1991) の5頁の部分である．

(14) In my younger and more vulnerable years my father gave me some advice that I've been turning over in my mind ever since.

“Whenever you feel like criticizing any one,” he told me, “just remember that all the people in this world haven't had the advantages that you've had.”

He didn't say any more, but we've always been unusually communicative in a reserved way, and I understood that he meant a great deal more than that.

第一文の "my father gave me some advice that I've been turning over in my mind ever since" では，過去形の gave と現在完了進行形の "have been turning over" が用いられている．過去形は「現在時（＝発話時）から『切り離された』（severed）過去の事実を表す」（安藤貞雄『現代英文法講義』（開拓社，2005，p. 92）ものであることを考えると，"my father gave me some advice" の部分は，かつて，主人公の「私」が父親から助言を受けていた事実が伝えられている．つまり，語りの時点（現在時）から過去を振り返り，かつて父に言われたことを思い出している場面である．次の "I've been turning over in my mind ever since" と現在完了進行形で表されている箇所は何を伝えようとしているのだろうか．現在完了進行形は，「過去の不定時に始まった動作が基準時である発話時まで〈継続〉していることを表す．さらに，将来も継続するだろうという含意がある」（安藤 p. 155）と考えると，この部分では，父親から受けたアドバイスが，今でも心に残っている．そして，この先もふとしたときに思い出すことを伝えているのだ．「私」は父の言葉の影響をかなり受けていることがわかる．加えて，自分の父について語る箇所でも，"He didn't say any more, but we've always been unusually communicative …" と過去形と現在完了の両方がみられる．「私」はあまり多くを語らなかった父のことを思い出したのである．それが "we've always been …" という現在完了形で表されている．つまり，今でも父と会えば，あまり多くを語らなくてもお互いわかり合えるそういう間柄であるという親子の関係性を現在完了形で描写されている文である．

このように，フィッツジェラルドは緻密にテンスとアスペクトを利用し人物描写や語り手である「私」の心理状況を見事に描き出しているのである．それが，この作品における文体的な特徴である．

次に，ここで引用した部分の翻訳を確認しながら，過去形と現在完了形が日本語ではどのように訳し分けられているのかを確認してみることにしよう．

(15)　野崎孝訳

ぼくがまだ年若く，いまよりももっと傷つきやすい心を持っていた時分に，父がある忠告を与えてくれたけれど，爾来ぼくは，その忠告を心の中でくりかえし反芻してきた．

「ひとを批判したいような気持ちが起きた場合にはだな」と，父は言うのである．「この世の中の人がみんなおまえと同じように恵まれているわけではないということを，ちょっと思い出してみるのだ」

父はこれ以上多くを語らなかった．しかし，父とぼくとは，多くを語らずして人並み以上に意を通じ合うのが常だったから，この父の言葉にも，いろいろと言外の意味がこめられていることがぼくにはわかっていた．（野崎孝訳『偉大なギャッビー』集英社文庫，2013，p. 5）

(16)　大貫三郎訳

今より若く心が傷つきやすい若者だった時に，父が忠告してくれたことを，その後ずっと繰り返し考え続けてきた．

「ひとのことをとやかく，批評したくなっても」と，父は言った．「ひとなみすぐれた強みを持っているひとなんて，めったにいないんだってことを，忘れるんじゃないよ」

父はそれ以上語らなかったが，父も僕も口数がすくないわりに，いつでもお互いの意志が，通じすぎるぐらいよく通じたから，父の言っていることには，もっと深い意味があるんだろうと思った．

（大貫三郎訳『華麗なるギャツビー』角川文庫，1957，p. 3）

(17)　小川高義訳

まだ大人になりきれなかった私が父に言われて，ずっと心の中で思い返していることがある．

「人のことをあれこれ言いたくなったら，ちょっと考えてみるがいい．この世の中，みんながみんな恵まれているわけじゃなかろう」

父はそれしか言わなかったが，もともと黙っていても通じるような親子なので，父が口数以上にものを言ったことはわかっていた．

（小川高義訳『グレート・ギャッツビー』光文社古典新訳文庫，2009，p. 9）

(18) 村上春樹訳

僕がまだ年若く，心に傷を負いやすかったころ，父親が1つ忠告を与えてくれた．その言葉について僕は，ことあるごとに考えをめぐらせてきた．

「誰かのことを批判したくなったときには，こう考えるようにするんだよ」と父は言った．「世間のすべての人が，お前のように恵まれた条件を与えられたわけではないのだと」

父はそれ以上の細かい説明をしてくれなかったけれど，僕と父のあいだにはいつも，多くを語らずとも何につけ人並み以上にわかりあえるところがあった．だから，そこにはきっと見かけよりずっと深い意味が込められているのだろうという察しはついた．

(村上春樹訳『グレート・ギャッツビー』中央公論新社，2006，p. 9)

“In my younger and more vulnerable years my father gave me some advice that I’ve been turning over in my mind ever since.” の現在完了進行形が持つ，「今でもなお父の助言が頭をよぎり，この先も考えることがあるだろう」というニュアンスを出しているのは，小川訳の「まだ大人になりきれなかった私が父に言われて，ずっと心の中で思い返していることがある」である．「ずっと心の中で思い返していることがある」とすることで，今でも思い返しており，この先も思い返すことがあるという意味を読み取ることができる．他の訳者によるものは「反芻してきた」(野崎)，「考え続けてきた」(大貫)，「考えをめぐらせてきた」(村上) のように現在とは切り離された出来事としても捉えることもできる訳になっている．また，同様に “He didn’t say any more, but we’ve always been unusually communicative in a reserved way” の過去形と現在完了の部分を小川は「父はそれしか言わなかったが，もともと黙っていても通じるような親子なので」と訳している．「親子なので」の部分を「親子だったので」とすると途端に「過去」が意識されてしまう．それを避けるために「親子なので」としたのだろう．

そこで，他の訳者のものを見てみよう．野崎は「父とぼくとは，多くを語らずして人並み以上に意を通じ合うのが常だったから」と過去を意識させる訳になっている．また，大貫は「いつでもお互いの意志が，通じすぎるぐらいよく通じたから」と，やはり「通じた」とあるように過去の事実を想起させる．さらに村上も「何につけ人並み以上にわかりあえるところがあった」と過去について言及するような訳にしている．このようにみてきたところで，英語の「テンス」と「アスペクト」を日本語に翻訳することは難しい問題なのである．つまり，先に挙げた動能構文もそうであったように日本語に翻訳することが難しい箇所こそが，英語らしい表現なのだ．日本語と英語の表現の違いを意識しながら英語の文法や構文を１つひとつ学び，習熟する過程を重ねていくことこそが英語力の根幹を形成していくものであり，その結果として英文のメッセージを的確に受け取ることができるようになるのである．

6. 地道な作業が教養への道

これまで，文法的に英文を理解していくことが，英文読解の第一歩であるということを示してきた．そして，日本語と英語の違いを意識できるようになるために，優れた翻訳を横に置き，それらを参照しながら，英語を考え，文章に込められているメッセージを読み解く訓練は有効な学習法である．

さらに読解力を向上させ，英語を味わえるようになるには多くの英語に触れながら，自ら訳文を作成し，１つひとつ丁寧に理解を深めていくという地道な作業をしなければならない．結果的には多くの英文を読むことで，知識も深まり，英文に対する感性も養われ，英語らしい「語感」をつかめるようになる．それが英文を理解する土台となる「教養」であろう．読解能力が向上することで，本質を見極める力，正しくメッセージを受けとめられるようになると考えている．

小説も実用的と呼ばれる文章もそれぞれが独立して存在するのではなく，地続きになっており，「ことば」による表現であることには変わりはない．しかしながら，今日の言語教育において「役に立つ」「役に立たない」という恣意的なカテゴリー化により，文学的な文章の扱いを軽視する傾向や，「実用」を定義することなく，実用的な文章というようなジャンルの分断を生み出している．こうした無意味な二項対立を作り上げてしまうようなことはあってはならないのである．

第 2 章

『ナルニア国物語』を英語で読む

英語教育における「読むこと」の重要性

安藤　聡

1.　英語教育をめぐる大いなる誤解

新しい学習指導要領（中学校：2017 年告示，2021 年全面実施：高等学校：2018 年告示，2022 年全面実施）を概観すると，以前にも増して会話偏重と文法読解軽視の傾向が目に余る．少なからぬ日本人に共有される「英会話」に対する憧れと劣等感，「グローバル化」に固執する政界の思惑，学校教育に即戦力育成を丸投げしたい財界の本音など，英語に対する歪な感情が学校英語教育を迷走させているという印象を禁じ得ない．この問題については阿部公彦『史上最悪の英語政策 ── ウソだらけの「4 技能」看板』（ひつじ書房，2017）や鳥飼玖美子，齋藤孝『英語コンプレックス粉砕宣言』（中央公論新社，2020）などで詳しく論じられている．それにしても，学校で学ぶ科目になぜそこまで実用性ばかりを求めるのだろうか．英語（外国語）学習の知的訓練という側面や，母語の相対化というもう 1 つの目的は，完全に見落とされているか意図的に黙殺されているとしか思えない．この点に関してさらに興味のある読者諸氏は，江利川春雄，斎藤兆史，鳥飼玖美子，大津由紀雄『学校英語教育は何のため？』（ひつじ書房，2014）を参照されたい．

この問題に関するもう 1 つの疑問は，中学高校の 6 年間（それに小学校の上級学年と大学の 4 年間のうちの実質 2，3 年を加えても），教室で授業を受けるだけで英語を話せるようになるなどと本気で考えているのか，ということである．週に4，5時間程度の英語の授業を一年間受けたとして，各種の学校行事や長期休暇の期間を除けば授業時間の合計は一週間に満たない．それをわずか数年かせいぜい十年程度（つまり合計数週間から2か月半，あるいは仮に授業時間の倍の時間を自宅で予習復習するとしてもせいぜい十数週間から7か月半）繰り返しただけで完全な英語を話せるようになるなどと期待するのは勘違いも甚だしい（このことは子供が母語を習得するのに何年かかるかを考えれば明白だ）．英語に限らず，学校教育は将来独習できるだけの基礎と独習の方法，またその科目の意義と「面白さ」を教える場に他ならないのである．

中学高校では英語の基礎と英語学習の方法を6年間のしかも限られた時間で教えなければならないのに，英会話の真似事に割く時間がそれほど潤沢にあるわけがない．さらに新しい学習指導要領では中学高校ともに「授業は英語で行うことを基本とする」とされている．「基本とする」の部分に何か解釈の余地があるのかも知れないが，字義どおり理解すれば教科書本文の訳読も文法的な説明も行わないということになろう．母語の相対化どころか英語と日本語の比較，英語の理論構造の解説，内容理解の確認すらなく，ただ英会話の真似事を「スピーチ」，「ディベート」，「プレゼンテーション」と称して延々と繰り返すような「英語教育」を全国の中学高校で実践しろと，この学習指導要領は大真面目に言っているのであろうか．しかも「読むこと」に関しては，「英語コミュニケーションI」（この科目名もいかがなものかと思うが）に「日常的な話題について（……）電子メールやパンフレットなどから必要な情報を読み取り（……）」，「社会的な話題について（……）説明文や論証文などから必要な情報を読み取り（……）」とあるだけで，名文を鑑賞することや細部を正確に読み取ることについては何も書かれていない（英語コミュニケーションII，IIIも同様）．他に「論理・表現」，「総合英語」，「ディベート・ディスカッション」，「エッセイライティング」といった科目名が並んでいる一方，「講読」や「リーディング」といった科目は見当たらない．読むこと（特に訳読）と文法という，英語と日本語を比較して学ぶために最も効果的な言語活動が徹頭徹尾等閑視されている（どころか積極的に排除されている）のである．

実際この会話偏重の教授法で英語を「聞く」「話す」能力を養成できるかと言えば，すでに指摘したとおりその学習時間だけを考えても大いに疑わしい．そもそも英語と全く異なった理論構造・文法体系を持つ日本語を母語とする学習者がわずかな時間（中学高校を通して正味数週間）英会話ごっこを繰り返したところで何も身につきはしない．それどころか英語の基礎学力が大きく損なわれる．先述の『学校英語教育は何のため？』では，学習指導要領の会話偏重が顕著になって以来，日本の高校生の高校入学時の英語の学力が有意に低下していることが指摘されている．だが，基礎と方法だけならその限られた時間で十分に教授が可能なのである．日本人向けに体系化された従来の英文法と，英語を日本語と比較しながら行う従来の英文読解は，確かにそれだけでは英語を話せるようにはならないが，基礎と方法を教えるという意味では（また知的訓練や母語の相対化という点でも）大変優れた教授法であり，会話力が必要になったときに独学で（あるいは他の何らかの方法で）習得できるだけの素地（潜在的能力）が確実に涵養されていた．だから日本の伝統的な英語教育だけで，留学歴や海外在住歴がなくとも，例えば齋藤秀三郎（1866-1929）のように生涯日本から一歩も出なくても，立派な英語を習得した先人が少なからず存在したのである．このことについては斎藤兆史『英語達人列伝――あっぱれ，日本人の英語』（中央公論新社，2000）に詳しく紹介されている．

確かに旧来の英語教授法にも不自然な例文，細部に拘泥し過ぎること，訳読が自己目的化し過ぎる（英語を読むことよりも日本語に訳すことが目的になってしまう）ことなど，欠点は多々あった．だがこれらの欠点は制度を弄（いじ）らなくとも現場で容易に改善できることばかりである．断っておくが公教育の場としての学校における英語教育の目的は，外国人に道を教えることでも外国のファースト・フード店でハンバーガーとチップスを注文することでも外国人とパーティで談笑することでもない．それらのことは，結果としてできるようになるならそれに越したことはないが，公教育で目標とすべきことでは断じてない．学校の授業である以上，やはり「読むこと」（それも「必要な情報を読み取る」だけでなく母語と対照しつつ鑑賞に値する文章を論理的に読むこと）に重点を置き，基礎と方法が確実に身につくよう配慮した上で，知的訓練と母語の相対化にも寄与するものでなければならないのである．そもそも何の知的刺激も感銘も与え得ず，人格形成に何ら寄与しない言葉の教育に，どれほどの価値があるというのか，根源的な疑問を禁じ得ない．

さらに言えば，英会話推進派は鸚鵡（おうむ）のごとく「役に立つ英語」と連呼するが，然るべき相手がいなければ使えない会話力より一人でも使える読解力の方がよほど「役に立つ」．これだけ IT が普及した時代であれば実際に仕事で必要な英語力も，会話より読み書きであるに違いないし，世界中で出版されている本やインターネット上に氾濫する情報の使用言語として大差をつけて首位にあるのは英語にほかならない．本を読んで楽しむ「能力」がいかに貴重なものであるかは，自宅で過ごす時間が長くなってみれば自ずと痛感できよう．日本語だけでなく英語でも本を読めれば，視野も広がり教養も深まり楽しみも果てしなく増大することは言うまでもない．そういうわけで英語圏には量だけでなく質も大変優れた本が綺羅星のごとく存在するのだが，とりわけイギリスの児童文学には大人が本気で読むに値する名作が数多ある．本章では数あるイギリス児童文学の名作の中から，20 世紀のファンタジーの最高傑作の 1 つである C・S・ルイス（C. S. Lewis, 1898–1963）の『ナルニア国物語』（*The Chronicles of Narnia*）第一巻『ライオンと魔女』（*The Lion, the Witch and the Wardrobe*, 1950）をテクストに，「読むための英文法」（詳細は拙稿「読むための英文法」，シルフェ英語英米文学会編『シルフェ〈本の虫〉が語る楽しい英語の世界』（金星堂，2018）pp. 257-269 を参照されたい）という方法を提起して英文読解の訓練と作品の鑑賞，そして方法の修得を同時に行うことを試みたい．ご存知の方も多いと思うが，『ライオンと魔女』は四人の兄弟姉妹が衣装箪笥を通って別世界のナルニア国を訪れ，邪悪な魔女の呪いを解いてナルニアに再生をもたらす物語である．

2. 読むための英文法

軽視されているとは言え，学習指導要領には扱うべき文法項目が事細かに定められている．それを日本語を使わずに教えろと言っているのだから失笑を禁じ得ないのだが，学習を容易にするためにも将来の独学のためにも文法用語を母語で覚えることが切要だ（無理に覚えようとしなくとも文法用語を使った説明を読んだり聞いたりしているうちに自然に覚えられるであろう）．基本的な文法項目（文型，品詞，時制，態，数，不定詞，関係詞，仮定法など）の他に，特に「読むための英文法」として知っておくべきポイントがいくつかある．

◇ 英語的な思考の枠組

英語を読む上で重要なことは語順に注目することである．日本語と英語では語順が大きく異なり，語順の違いは思考順序の違いである．英語では「私は，与えた，彼女に，本を」という順に考えるのである．この点に注目しつつ『ライオンと魔女』の冒頭を読みたい．引用する英文は C. S. Lewis, *The Lion, the Witch and the Wardrobe* (Harmondsworth: Puffin, 1959) からのものであるが，HarperCollins 社の同作品を始めとして本作品には数多くの版が存在し，このパフィン版はすでに絶版になっていることもあって，作品からの引用は頁ではなく章を本文中に示す．『ナルニア国物語』の他の巻についても同様である．

> Once there were four children whose names were Peter, Susan, Edmund and Lucy. This story is about something that happened to them when they were sent away from London during the war because of the air-raids. They were sent to the house of an old Professor who lived in the heart of the country, ten miles from the nearest railway station and two miles from the nearest post office. (第 1 章)

第一文は "Once / there were four children / whose names were Peter, Susan, Edmund and Lucy." と文節ごとに区切ることができる．「かつて」「四人の子供がいた」「その四人の子供の名前はピーター，スーザン，エドマンド，ルーシーだった」というように，英語では（というより日本語以外の多くの言語では，と言うべきか）結論が先で詳細が後に来る．全体的な結論（「四人の子供がいた」）を先に述べて，詳細（「その四人の子供の名前は〜」）を後で付け加える，というのが英語の思考順序なのである．このように文節で区切りながら，英語の思考順序で理解する習慣を身につければ，どんなに長いセンテンスも臆することなく読めるようになるだけでなく，リスニングとスピーキングの独習のための素地にもなる．第二文も同様に，"This story is about something / that happened to them / when they were sent away from London / during the war / because of the air-raids." と分割して，「これは次のことについての物語である（something の具体的内容は that 以下）」「四人の子供たちに起こったこと」「ロンドンから送り出されたときに」「戦争中に」「空襲のために」ということだ．ここで作者ルイスは，子供の読者を意識して，「疎開させられた」(were evacuated) という表現を避けて平易な言葉でそのことを伝えている．平易な語彙を使いこなすことは簡単なようで実は難しいのだが，児童文学を多く読むとこれができるようになるであろう．この能力は書く力と話す力にも結びつく．第三文は疎開先の説明である．“They were sent to the house / of an old Professor / who lived in the heart of the country, / ten miles from the nearest railway station / and two miles from the nearest post office.” と区切ろう．「子供たちは屋敷に送られた」「年老いた教授の」「その教授はこの国の中部に住んでいた」「最寄りの駅から 10 マイル（約 16 キロ）」「最寄りの郵便局から 2 マイル（約 3 キロ）」ということだ．Professor が大文字になっているのはこの物語中で固有名詞に準ずる扱いだからである．ちなみにこの教授の名前は本文中にはないが，第 6 巻『魔術師の甥』の主人公ディゴリー・カークと同一人物である．この英文では，疎開先が人里離れた大きな屋敷ということが理解できればよい．英語には指示語が多く，ここにも they や them が用いられているが，ここでは「彼らは」，「彼らに」とせず「子供たちは」，「四人の子供たちに」としている．このように，指示語が何を指すのかを意識しながら読む習慣をつけることも極めて重要である．

等位接続詞の解読法

読むための英文法の初歩としてもう 1 つ重要な点は，等位接続詞（A and B, A but B, A or B など）の読み取り方である．例えば “Her favourite composers are Elgar and Brahms.” や “They walked and talked.” と言う場合，and で結ばれた A と B は等価（文の中で同じ働きをするもの同士）でなければならない（前者ではいずれも「彼女の好きな作曲家」つまりこの文の補語，後者ではいずれも動詞の過去形）．“Paul sings and George plays the guitar.” なら A と B はいずれも「主語＋動詞（B はそれ＋目的語）」からなる節だ．3 つ以上の場合には A, B and C や A, B, C, D and E という形になり，この場合もそれぞれは必ず等価である．この and の用法は日本語とは違うので，英語で書くときにも気を付けたい．例えば，日本語で，「リンゴとオレンジとバナナが好き」という場合に，英語では “I like apples, oranges and bananas.” のように，最後の語の直前にだけ and を置くのが原則である．先に引用した『ライオンと魔女』冒頭の第一文でも Peter, Susan, Edmund and Lucy（whose 以下関係詞節の補語）となっているし，『ライオンと魔女』の原題は *The Lion, the Witch and the Wardrobe* である．アメリカ人とオクスフォード大学関係者は A, B, and C のように and の前にもコンマを打つ傾向があるので，この

and の前のコンマは ‘American comma’ あるいは ‘Oxford comma’ と呼ばれる．作者ルイスはオクスフォードの人なので，おそらく原稿には Peter, Susan, Edmund, and Lucy や *The Lion, the Witch, and the Wardrobe* と書いていたと思われる（パフィン版では背表紙のタイトルのみオクスフォード・コンマあり）．いずれにせよ長く複雑なセンテンスはそれだけ接続詞が多いということでもある．文節で区切ることと接続詞を読み取ることの重要性がおわかり頂けたと思う．

3.　作品鑑賞と英語学習の一挙両得

原文で読むことの意義は言うまでもなくその作家の文章を直に味わうことと英語の読解力向上の両方である．慣れるまでは読むための文法を意識しつつ精読する必要があるが，慣れて来たら英語で読んでいることを意識せず，日本語を介在させず直読直解を心がけるとよい．読解力に限らず総合的な英語力が意識しなくとも結果として必ず増進する．以下，読むための英文法を補足しつつ，『ライオンと魔女』のいくつかの場面を英語で鑑賞したい．

別世界への扉

人里離れた教授の屋敷に疎開した兄弟姉妹は，使われていない部屋で古い衣装箪笥を発見する．その様子は “And shortly after that they looked into a room that was quite empty except for one big wardrobe; the sort that has a looking-glass in the door.” と説明される．冒頭で「そしてその少し後で」と言っているのは，4 人がいくつもの部屋を順に見ているからである．ここでは他に何もない部屋に大きな箪笥が 1 つだけ置かれていて，それは扉（の内側）に鏡が付いているような種類の箪笥である．セミコロンが文の大きな切れ目を示すこと（そこまでで情報が一旦完結すること）と，looking-glass が鏡を意味する古風な上流階級的語彙であることも，ここで確認したい．末子ルーシーが好奇心からこの箪笥に入ってみると中は雪の森に続いていて，そこがナルニア国であった．そこでルーシーはフォーン（ローマ神話の牧羊神）のタムナス氏と出会い，茶に招かれる（ナルニア国は架空の別世界だがその生活様式や風景は優れてイギリス的だ）．タムナス氏の吹くフルートの音色が “And the tune he played made Lucy want to cry and laugh and dance and go to sleep all at the same time."（第 2 章）と描写される．ここでは to を受けて不定詞を形成する原型動詞 4 つが，敢えて cry, laugh, dance and go ではなく cry and laugh and dance and go と書かれ，並置が強調されている．接続詞 and の用法については先に述べたとおりが，この引用文のようにその原則から外れて使われているときには何か特別な意図があるに違いない．それに気づくことも翻訳ではなく原文で読む意義である．タムナス氏が吹くフルートの音色は，ルーシーを「一度に泣きたくて笑いたくて踊りたくて眠りたい気分にさせた」のである．こうしてルーシーは夢のような時間を過ごし，ナルニア国が長年邪悪な魔女の支配下にあることを聞かされる．

箪笥を通ってナルニア国に行って来たというルーシーの話を兄ピーターと姉スーザンは信じることができず，困り果てて教授に相談すると，教授は意外なことを言う．

> 'Logic!' said the Professor half to himself. 'Why don't they teach logic at these schools?' There are only three possibilities. Either your sister is telling lies, or she is mad, or she is telling the truth. You know she doesn't tell lies and it is obvious that she is not mad. For the moment then and unless any further evidence turns up, we must assume that she is telling the truth.' （第 5 章）

ここで教授は，「論理だよ！」と半分独り言のように呟き，「なぜ近頃の学校では論理（的なものの考え方）を教えないのか」と続ける．教授の言うように，ルーシーが「嘘をついておらず，狂ってもいないことが明白」なら，「それ以上の証拠が挙がるまでは，ルーシーが本当のことを言っていると仮定するしかない」のである．これに続く科白でも教授は 'I wonder what they *do* teach them at these schools.'（斜字体原文）と，独り言のように呟く．この「まったく近頃の学校では一体何を教えておるのか」という科白を教授は最終章の終わり近くでも，また最終巻『最後の戦い』の結末近くでも繰り返す．それだけにこれは重要な言葉ということであり，単に同時代の学校教育を批判しているだけでなく，同時代の文化全般や同時代の社会の在り方そのものに対するアンチテーゼという『ナルニア国物語』全7巻に共有される主題の1つを暗示する科白でもある．このことについてさらに興味があれば拙著『ナルニア国物語 解読』（彩流社，2006）を参照されたい．

実はエドマンドもナルニアに行っていた．そこでその邪悪な魔女に出会い，女王を自称する魔女の話を信じてしまっていた．魔女がエドマンドの望むターキッシュ・ディライト（トルコのロクムに似たイギリスの伝統的な菓子）を与える様子は“Probably the Queen knew quite well what he was thinking; for she knew, though Edmund did not, that this was enchanted Turkish Delight and that anyone who had once tasted it would want more and more of it, and would even, if they were allowed, go on eating it till they killed themselves.”（第4章）と語られる．魔女はエドマンドが考えていることをすっかり見通していて，この菓子は魔女がエドマンドを支配するために，ある種の違法薬物のごとく強い中毒性を持つよう魔法がかけられていたのである．この引用文を通して確認したい「読むための英文法」は「挿入」である．前後をコンマで挟まれた though Edmund did not と if they were allowed の2つは挿入節で，she knew that, would even go on eating の途中に挟み込まれているのである．こういう場合，前後2つのコンマをカッコだと思って she knew (though Edmund did not [know]) that, would even (if they were allowed) go on eating と考えればよい．カッコ内の did not の後に [know] を補ったが，このように英語は省略が多い言語であることもここで確認しておきたい．「魔女がわかっていた」（「エドマンドはわかっていなかった」）ことは2つあり（that 節が2つ続く），1つは「これが魔法のターキッシュ・ディライトだったこと」，もう1つは「これを一度でも食べた者は誰でも次から次へと食べたくなり，ついに（もしそれが許されるなら）死ぬまで食べ続けるだろうということ」である．先に述べたとおり and が結ぶ A と B は必ず等価なので，この場合はそれが2つの that 節である点に注目したい．

◇ 魔女との戦いとナルニアの再生

第6章で揃ってナルニアに行った4人は，タムナス氏が魔女の秘密警察に逮捕されたことを知り途方に暮れていると，一羽の駒鳥が現われ「事情を完全に理解しているかのように」「木から木へと，つねに数ヤード先を，だが4人が付いて行けるほど近いところを」飛んで4人を先導する．“The Robin appeared to understand the matter thoroughly. It kept going from tree to tree, always a few yards ahead of them, but always so near that they could easily follow it. In this way it led them on, slightly downhill." (第6章) というこの場面はエドマンド・スペンサー (Edmund Spenser, 1552頃–1599) の代表作『妖精女王』(*The Faerie Queene*, 1590 / 96) 第4巻第8編で山鳩が美女ベルフィービーを先導する場面を基に書かれていて，さらに遡ればスペンサーの原典は，ローマの詩人ウェルギリウス (70–19BC) の叙事詩『アエネーイス』第6歌で鳩が英雄アエネーアスを導く場面からの引喩である．ルイスは当然のことながらスペンサーとウェルギリウスの両方を意識してこの場面を書いている．

駒鳥に導かれて4人は谷底に住むビーヴァー夫妻を訪れ，歓待を受ける．ここで創造主アスランについて聞かされ，「アスラン」という響きに4人はそれぞれ違った印象を持つ．

> Edmund felt a sensation of mysterious horror. Peter felt suddenly brave and adventurous. Susan felt as if some delicious smell or some delightful strain of music had just floated by her. And Lucy got the feeling you have when you wake up in the morning and realize that it is the beginning of the holidays or the beginning of summer. (第7章)

この場面には4人の個性とこの物語における役割が暗示されている．この後すぐに兄姉妹を裏切って魔女の許に行くエドマンドは後ろめたい恐怖感を，魔女と果敢に戦うピーターは勇気と冒険心を，芸術家肌のスーザンは甘美な音楽を，純真無垢で好奇心が旺盛なルーシーは夏の始まりのような期待感を心に抱いている．ここで you have 以下が現在形で書かれていることにお気づきだろうか．この you は読者あるいは一般人であり，ルイスは目覚めて夏の始まりのような期待感を自覚することを，誰もが経験する一般的な事実として提示していることになる．北緯およそ50度から60度に位置するイギリスでは，昼の長い夏は好ましい季節で夜の長い冬は忌まわしい季節であるという認識が広く共有される．ルーシーが「アスラン」という響きに感じ取った「夏の始まりの気分」はそれだけでも好ましい気分ということであり，ナルニアに永遠の冬をもたらしている魔女の呪いはそれだけでも忌まわしい絶対的な悪ということになるのである．

他の3人やビーヴァー夫妻が気づかぬうちにエドマンドは抜け出して魔女の「城」に行ってしまった．3人と夫妻はアスランが現われて魔女と対峙する場所とされる「石卓」(the Stone Table) に急ぐ．途中でサンタクロース（イギリスでは一般に Father Christmas と呼ばれる）が現れたり，雪が解けて春の気配が感じられたりするが，これはアスランが近づいて魔女の呪いが弱まっている兆候に他ならない．ついにアスランと魔女が石卓で対面すると，魔女は古い掟に従ってエドマンドの「裏切り」の罪を血で贖うことを要求する．エドマンドの罪を贖うべくアスランは石卓に磔にされ，魔女とその手下たちによって惨殺される．だが，泣き疲れて眠ったルーシーとスーザンが翌朝目覚めると石卓は割れていてアスランの姿はなく，振り返ると復活したアスランがそこにいた（アスランが復活した詳しい経緯についてはぜひ原文で読まれたい）．アスランの復活はナルニアの再生でもあり，魔女の呪いは完全に消えて春が訪れる．次の引用はルーシーとスーザンがアスランの背に乗って春のナルニアの原野を疾走する場面である．

> And you are riding not on a road nor in a park nor even on the downs, but right across Narnia, in spring, down solemn avenues of beech and across sunny glades of oak, through wild orchards of snow-white cherry trees, past roaring waterfalls and mossy rocks and echoing caverns, up windy slopes alight with gorse bushes, and across the shoulders of heathery mountains and along giddy ridges and down, down, down again into wild valleys and out into acres of blue flowers. （第15章）

まずはこれが1つのセンテンスであることに注目したい．主語 you は先ほど言及した「読者を巻き込んだ you」と考えよう．これによって読者の視点がルーシー（またはスーザン）と完全に一致する．前から順に読んで行くと，not A but B の構文であることがわかる．ただし，not A_1 nor A_2 nor A_3 but B だ．「しかも路上や猟園や丘の上を駈けているのではなく」の後に but 以下が続き，「駈けている」状況が説明される．この場合 A と B は are riding に後ろから掛かる副詞句であり，on the road, in a park, (even) on the downs に対して（right）across ～，down ～，through ～，past ～，up ～，and across ～ と続く．副詞句の中にさらに and が含まれる箇所がいくつもあるので紛らわしいが，こういうときこそコンマに注目するとよい．そういうわけで but 以下の方が圧倒的に長いのだが，「（春の）ナルニアを真っ直ぐ横切って，並んだ荘厳なブナに沿って進んだり日当たりのよい槲の森の空地を横切ったりして，雪のように白い花が咲き誇る桜の自然の果樹園を通り抜け，轟く滝と苔生した岩山と音の響く洞窟を横切って，ハリエニシダが燃えるように咲く風吹く斜面を駈け上り，そしてヒースの生い茂る山の頂を越えて目の眩むような高い尾根に沿ってそれから下へ下へ下へと荒涼とした谷に入り込んで，やがて青い花の咲き誇る広い野原に出た」ということである．ナルニア国は生活様式だけでなく植物の生態系もイギリスやアイルランドのそれに準じており，この場面はイギリス，アイルランド各地の風景を換骨奪胎したような描写になっている．いずれにせよ，北に位置するゆえに冬季の夜の長いイギリスでは（あるいはヨーロッパの多くの地域では），冬は死を思わせる季節であり，それに対して春は，例えば中世のイギリスを代表する詩人チョーサー（Geoffrey Chaucer, 1343 頃-1400）が『カンタベリ物語』（*The Canterbury Tales*）の「総序」（‘General Prologue’）冒頭で示しているように，復活・再生の季節である（だから復活祭は春でなければならない）．アスランの復活とナルニアの再生が春の訪れと連動している点が非常に重要なのである．またこの引用文では最初に downs「丘陵」の描写があり，最後に down, down, down と山から谷に「下る」描写がある．こういうちょっとした言葉遊びに気づくことも，原文で読む楽しみの 1 つである．

この後ナルニア軍対魔女軍の戦闘があり，言うまでもなくナルニア軍が勝利し，4 人の子供たちはナルニアの王位に就いて長年にわたりこの国を立派に治める．その後どうなるかはこれから読む人のために言わないでおく．

4. 辞書ではなく物語の文脈から学ぶ語彙

語彙を増強するには英語の文章を多く読むしかない．単語だけをいくら暗記してもすぐ忘れてしまうし，よしんば覚えていても文脈の中で適切に使いこなせるようにはなかなかならないものだ．イギリスのカリズマ的言語学者デイヴィッド・クリスタル（David Crystal, 1941– ）も，語彙は必ず文脈の中で教えるべきだと，名著 *Spell It Out: The Singular Story of English Spelling*（London: Profile Books, 2013）で英語教師に向けて力説している．また辞書の定義にも当然のことながら限界があり，あらゆる文脈に対応できているわけではない．物語の中で話の流れや場面に応じて語や句の意味を読み取る経験を重ねれば，このような辞書の限界を超えた語彙を習得できよう．そういう例を『ライオンと魔女』から 1 つだけ挙げたい．

◇ どんな文脈でも 'girl' は必ず「女の子」か

第 2 章冒頭でルーシーがナルニアにたどり着いてフォーンのタムナス氏と出会った場面に，以下のような対話がある．タムナス氏はそれまで人間を見たことがなかった（ついでながら，フォーンは上半身が人間，下半身が山羊で，山羊のような角がある）．

> 'But you are—forgive me—you are what they call a girl?' asked the Faun.
>
> 'Of course I'm a girl,' said Lucy.
>
> 'You are in fact Human?'
>
> 'Of course I'm human,' said Lucy, still a little puzzled.

ここでの girl は辞書の定義通りの「少女」「女の子」だけでは不十分だ．ここで重要なのは性別以前に人間ということだからである．この 1 行目のタムナス氏の科白は「しかしあなたは，失礼ながら，人間の女の子と呼ばれる生き物ですね？」という意味であり，以下に続く科白も「もちろん私は人間の女の子ですよ」「ではあなたは本当に人間なのですね」「もちろん人間ですよ」ということだ．あるいは思い切って 1 行目を「しかしあなたは，失礼ながら，人間と呼ばれる生き物ですね？」，3 行目を「ではあなたは本当に人類なのですね」と解釈してもよかろう．要するに girl は性別以前に人間ということが重要なのであり，dog でも cat でも dwarf でも fairy でも faun でもなく girl という生き物，つまり「人間（の女の子）」ということだ．同様に第 4 章冒頭で魔女とエドマンドが対峙した場面にも，

‘But what are you?’ said the Queen again. ‘Are you a great overgrown dwarf that has cut off its beard?’

‘No, your Majesty,’ said Edmund, ‘I never had a beard, I’m a boy.’

‘A boy!’ said she. ‘Do you mean you are a Son of Adam?’

という対話があり，これも「お前は巨大な成長し過ぎた小人か，髭を切り落としたのか」「いいえ女王様（...）私には髭などもともとありません．私は人間の男の子です」「人間の男の子だと！（...）つまりお前はアダムの息子だと言うのか？」という意味である．ここでの boy は小人（dwarf）に対して「boy という生き物」ということであり，さらに（髭がないことから）「子供」というニュアンスが重要なのである．性別がまったく問題でないというわけでは無論ないが，それよりも「人間」，「子供」という意味合いが優先されるということだ．なお，魔女の科白にある「アダムの息子」は人間の男児・成人男性に対するナルニアでの呼称であり，女児・成人女性は「イーヴの娘」(Daughter of Eve) である．ここでも重要なのは性別よりも「アダムの息子」という生き物であることの確認であろう．

同様な boy の用例は第 3 巻『朝開き丸東の海へ』第 7 章にも見られる．主人公の一人ユースティスが，竜に変身してアスランの爪で皮を剥がれて水に投げ込まれ，気づくと元の姿に戻っていた，という経験を述懐する科白だ．ここでユースティスは “I’d turned into a boy again.” と言っていて，これを瀬田貞二は「ぼくがふたたび男の子にもどったんだ」(『朝びらき丸東の海へ』岩波少年文庫，1985，p. 19) と訳しているが，ここは dragon に対して boy なのだから「人間に戻っていた」であろう．瀬田訳はルイスの平易で古風な文体を格調高い日本語に移している優れた翻訳だが，この箇所は感心しない．「男の子にもどった」では竜になっていたというより性転換して女の子になっていて元に戻ったかのような印象を禁じ得ない．『最後の戦い』第 15 章にも，犬の言葉で「行儀の悪い子犬」を ‘boys’，‘girls’ と呼ぶ，という話がある．このような性別よりも「人間」の意味合いを重視する boy と girl の用法は，通常の辞書の語釈には見当たらない．物語の文脈からしか学べない語彙の好例であると言えよう．

5. 独習の方法

本章では会話偏重文法読解軽視の英語教育に一貫して異を唱えて来たが,「聞く」「話す」すなわち「オーラル」(aural / oral) を軽視しているわけではない. 将来必要になって独習する際の基礎として, 英語の音声にもある程度慣れておく必要があるし, 音声を独習する方法を心得ておく必要がある (そのために発音記号を読めるようになることも至要だ). 英語の文章を英語の語順 (思考順序) のまま直読直解する訓練はそのままリスニングの基礎練習にもなる. リスニング力の増強には内容がわかっている英文を繰り返し音声で聞くことをお勧めする. 読んだことのある小説の朗読 CD を繰り返し聴くのもいいし, 好きな映画を繰り返し見るのもよい. 読解とオーラルの両立には音読をお勧めしたい. これも既に内容がわかっている文章を繰り返し声に出して読むことが効果的だ. なお, 発音の独習については, 日本語の特性を活かしてカタカナ英語を逆に利用して最低限の子音だけ練習することでいわゆるクイーンズ・イングリッシュに近づく (筆者が考案した) 方法があるので, 参照されたい. 学生向けニューズレター『語研ニュース』の第 14 号 (愛知大学語学教育研究室, 2005) に寄稿した「クイーンズ・イングリッシュへの裏道」と題する雑文で, http://taweb.aichi-u.ac.jp/tgoken/goken_news/pdfs/No14.pdf で閲覧可能である. また最近では, 必ずしも母語話者に近い発音を目指す必要はないという考えが主流になりつつあるが, もちろん最低限のポイントを押さえた上での話だ.

英文を文節で区切りつつ論理的に読み解くことは英語で文章を書く能力の育成にもつながる. 少年時代のウィンストン・チャーチル (Winston Churchill, 1874-1965) はハーロウ校に入学した際, 成績が悪かったためにラテン語の授業を受けられず, 英文法の初歩の補習を受講させられた. これは英語の文の構造を逐語的に解説する授業であり, これをきっかけに文章を書くことが得意になったとチャーチルは述懐する (*My Early Life* (London: Eland, 2012), pp. 15-16 ; この話は筆者の高校時代の教科書 *The Senior Swan Readers* (開拓社, 1982), pp. 19-21 にもあった). 第二次世界大戦でイギリスを勝利に導いたとされるあの 1940 年の下院での名演説の原点は, またのちにノーベル文学賞を受賞することになるチャーチルの文筆家としての原点は, このような初歩の英文法・英文読解の復習だったのである．文法と論理的な読解がいかに重要であるかがこのことからも理解できよう．

学校英語教育における会話偏重と文法読解軽視は今に始まったことでなく，この愚策は長年にわたって漸次的に進められて来た．筆者の世代はこのような英語教育政策の部分的な犠牲者であり（教科書には退屈な対話文も多かったがそれでもそのチャーチルの自伝の他にモームやリアム・オフラーティの短編，ロバート・リンドの随筆などを高校の教科書で読んだ記憶はある），今の学生はかなり深刻な犠牲者であり，これからの学生はさらなる犠牲者になるであろう．まさに「まったく近頃の学校では一体何を教えておるのか」である．だが政策のせいにしても虚しいだけだ．学習指導要領がどうであれ，いつの時代にも心ある教師は現場で基礎と方法を教えるよう努めているに違いない．誰でも多かれ少なかれ身についているであろうその基礎と方法を基に，読むための文法を意識しつつ好きな本を大いに読んで楽しめばよい．英語圏(特にイギリス)には面白い本がいくらでもあるのだから．そして必要なら口頭練習もすればよかろう．いずれにせよ英語は日本語とは音も文法体系も発想も理論構造も大きく異なる外国語なのだから，読解力も会話力も相当長期にわたって継続的に独習しなければ会得できるわけがないのである．

第3章

言葉は心の窓

英語をきちんと理解すれば人の心が見える

鈴木章能

1.「見えるまで粘ってください」

学生時代，某出版社で翻訳のアルバイトをしていたときのことだった．文意がどうしても取れない英文があり，まとめ役の翻訳者に質問をすると，懇切丁寧な説明のあと，「見えるまで粘ってください」と言われた．私はそのとき，「『見えるまで』とは言い得て妙だ」と合点した．英語では「わかりました」と言うとき，よく “I see.” と言う．“see” は「見える」という意味であるから，“I see.” は「見えています」と言っていることに等しい．考えてもみれば，日本語でも「わかった」と言う代わりに「見えた」と言うことがある．名前を忘れてしまったが，たしかフランスの作家だったと思う，その人も，第1言語で本を読むときは景色が直に目に入る一方で，外国語で本を読むときは，カーテンを1枚開けると景色が見えるので楽しさが増すと言っている．

なぜ言葉を理解することが「見える」ことなのか．それは恐らく，言葉が示すことを目で，あるいは内なる目で確認するからであろう．例えば，「木」を見てほしい．あるいは頭の中で見てほしい．葉っぱは見えるだろうか．枝はどうだろう．幹は？　こぬれは？　もし，こぬれが見えないと言う人があれば，「目の前にありますよ」と言わせていただこう．すると，「こぬれという言葉がわからない」と返すだろう．そこで考えていただきたい．言葉がわからないということは，見えない，存在しないということに等しいことを．「こぬれ」を今，目の前に出してみせる．「こぬれ」とは「枝の先」のことである．これで「こぬれ」は見えるもの，存在するものになった．ところで，「幹」や「枝」や「葉っぱ」という言葉はいつ覚えたのだろうか．「木」はどうだろう．「私」や「母」は？ 赤ちゃんには視力があるが，言葉を知らないためにこの世界は認識できない．我々は言葉を覚えるとともに，世界が徐々に「見」えるようになってきた．だから，言葉の理解は「見える」ことに等しいのである．「ラーメン」や「ケーキ」という言葉を目や耳にして，お腹が減ったり，よだれが出たりするのは，「ラーメン」や「ケーキ」の絵を内なる目で見て，香りや味をも感じるためである．「ラーメン」や「ケーキ」という言葉を聞いて「名詞」と分析するのではお腹など鳴るまい．『ハリー・ポッター』を読んで楽しいと思う人は，そこに書かれた英文から絵を思い浮かべ，あたかも自分がその世界にいるように思えるからであろう．抽象語も，自分の経験に置き換えたり，体の感覚を思い出したりして，意味していることを「見」て，感じているのだろう．

言葉は指示するものを見させ，それによって体に直接訴える．たしかに，健康上の不安で眠れない日々が続いても，医師や看護師の「何もないですよ．大丈夫ですよ」という一言で眠れる．一方で，「いじめ」に端的に見られるように，言葉は人を殺すこともできる．言葉は眠り薬や青酸カリのような力さえ持っている．人間は言葉をマネージすると同時に，言葉にコントロールされている．たった1文であっても，たった1単語であっても，人の心は左右される．

一方で，言葉には人の心が見える．人をリラックスさせる言葉には語り手の自信や愛情が，意地悪な言葉には語り手の邪心（『史記』の「指鹿為馬」が典型例），自信のなさや妬み，その他いろいろな心が見える．自分が惹かれている人からある日，ハートのシールのついた手紙をもらえば，封を切るなり，そこに書いてある文章の1字1句に書き手の心を必死に読み取ろうとするだろう．そうするのも，言葉は心の窓だと考えているからである．その手紙が英文であれば，「なぜここは直接話法ではなく間接話法なんだ」と手紙を持つ手を震わせることもあろう．それは，発言されたありのままの言葉を書かずに，発言の内容を書くにとどまっていることに対する不満なり不安なりを抱いているということなのだが，我々は，ある「絵」が，ほかならぬその表現によって──単語，句，文法等によって──なぜ描かれたのかということを考えながら，言葉に人の心を見ようとするものだ．なぜなら，人の心は1つひとつの単語や話法の使い方，言ってみれば，言葉そのものに現れることを知っているからだ．だから，英語をきちんと理解すれば，心が見える．

2. 「行為連鎖」によって見える人の心

詩然り，小説然り，戯曲然り，文学作品では，語り手の説明ではなく，厳選された単語や文法によって，人間の心が，その襞(ひだ)まで繊細に再現される．小説は，あるテーマを抽象的に論じるのではなく，日常の風景に溶かし込んで具体的に提示するものだが，「彼らは〜した」といった語りで展開される 3 人称小説は，読者がまるでその場で他者と対峙しているかのように描かれることも少なくない．そして，目の前の他者の表情や身振りを通して，その人の心がよく「見える」ようになっている．

例えば，20 世紀アメリカのユダヤ系作家，バーナード・マラマッド（Bernard Malamud, 1914–1986）の短編小説「魔法の樽」（“The Magic Barrel,” 1958）の冒頭部を見てみよう．27 歳になるユダヤ系アメリカ人の男リオ・フィンクル（Leo Finkle）が結婚を決意し，結婚仲介業を営むソルツマン（Salzman）と初めて会ったときの場面である．そのときの様子が，説明調ではなく，あたかも会うという体験を再現するかのように描かれている．つまり，ソルツマンを観察するその目は，我々が他者を観察する目を再現している．

そこで短編集 *The Magic Barrel* (New York: Farrar, Straus and Giroux, 2003) から引用した次の英文で，ソルツマンがいまどのような思いでいるのか，彼の心を「見」てほしい．なお和文は『魔法の樽　他十二篇』阿部公彦訳（岩波書店，2013 年）を参照させて頂いた．

Salzman, who had been long in the business, was of slight but dignified build, wearing an old hat, and an overcoat too short and tight for him. He smelled frankly of fish, which he loved to eat, and although he was missing a few teeth, his presence was not displeasing, because of an amiable manner curiously contrasted with mournful eyes. His voice, his lips, his wisp of beard, his bony fingers were animated, but give him a moment of repose and his mild blue eyes revealed a depth of sadness, a characteristic that put Leo a little at ease although the situation, for him, was inherently tense. (pp. 193-94)

長年この仕事を手がけてきたソルツマンは，きゃしゃではあるが貫禄があった．古い帽子をかぶり，丈も幅も短いピッチピチの外套を着ている．よほどの魚好きなのだろう，魚の匂いが漂っている．おまけに歯は2，3本なかったが，いっしょにいて嫌な気持ちにはならない．感じのいい男だ，なぜだか目だけは不釣り合いなほど哀しげだが．声も，唇も，あご髭も，骨ばった指も生気がみなぎっているのだが，一息つくと穏やかな青い瞳に深い哀しみがのぞく．もっとも，そうしたソルツマンの姿が，このような場で緊張しがちなレオの気持ちを，かえって少し和らげてくれた．

ベテラン結婚仲介人のソルツマンは哀しげな目をしている．なぜなのだろうか．ソルツマンの姿を観察したあと，我々はリオから，彼がソルツマンに結婚仲介の依頼を願い出るにいたった背景を聞かされる．リオは，結婚仲介人がいかに尊いものなのか力説しもする．そのあと，我々は次のようなソルツマンの姿を目にする．

Salzman listened in embarrassed surprise, sensing a sort of apology. Later, however, he experienced a glow of pride in his work, an emotion that had left him years ago, and he heartily approved of Finkle. (p. 194)

リオの話は彼が結婚仲介の依頼をしたことに対する弁明だと思いつつも，ソルツマンは驚き，当惑した．もっとも，しばらくすると，自分の仕事に心地よい誇らしさを感じた．何年ぶりかの思いだった．ソルツマンはフィンクルの言うとおりだと心底思った．

ソルツマンはそれまで，自分の仕事に自信が持てなかったのだ．だから，結婚仲介の話をするとき，目に深い哀しみが浮かんだのだろう．

その哀しみは “His voice, his lips, his wisp of beard, his bony fingers were animated”，つまり「声も，唇も，あご髭も，骨ばった指も生気がみなぎって

いる」だけに，余計に際立つのであるが，この英文を少し詳しく「見」て，ソルツマンの人間観察を深めておこう．この英文は具体的にどのような「絵」になるだろうか．なぜ「声」，「唇」，「あご髭」のあとに，「骨ばった指」が「見える」のか．この「骨ばった指」はどの位置にあるのか．

ここで英文の特徴を確認しておきたい．英文は，左の単語から右の単語へと，1つひとつ絵が重なっていって，あたかも漫画の1コマができ，その1コマが1文の「意味」として頭に浮かび上がるようにできている．こうした文の要素の繋がりを「行為連鎖」(action chain) という．“A man throws a ball to the wall.” という英文を例にとってみよう (冠詞と名詞の連鎖まで述べると，今はかえってややこしくなるので，ここでは端折る)．まず，“a man” で「男」の「絵」が思い浮かぶ．その「男」の「絵」に次の単語 “throws” の「絵」，つまり「投げる」という動作が加わる．続いて，「投げる」という絵 (つまり，「投げる」という動作をしている腕から手の部分) に次の単語 “a ball” (「ボール」) の「絵」が加わる．そして，「ボール」の「絵」に，続く “to” の「絵」，つまり「→」が加わり，「→」の右に次の単語 “the wall” (「壁」) の「絵」が加わる．こうしてできあがった全体の「絵」が “A man throws a ball to the wall.” の「意味」である．

「絵」の連鎖は「行為」だけでなく，状態や状況にも言え，同じように，左の単語から右の単語へ「絵」が加わっていって，最後に1つのまとまった「絵」ができあがる．文法は個々の「絵」の繋ぎ方の指示役である．まとまった「絵」を漫画の1コマとみなしてやれば，この1コマを基に，次の1コマが描き始められる．前のコマとまったく無関係な「絵」がいきなり描かれることはまずない．1文内の単語の繋がりであれ，文同士の繋がりであれ，頭の中で「絵」が繋がらないと，言っていることについていけなくなるからだ．前のコマと「絵」的に繋がらないコマは，段落を変えて描かれ始める．漫画のコマの喩えがわかりにくければ，自分が映画監督になって映画を撮っているのだと考えてもいい．

このことを念頭に，次の2種類の英文を比べて，どちらが英語らしい英語なのか，考えてみよう．

(1) I often go to the new city hall. There are a library room and a gym in the city hall. They are useful.

(2) I often go to the new city hall. The hall has a library room and a gym. They are useful.

この2種類の英文のうち，英語らしい英語は，(2) のほうである．なぜなら，「絵」が繋がるからだ．(2) では，「私」「頻繁に」「行く」「→」「新しい市役所」と，順番に絵がつけ加わって，1つのコマができる．最後に「見えた」のは「新しい市役所」であるが，そのコマの絵を基に，新たな1コマが「その市役所」(the hall) から描かれ始める．この新たな1コマは「図書室とジム」の絵で終わる．続く1コマは，"they" で始まる．代名詞は，一般に，目の前に今見えている，あるいは頭に今思い浮かんでいるもの（人・モノ・コト）を指す（見えていないものを指示されても意味は理解できない）．だが，指示するものが「今見えているもの」と判断するだけでは，本当にそれで合っているのかどうか，心もとないので，人／人以外，単数／複数，人称に関する約束事で確認できるようになっている．"they" の約束事は「人でもモノでもよいが，話し手(書き手) でも聞き手 (読み手) でもなく，かつ複数存在するもの」であるため，先の例文 (2) の "they" は，頭に今浮かんで見えている「図書室とジム」で間違いないことが確認できる．ちなみに，英語の代名詞が，肉体の目であれ内なる目であれ，目の前に今見えているものを指すということがわかれば，かなり以前に言及された名詞を指すことができないことは理解できよう．英語の代名詞が1文をまたいだ先にあるような名詞を指示しにくいのは，その名詞の示す「絵」が，その次に続く単語から浮かぶ「絵」で次々とかき消されてしまい，「絵」が目の前から消えているため，指示できないのである．

ところで，(2) の英文は「絵」が連鎖している一方，(1) の英文では，できあがった「絵」をいちいち消しながら，新たに「絵」を思い浮かべていかねばならない．最初の文が「新しい市役所」で終わり，次の文が "There are ～" (～がある) で始まれば，「新しい市役所」の絵は一度頭の中から消し，「何かがある」と意識を改めねばならない．その後で「図書室とジム」の絵を思い浮かべ，最後に "in the city hall" で「図書室とジム」を「その市役所」で覆う絵を思い浮かべる．「市役所」の絵を1度消したあと，再び「市役所」の絵を思い浮かべることが，二度手間に感じられるのであれば，その感覚は正しい．英文の単語は，この二度手間をできる限り起こさないように並べられている．

さて，以上のことから，「魔法の樽」の "His voice, his lips, his wisp of beard, his bony fingers were animated" に戻ろう．「声」，「唇」，「あご髭」は隣接関係の連鎖である．「声」の次に「唇」がくるのは声の出口だからであり，「唇」の次に「あご髭」がくるのは，「声」を出すたびに「唇」とともに「あご髭」

が動いているのだろう．つまり，我々は今，口のあたりを「見」続けているということである．そうであれば，「骨ばった指」はどこにあるのか．一般に，あるところを「見」続けている限り，何らかの事情があって別のところを見る必然性でもない限り，にわかに視線の位置が大きく変わることはない．ましてや，前文も次節も「目」について書かれているのだから，顔以外のところに「指」があるとは考えにくい．さらに，「声」，「唇」，「あご髭」は隣接する関係で連鎖し，「あご髭」の後に「骨ばった指」が書かれることから，「骨ばった指」だけが隣接していないと考える理由はない．そして，「骨ばった指」が "animated"，すなわち「活発で」「生気がみなぎっていた」ということは，「あご髭」を指で盛んに触りながら，あるいは，「あご鬚」あたりで手を動かしながら，活発に喋っているということである．そうした姿が「見える」と，彼の目に浮かぶ哀しみの深さも，よりよく「見える」だろう．

「自己親密行動」という言葉を聞いたことがある人は，たとえ "animated" に見えても，いや，"animated" に見えるからこそ，ソルツマンには自信がないと「見える」かもしれない．自己親密行動とは，不安や緊張を和らげようとするときに無意識に行う行為のことで，代表的なものに，口髭を触ったり，髪を触ったりする行為がある．つまり，ソルツマンは自信がないために，不安や緊張を和らげようとして「あご鬚」を盛んに触っていると考えられる．もっとも，あご髭を盛んに触ることが例外なく不安を和らげる行為であるとは言い難いため，その行為だけで彼の自信のなさを判断することはいささか難しいかもしれないが．しかし，いずれにせよ，"His voice, his lips, his wisp of beard, his bony fingers were animated" であるからこそ，ソルツマンの目に浮かぶ哀しみの深さや自信のなさが際立つことは間違いない．

ちなみに，ソルツマンはその後，リオの言葉を聞いて自信を持ち，彼に結婚相手を次々に紹介していく．ソルツマンとリオの会話はテンポがよく，話の内容は滑稽ですらある．しかし，リオは自分の人間愛を顧みて反省し，最終的にソルツマンの娘を見初める．物語は，2 人に対するソルツマンの謎めいた祈りで締め括られるのだが，その祈りの言葉から，2 人の将来は祝福されたものとも，そうでないものとも読める．笑いあり涙あり，人間への洞察ありの「魔法の樽」．そこに登場する人々の心や彼らの世界はどのように「見」えるだろうか．一読推奨．

3. なぜそれをそう表現するのか

さて，英文は基本的に1つずつの単語が連鎖して1つの「絵」を作り上げると述べてきたが，その「絵」が，ほかならぬその表現によって――単語，句，文法等で――なぜ描かれるのかということを考えると，そこに書き手の心が見えてくる．例えば，成人男性に boy という言葉で言及すれば，幼さがあると判断していることがあるし，逆に相手が若者であっても名前に old をつけて呼べば，親しみを込めているということである．一言一句，きちんと「見」ていけば，真意が見える．

そこで，簡単な例として，長崎生まれのイギリス人作家カズオ・イシグロ（Kazuo Ishiguro, 1954– ）の『遠い山なみの光』（*A Pale View of Hills*, 1982）から1節読んでおこう（なお，ここに述べたことは拙論 "How to Employ Nagasaki: Kazuo Ishiguro's *A Pale View of Hills*," *IAFOR Literature and Librarianship*, 9 (2), December 2020 の一部をまとめなおしたものである．やや専門的になるが，さらに興味のある方は参照されたい）．『遠い山なみの光』は，長崎で生まれ育ち，今イギリスで暮らすエツコの回想を主とする小説である．彼女は原爆で家族とおそらく恋人を失い，幸せそうに振る舞うものの，身寄りを失った彼女を引き取ったオガタさんの息子ジロウと望まない結婚をして長女ケイコを出産，のちにイギリス人と再婚し，ニキを出産する．もっとも，イギリスでは日本文化への理解のなさや日本人への偏見に直面し，いわゆる「戦争花嫁」であるエツコはイギリスでもあまり幸せではないうえに，イギリス人の夫は先立ち，ケイコは自殺する．現在は離れて暮らすニキが母を思って，しばらく家に戻っており，その中でエツコは長崎での暮らしを回想する．その回想は過去が歪曲されている．正確に言えば，小説は「ニキ」（Niki）に始まり「ニキ」（her）に終わるため，ニキという枠組みの中で過去が歪曲される．エツコは，子供を愛しつつ，原爆症の遺伝を不安視し，罪の意識を感じざるをえない被爆者でもあるからだ．

ところで，語り手のエツコは小説の最後の方で，長崎に駐留する米兵とアメリカへ渡ろうと考えるサチコと最後には一体化するという指摘があるが，「なぜそれをそう表現するのか」と意識すれば小説の冒頭から一体化していることがわかる．サチコについて近所の人が噂する場面から見ておこう．日本語訳は小野寺健氏の訳（早川書房，2018年）を使わせていただいた．

Then one afternoon I heard two women talking at the tram stop, about the woman who had moved into the derelict house by the river. One was explaining to her companion how she had spoken to the woman that morning and had received a clear snub. Her companion agreed the newcomer seemed unfriendly—proud probably. She must be thirty at the youngest, they thought, for the child was at least ten. The first woman said the stranger had spoken with a Tokyo dialect and certainly was not from Nagasaki.

(*A Pale View of Hills*, London: Faber and Faber, 2005, pp. 12–13)

するとある日の午後，2 人の女性が市電の電停で，川岸のあばら家に移り住んできた女のことを話していた．1 人が連れに向かって，その日の朝あの女に声をかけてみたのにまるで相手にされなかったと話している．連れはうなずいて，あの女はとっつきの悪い人らしい── きっとプライドが高いんでしょうと言っていた．子供がすくなくとも 10 になっているから，女はどう若くても 30 だろうというのが，この 2 人の推測だった．口火を切ったほうが，あの女(ひと)は東京言葉だったから，長崎の出でないことはたしかだと言う．(pp. 12–13)

その後，エツコがサチコを追いかけて，サチコの娘のマリコが喧嘩していたことを心配して彼女に伝える．

"I do appreciate your coming to find me like this," she went on. "But as you see, I'm rather busy just now. I have to go into Nagasaki."

"I see. I just thought it best to come and tell you, that's all."

For a moment, she continued to look at me with her amused expression. Then she said: "How kind you are. Now please excuse me. I must get into town." She bowed, then turned towards the path that led up towards the tram stop. (p. 15)

エツコは長崎生まれの長崎育ち，サチコは長崎の言葉を全く使わず，東京言葉を用いて話すことから，次のような「声」が聞こえるかもしれない．日本語訳は再び小野寺訳を参照し，一部を長崎大学附属図書館の田尾優子氏からご教示を頂いて長崎言葉に変更してみた．

> 「わざわざ追いかけてきてくださったりして．ごめんなさいね」とサチコは言った．「でもね，わたし，いまちょっと忙しいの．長崎に行かなくちゃならないのよ」
> 「そう？ うちはただ，あんたに言うとったほうがよかって思ったとさ」
> 彼女はまだおかしそうな顔でちょっとわたしを見ていたが，やがて「ありがとうございました．じゃ，失礼するわね．町に行かなくちゃならないんで」と言うと，かるく頭をさげて停留所のほうへ行く道を歩き出した．
> (pp. 16-17)

もっとも，実際には，ここにある言葉はすべて長崎言葉であった可能性が高い．先の引用の表現をよく見てほしいのだが，長崎市内にいる人間が，なぜ「長崎に行く」と言うのか．その直後には「町に行く」と言っているが，文脈から考えれば「町に行く」と「長崎に行く」は同じ意味で用いられている．サチコはなぜそのような表現をしたのだろうか．また，その表現をもって彼女はどこに行くと言っているのか．また，その表現をもって，誰のどのような心が見えるのか．

実は，「町に行く」(“get into town”) という言葉は，現在も長崎市の中心部に住む人々が用いているもので，長崎市の中心街である「浜町に行く」という意味である．同様に，サチコが口にする「長崎に行く」(“go into Nagasaki”) という言葉もまた，長崎市の中心部から離れて暮らす人々が，「浜町に行く」という意味で用いる言い方である．つまり，これらの言葉は長崎言葉である．だが，サチコは長崎言葉を全く使わない．このことから，サチコが言ったとされる「町に行く」，「長崎に行く」といった長崎言葉は，サチコが実際に用いたものではなく，回想の語り手であるエツコの言葉だと考えられる．エツコは中川の生まれであり，中川は中心街の浜町に近いことから，「町に行く」という言葉は彼女自身が長崎にいるときに常に使っていたはずであり，長崎から遠く離れたイギリスで回想する今は，中心街から離れて住む人々が使う「長崎に行く」という言葉を使うことになる．回想におけるエツコとサチコの一体化については，小説もかなり進んだところで，エツコがアメリカ行きを拒むマリコに，母のサチコとアメリカへ行くよう説得するなかで，「あなたたち」(you) という主語が「私たち」(we) という主語に変わってしまう場面がよく知られている．しかし，エツコとサチコの一体化は小説の冒頭から自明である．ちなみに，アメリカ兵と結婚して渡米を夢見るサチコが浜町へ頻繁に出かけるのは，濱屋百貨店の『濱屋百貨店二十年史』(濱屋百貨店，1960年) にもあるように，戦後「浜町通りにダンスホールができて，ニッポン娘とアメリカの兵隊たちは夜も昼も踊った」(p. 267) からであり，そこに彼女のお目当てのフランクがいたからである．

もう1つ別の例を見てみよう．アメリカ南部作家フラナリー・オコナー (Flannery O'Connor, 1925-1964) の代表的短編小説「善人はなかなかいない」("A Good Man Is Hard to Find," 1953) である．アメリカ南部に住む一家が車で旅行をする途中で事故に遭い，脱獄囚のミスフィット (The Misfit) たちに殺されるという話である．中心人物は，敬虔なクリスチャンの老婆と，自分はこの世にフィットしないと自ら名乗るミスフィットである．短編集 *Three* (New York: Signet, 1964) から引用した次の英文は，脱獄囚のミスフィットが，自分の父親のことを述べる場面である．英文内の "Authorities" には「当局」の意味があり，警察との関係が文脈にあるため，ここでは「警察」を意味している．

> "Daddy was a card himself," The Misfit said. "You couldn't put anything over on him. He never got in trouble with the Authorities though. Just had the knack of handling them." (pp. 139-40)

"Authorities" が「警察」を意味するのであれば，"get in trouble with the police" が「警察沙汰になる」という意味なので，上の英文から見える「絵」は，例えば，だいたい次のような感じの言葉で言い表せるのかもしれない．

> 「おやじは変わり者だった」とミスフィットは言った．「結構なしたたか者だった．警察沙汰になったことは1度もなかった．うまくやるコツを知っていたんでね」．

だが，ミスフィットは，“get in trouble with the police” とは言っていない．“get in trouble with the Authorities” と言っている．ミスフィットは，どういうつもりで “the police” の代わりに “the Authorities” と言ったのだろうか．そこで “authority” の意味を考えてみよう．“authority” とは皆を従わせる力を持った存在のことである．したがって，ミスフィットは警察を，下々にとっては従うしかない支配者・国家権力として意識しているのだろう．そうした支配者を意味する日本語は「御上（おかみ）」という．ミスフィットは「警察沙汰になったことは1度もなかった」というより，「御上のご厄介になったことは1度もなかった」と言っているのだろう．

このように，ある事象（や人やモノ）を表すのにどのような語を用いているかに注意を払うと，その人の心の内や考え方が見えてくる．

4. 「私の彼はオオカミです」

ところで，言葉を文字どおりに読むと，奇異な「絵」が思い浮かぶことがある．そのようなときはその言葉が喩えとして用いられているということであり，喩えとして用いられていること自体，「絵」を「見」ていないと理解しにくい．喩えなど稀ではないかと想像する向きもあるかもしれないが，佐藤信夫氏の名著『レトリック感覚』（講談社，1992年）によれば，言語が事実を忠実に写し取って伝えるためのツールであると考えるのは幻想であり，むしろ「私たちの認識をできるだけありのままに表現するためにこそレトリックの技術が必要」（pp. 25-26）なのである．

言葉には，単語レベルから句，節，文，そして文の集合である文章（テクスト）レベルまで，文字どおりの意味と修辞的意味，もっとわかりやすく言えば，比喩の意味がある．さらに比喩には精神的意味と身体的・物理的意味がある．人間は，これらの意味を場面に応じて適宜用いたり，理解したりしている．言葉を文字どおりの意味で用いず，修辞的な意味で用いても理解可能であるのは，言葉が人に「絵」を思い浮かばせ，「絵」から判断して，文字どおりの意味で用いているとは考えられないと判断できるからだ．例えば，「私の彼はオオカミです」と言う人に，「斬新なご趣味ですね」と言う人はまずいない．目の前の人間がオオカミと一緒にデートしたり，ご飯を食べたりしている「絵」は，漫画の世界以外，浮かばないため，「オオカミ」を「オオカミという動物」という文字どおりの意味で使っていると判断せず，「オオカミと言えるような感じの人」という修辞的意味で使っていると判断するからだ．精神的にオオカミっぽいのか，物理的に（ここでは身体的に）オオカミっぽいのかも，その人の「絵」，つまり外見を思い浮かべれば判断がつく．その人の「絵」が思い浮かべられないときであっても，オオカミと付き合っているわけではないことだけは確かだと，我々は一般に認識する．だからこそ，「絵」を「見」て言葉を理解しなければ，意味がわからなくなる．また，「絵」を「見」ていればこそ，「口が少し前に突き出ていて，鼻が黒くて，眼光鋭く，毛深くて ...」と説明されるより，むしろ「オオカミです」と比喩的に言ってもらった方が，その特徴は忠実に伝わる．

そこで，村上春樹（1949- ）が最初，英文で発表した短編集『象の消滅』（*The Elephant Vanished*, 1993）の中にある作品「ローマ帝国の崩壊・一八八一年のインディアン蜂起・ヒットラーのポーランド侵入・そして強風世界」（“The Fall of the Roman Empire, the 1881 Indian Upspring, Hitler’s Invasion of Poland, and the Realm of Raging Winds”）の英文を見てみよう．比喩とはいささか異なるが，「〜と言えるような感じのもの」と考えると「見」える例として，“The things on the line were aflutter” の部分を「見」ていただきたい．いつも日曜日に 1 週間分の日記をつけている男が，火曜日までの日記をつけ終えたところで，風が強く吹いているのに気がつき，ベランダに出る．その後に “The things on the line were aflutter” が続く．

> I’d just finished with the three days up through Tuesday when I became aware of the strong winds droning past my window. I canned the diary entries, capped my pen, and went out to the veranda to take in the laundry. The things on the line were aflutter, whipping out loud, dry crack, streaming their crazed comet tails off into spaces.
>
> (*The Elephant Vanished*, London: Vintage, 2003, p. 111)

「ペンにキャップをし，ベランダに行く」と書いてあるので，ベランダに行く場面を想像してほしい．その「目的は，洗濯物を取り入れること」とあるので，目の前に「洗濯物」が見えるだろう．その絵を見ながら，次の文の冒頭にある

“the things” を「見」る．“the things” とは何か．

すでにおわかりかと思うが，ここで 1 点．文法も「見える」に関係があり，「見える」という立場から考えれば理解しやすい．例えば，英語には不定冠詞と定冠詞という 2 種類の冠詞があるのだが，頭の中に浮かぶ「絵」で「定」と「不定」に分けられていると考えられる．10 人の友だちと一緒にダックスフントを見に行き，その場で “I like a dog.” と言ったときと “I like the dog.” と言ったときの違いは，前者の場合，その場にいる人々が頭に思い浮かべる「犬」の「絵」が，ある人は柴犬，ある人はブルドック，ある人はチワワといったように，バラバラで定まらない一方，後者の場合，頭に思い浮かべる「犬」の「絵」は全員「ダックスフント」に定まることにある．“a / an” は，そういう輪郭をしたもの，あるいは，初めと終わりがある，ということを示すための言葉であるために，絵の内容はなんでもよく，一方，“the” は「○○というものはこの世に色々あるが，○○は○○でもその○○」と限定して「見」させるために，絵の内容が定まるのである．なお，定冠詞 “the” は，“the children” のように，複数形にもつけることができる．そのときの the は，1 つの集団性・まとまりを意味する．例えば，「○○小学校」という言葉の直後に “the children” という言葉が発せられれば，「子供たちという集団はこの世に色々あるが，子供たちという集団は集団でも，その子供たちの集団」と限定され，「○○小学校の子供たち」という意味になる．「駅前に集まった大勢の人々の前で演説をする 1 人の女性」という言葉の後に “the persons” とあれば，「人々という集団はこの世に色々あるが，人々という集団は集団でも，その人々の集団」と限定され，それは「駅前に集まった大勢の人々」のことになる．一方，“the person” とあれば，それは「演説をする 1 人の女性」のことである．

そこで，先の “the things” に戻ろう．干してある洗濯物を取るという目的をもってベランダに出たあと，目に入ってくる “the things”＝「そのものの集団」とは何だろうか．そう，それはベランダに出た今，目の前に見えている，これから取り入れようとしている「ものたち」，つまり「洗濯物」のことである．続く “on the line” だが，洗濯物が「線にくっついている」などと字義どおりの意味で考えては絵が浮かびにくい．したがって，洗濯物が「線と言えるようなものにくっついている」と考え，「線と言えるようなもの」が見えるまで粘る．そう，それは物干し竿（竹製かステンレス製かは不明）か，洗濯を干すためにピンと線状に張ったロープのことだ．「物干し」あるいは「洗濯物」だ

けに “the things” という言葉をあてたのかどうかは不明だが，それはともかく，竿なりロープなりにくっついた “the things” が “aflutter” の状態にあるとは，要するに，「物干し竿（もしくはロープ）に干してある洗濯物が風でパタパタしていた」ということである．それが “The things on the line were aflutter” の示す「絵」であり意味である．先の引用部全体の和文をここに載せておく．せっかくなので，和文は，後に村上自身が発表した日本語版（『像の消滅』，新潮社，2005 年）のものを用いておこう．

火曜日までの 3 日ぶんの日記をつけおえたところで，僕は窓の外を吹き抜けていく激しい風のうなりに気づいた．僕は日記をつけるのを中断し，ペンにキャップをし，ベランダに出て洗濯ものをとりこんだ．洗濯ものはまるでちぎれかけた彗星の尻尾みたいにばたばたと乾いた音を立てて宙に踊っていた．(p. 160)

もう 1 例出しておこう．村上春樹も翻訳したアメリカの人気作家スコット・フィッツジェラルド (F. Scott Fitzgerald, 1896–1940) の『グレート・ギャツビー』(*The Great Gatsby*, 1925) からの 1 節である．我々は今，豪華な邸宅の中にいる．以下に引用した英文は再び「風」関係だが，何が「見える」だろうか．とくに the frosted wedding-cake とは何だろう．

A breeze blew through the room, blew curtains in at one end and out the other like pale flags, twisting them up toward the frosted wedding-cake of the ceiling, and then rippled over the wine-colored rug, making a shadow on it as wind does on the sea.

(*The Great Gatsby*, New York: Charles Scribner's Sons, 1925, p. 8)

“the frosted wedding-cake of the ceiling” を読んで，粉砂糖をまぶした (frosted) ウェディングケーキや霜で覆われた (frosted) ウェディングケーキが天井にあると考えるのは「絵」的におかしい．当然，ここは「ウェディングケーキと言えるようなもの」の意味である．したがって，「粉砂糖をまぶしたウェディングケーキのようなもの」か「霜で覆われたウェディングケーキのようなもの」が天井にあると言っているのだ．粉砂糖がまぶしてあるウェディングケーキの方が霜のおりたウェディングケーキより一般的だが，いずれにせよ，表面が白い粉状のもので覆われているということである．天井の色も白であろう．白いクリームのウェディングケーキの方がチョコレートクリームほかのウェディングケーキより一般的だからだ．このことから，“the frosted wedding-cake of the ceiling” は白い立体装飾が施されている白色の天井のことだと言える．この「絵」を最後に日本語で示して本節を締め括る．

そよ風が部屋の中を吹き抜ける．カーテンが内に外にと白い旗のようにはためきながら，粉砂糖をまぶしたウェディングケーキのような白い天井に向かって勢いよくめくれあがる．それから風は，海面を吹き抜けるときのように，ワインレッドのラグにさざ波を立て，陰影を描く．

『グレート・ギャッビー』は Penguin など，多くの出版社から出されている．村上の翻訳と併せて原文でも読んでみてほしい．

5. 心が「見え」る言葉の使い手は他者を「変な奴」と短絡的に切り捨てない

最後に，これまでのまとめとして，アメリカの作家シャーウッド・アンダソン（Sherwood Anderson, 1876-1941）が書いた『ワインズバーグ，オハイオ』（*Winesburg, Ohio*, 1919）の 1 節を読んで本章を締め括ろう（なお，ここに述べたことは拙論「文体が切り開く英語の理解と世界の認識 ── シャーウッド・アンダソンを中心に」，『文体論研究』64, 2018 年，pp. 57-76 の一部をまとなおしたものである．やや専門的になるが，さらに興味のある方は参照されたい）．日常語で書かれた『ワインズバーグ，オハイオ』の英文を理解するのに文学の特殊な知識はいらない．ただ英語がきちんと読めるかどうかだけにかかっている．そして，この英文がきちんと読めているかどうかは，文中の “Two sharp little fists began to beat on his face.” ということがなぜ起こったのか，理由がわかるかどうかで判断できる．そこで，その理由について，考えていただきたい．以下に引用するのは物語の最後に近い場面，教え子であり新聞記者を目指す主人公の青年ジョージ・ウィラード（George Willard）のことを好きになってしまった教師のケイト・スウィフト（Kate Swift）が，衝動を抑えきれなくなって彼に我が身を預ける場面である．

In the newspaper office a confusion arose. Kate Swift turned and walked to the door. She was a teacher but she was also a woman. As she looked at George Willard, the passionate desire to be loved by a man, that had a thousand times before swept like a storm over her body, took possession of her. In the lamplight George Willard looked no longer a boy, but a man ready to play the part of a man.

The school teacher let George Willard take her into his arms. In the warm little office the air became suddenly heavy and the strength went out of her body. Leaning against a low counter by the door she waited. When he came and put a hand on her shoulder she turned and let her body fall heavily against him. For George Willard the confusion was immediately increased. For a moment he held the body of the woman tightly against his body and then it stiffened. Two sharp little fists began to beat on his face. When the school teacher had run away and left him alone, he walked up and down the office swearing furiously.

(*Winesburg, Ohio*, Penguin, 1987, pp. 164–65)

理由は説明文や，特定の接続詞や副詞などなくても十分理解できるようになっている．それは名前を巡る結束性の部分に示されている．英語では同じ言葉を繰り返すことを嫌う．例えば，先に挙げた『遠い山なみの光』の1節をもう1度見てみよう．

Then one afternoon I heard two women talking at the tram stop, about the woman who had moved into the derelict house by the river. One was explaining to her companion how she had spoken to the woman that morning and had received a clear snub. Her companion agreed the newcomer seemed unfriendly—proud probably. She must be thirty

> at the youngest, they thought, for the child was at least ten. The first woman said the stranger had spoken with a Tokyo dialect and certainly was not from Nagasaki. (pp. 12-13)

2人の長崎の女性がサチコのことを噂する場面であるが，ここでサチコは“the woman”，“the newcomer”，“she”，“the stranger”の4種類の言葉で言及される．サチコを噂する2人の女性（“two women”）は，“they”のほかに，“one”あるいは“the first woman”と“her companion”といった言葉で示される．このうち，定冠詞を用いて「叙述的な語句を代用することで反復を避ける技法」をエレガント・バリエーションという．エレガント・バリエーションは，同一人物のさまざまな側面や，各登場人物について多面的な像を描き出して「ある複雑な心理的全体における，個々の諸状況」（ジェフリー・N・リーチ&マイケル・H・ショート『小説の文体――英米小説への言語学的アプローチ』筧壽雄監訳，研究社，2003年，pp. 42-43）を示す．サチコについて噂する2人の女性は，一方が他方の“her companion”と示されることから，仲間であり友である．そんな彼女たちは，サチコを“the newcomer”であり“the stranger”という言葉で示す．つまり，長崎の2人の女性は東京から来たサチコを「新参者」であり「よそ者」と位置づけていることがエレガント・バリエーションをとおしてわかる．

それでは，先に引用した『ワインズバーグ，オハイオ』の一場面はどうなっているだろうか．ケイトがなぜ突然，ジョージの顔を叩き始めたのかもまた，その前後のケイトを表わすエレガント・バリエーションによって彼女の心理が示されることで明らかになっている．ケイトは氏名を表す固有名詞，代名詞，“the school teacher”，“the woman”の4種類の言葉で示される．ケイトを表わすこの4種類の言葉のうち，彼女がジョージに己が身を預ける場面ではまず“the school teacher”が用いられ，以後しばらく代名詞が用いられ，ジョージが彼女をきつく抱きしめるときに“the woman”が用いられる．その直後に，彼女はジョージの顔を拳で叩き，彼のもとを走り去る．そのときは“the school teacher”が再度用いられる．つまり，ケイトは当初，教師という社会的存在としてジョージに接していたが，ジョージにきつく抱きしめられる瞬間，彼女は社会的存在としてではなく1人の女性として彼に接していることが示され，その直後に1人の教師に戻って，彼の頬を殴打して走り去ったことが示される．すなわち，ケイトは教師という社会的存在と1人の女性という存在との間で葛藤に揺れ，最終的に女性より教師としての自分を意識して彼から逃げたのである．このことは，冒頭の "She was a teacher but she was also a woman." という1文を端緒に展開される．エレガント・バリエーションについて，さらに興味のある読者諸氏は，前述の『小説の文体──英米小説への言語学的アプローチ』をお勧めする．

我々人間には他者の心理を直接窺うことはできない．他者の奇妙な行動を目にすれば，行動主の心理を推し量る以外にない．『ワインズバーグ，オハイオ』でも基本的に人間が外側から，すなわち人間の行動が描かれる．しかも，『ワインズバーグ，オハイオ』には「手」("Hands") をはじめ，奇妙な行動をとる人物が多々描かれる．説明文のない行動描写を中心とする3人称の語りゆえに，読者には，日常と同じく，奇妙な行動だけが前景化する．だが，叙述される行動の中に，単なる重複を避ける代名詞ではなくエレガント・バリエーションが用いられることによって，行動主の心の機微が明らかになり，行動の動機や理由がわかるように書かれる．すなわち，アンダソンは，日常語を用いて読者に日常における他者への判断行為を追体験させながら，エレガント・バリエーショを効果的に用いて，人間の所作と心理を同時に描くのである．

読む側にとっては，きちんとした英語の理解が一見奇妙に見える行動の理由，すなわち人間の理解に直結する．きちんとした英語の理解が，奇妙な行動を単に奇怪であるとか理解不能であるとか感じて切り捨てるのではなく，人それぞれが心に秘める，あまりにも人間的な動機や理由を共感理解すること，それゆえに他者への温かなまなざしと寛容さを育むことに直結する．言葉を理解するとは，そういうことではないのだろうか．

第4章

オリヴァー・ゴールドスミスと喜劇『負けるが勝ち』

18世紀の英文に挑む

江藤秀一

1. オリヴァー・ゴールドスミス

18世紀のイギリスにオリヴァー・ゴールドスミス（Oliver Goldsmith, 1730?–1774）という作家がいる．とても人の好い作家で，少しでも収入があるとすぐに飲食に使ったり，人に恵んだりして，いつもきゅうきゅうとしていた．ドクター・ゴールドスミスと言われるように，文人でありながら，一時期だが医者でもあった．ジェイムズ・ボールドウィン（James Baldwin）というアメリカの黒人作家が易しく書き換えた *Fifty Famous Stories* の中に，このゴールドスミスの人柄が感じられるほのぼのとした話がある．まずはその書き出しの部分を紹介してみよう．なお，引用する英文は Gutenberg Project の "Fifty Famous Stories Retold, by James Baldwin"（www.gutenberg.org/files/18442/18442-h/18442-h.htm）からのもので，日本語は拙訳による．

THERE was once a kind man whose name was Oliver Goldsmith. He wrote many delightful books, some of which you will read when you are older.

He had a gentle heart. He was always ready to help others and to share with them anything that he had. He gave away so much to the poor that he was always poor himself.

He was sometimes called Doctor Goldsmith; for he had studied to be a physician.

昔，オリヴァー・ゴールドスミスという名の心やさしい医者がいた．愉快な本をたくさん書いており，皆さんは大きくなったらそのいくつかを読むことだろう．

ゴールドスミスは優しい心の持ち主だった．彼はいつでも喜んで他人を助け，自分の持っているものは何でも分け合った．彼は貧しい人にたくさん恵んであげたので，自分自身はいつも貧しかった．

彼はときどきゴールドスミス医師と呼ばれた．内科医になろうと勉強したことがあったからだ．

ここに掲げた英文は高校1年生から2年生程度の難易度であり，文法や構文の説明も不要であろう．このような易しい英文は英語の文法や基本的構文を学ぶのに適しているし，なによりも，英文を前から順に読む習慣をつけるのに適している．最初の，“THERE was once a kind man whose name was Oliver Goldsmith.” は，“There was once”（かつていたんだ），“a kind man”（親切な男が）のように読み下していき，“whose name was Oliver Goldsmith”（その名はオリヴァー・ゴールドスミスだった）のように，前から順に読んでいくわけである．特に，“a kind man whose name was Oliver Goldsmith” のところは，「ゴールドスミスという名の親切な男」のように，後ろから前にもどるような読み方をしないように心がけたい．

第2文の “He wrote many delightful books, some of which you will read when you are older.” は，“He wrote many delighted books, and some of the books you will read” のように，which の指す語を踏まえて，「彼はたくさんの愉快な本を書いた，そして，その本の何冊かをあなた方は読むでしょう」のように，読み下していくようにしたい．そうすると，次の “to share with them anything that he had” も「他人と分け合う，何でも，持っているもの」というように，順に読み下すことができるだろう．ここの to がその前の ready to ～（～する準備ができている）につながることも確認しておきたい．

以上の文で用いられている whose や which や that を関係代名詞といい，whose や that の使い方を「関係代名詞の制限的用法」といい，some of which のようにコンマとともに用いる which を「関係代名詞の非制限的用法」という．その違いは，前者はその前にある語（先行詞）を修飾して，限定し，後者はその前にある語の補足説明をするという点である．例えば，“He has two sons who live in Hokkaido.” といえば，北海道にいる息子が２人いるが，それ以外に息子がいるかどうかはわからない．それに対し，“He has two sons, who live in Hokkaido.” といえば，息子は２人のみで，その２人が北海道に住んでいる，ということになる．英文を目で見た場合には関係代名詞の前にコンマがあるかないかでこの用法の違いはわかるが，会話ではその違いはわかりにくくなる．場合によっては，関係代名詞の前後の間(ま)の有無で判断できることもあるかもしれない．いずれにしても，英文を解釈するときには，その意味上の違いを踏まえて前から順に読み下して行くことが肝要である．

その次の “He gave away so much to the poor that he was always poor himself.” は中学校で学ぶ〈so ～ that〉（とても～なので…）という基本的な構文が使われている．そして，この英文中にある the poor は poor people という意味で，「the＋形容詞」は「～な人々」という意味を表すことも高校時代に学んだことであろう．“The rich are not always happy.”（金持ちは必ずしも幸福ではない）のように動詞は are と複数で受けることになる．

ちなみに最後の語の a physician は内科医で，外科医は surgeon，その他，歯科医（dentist），眼科医（oculist），あたりを知っておきたい．

次の英文は，ゴールドスミスがある夫人に往診を頼まれ，その夫を診察したときの話である．夫の病とはどんなもので，ゴールドスミスはどのような薬を処方したのだろうか．

One day a poor woman asked Doctor Goldsmith to go and see her husband, who was sick and could not eat.

Goldsmith did so. He found that the family was in great need. The man had not had work for a long time. He was not sick, but in distress; and, as for eating, there was no food in the house.

“Call at my room this evening,” said Goldsmith to the woman, “and I will give you some medicine for your husband."

In the evening the woman called. Goldsmith gave her a little paper box that was very heavy.

"Here is the medicine," he said. "Use it faithfully, and I think it will do your husband a great deal of good. But don't open the box until you reach home."

"What are the directions for taking it?" asked the woman.

"You will find them inside of the box," he answered.

When the woman reached her home, she sat down by her husband's side, and they opened the box. What do you think they found in it?

It was full of pieces of money. And on the top were the directions: —

"TO BE TAKEN AS OFTEN AS NECESSITY REQUIRES."

Goldsmith had given them all the ready money that he had.

ある日，貧しい女の人がゴールドスミス医師に夫の往診をして欲しいと頼んだが，夫は病気で食べることができなかったのだ．

ゴールドスミスはその頼みに応じた．彼はこの一家が大変に困窮していることを知った．夫は長いこと仕事をしていなかった．彼は病気ではなく，貧しさに苦しんでいるのであり，食べることに関しては，その家には食べ物がなかったのだった．

「今晩，診察室へ来てください」とゴールドスミスはその女の人に言った．「そうすれば，御主人のためにお薬をあげましょう．」

夕方，女の人は訪れた．ゴールドスミスは彼女にとても重い小さな紙の箱を渡した．

「はい，お薬です」と彼は言い，「正確に使ってください．そうすれば，ご主人にとてもよく効くと思いますよ．お宅に帰るまでは開けてはいけませんよ．」

「薬の飲み方はどうなってますか」と女の人が尋ねた．

「箱の中に入っています」と彼は答えた．

女の人が家へ帰り，夫のそばに座ると，2人はその箱を開けた．2人はその箱の中に何を見つけたと思いますか．箱の中にはお金がいっぱいでした．そのお金の上には使用法がありました．

「必要のあるたびに用いること.」
ゴールドスミスは２人に持っていた現金をすべてあげたのだった.

先に紹介した英文でゴールドスミスは “a kind man” であり, “a gentle heart” の持ち主であったと書かれていたが, いかにゴールドスミスが親切で, 優しい心の持ち主であったかがおわかりいただけたと思う. 全部で 300 語足らずの決して長い英文ではないが, うまくまとめられていて, 英語で文章を書く際の参考になる.

この英文にも文法や構文の学び直しをする事項が頻出する. まずは, 最初の文の ask であるが, ここでは「尋ねる」という意味ではなく,「頼む」という意味であることを確認したい. ask には大きく２つの意味がある. 1つは “I asked him where he was born.”（私は彼がいつ生まれたかを尋ねた.）のように,「尋ねる」という意味だが, もう 1 つは “I asked him to open the window.”（私は彼に窓を開けるように頼んだ.）のように,「頼む, 依頼する」という意味がある.「頼む」の場合にはこの例のように,〈ask 人 to ～〉という言い方になる. したがって, 英語では “I asked him” だけだと,「尋ねる」のか「頼む」のか不明である. その後ろまで読んであるいは聞いて初めて, ask の意味がわかることになる. ask が「尋ねる」のときには, “I asked the way to the station.”（私は駅への道を尋ねた.）, あるいは “I asked his name.”（私は彼の名を尋ねた.）のように, ask の後ろに名詞が来て,「～を尋ねる」という意味を表すが, 頼む場合には後ろに「～するように頼む」のように「to＋動詞の原形」が来る. もちろん文脈ではそうでない場合もあるが, この英文の最初の “a poor woman asked Doctor Goldsmith to go and see her husband” の ask は「頼む」という意味になる. ちなみに, go and see は go to see と同じ意味で, 18 世紀にはこのように go and see と言っていたことがわかる. 現代の英語でも go and see は用いられる. ここの see は日本語では「診察する」という意味になることは文脈からわかる. 英語の see の意味範囲は興味深い. see は要するに人に会うことであるから, 会う相手が医者と患者であり, 会う目的が病気の診断のためであれば,「診察する」という意味になるし, 医者と患者が友人同士で, 日曜日にゴルフに行くために「7 時に駅で会いましょう」という場合にも, “I'll see you at seven at the station.” のように, 同じく see を使うことになる.

次に “go and see her husband” の go の使い方を確認しよう.ここでは「往診する」という意味であるが,go は「そこから離れていく」という動作を表し,come は「そこへ近づいていく」という動作を表す.したがって,この夫人はゴールドスミスに,「今いるところから離れて,自分の家へ来てくれ」と言っているので,go を使っているのである.仮に,電話で往診を頼んでいれば,“Come and see my husband.” のように,come を使うことになる.この使い分けはときに日本人学習者には難しいことがある.次のような状況を考えてみよう.ある母親が夕食の支度ができたので,2 階で勉強している息子に次のように声をかける.

母：　「ご飯できたよ.」
息子：「うん.今行くよ.」

この息子のせりふを英語で “Yes, I'm going.” と言うと,息子は 2 階から降りて来て,母のところから離れてどこかに行ってしまうことになる.ここは,“Yes, I'm coming.” と言わなければならない.では,次はどうだろうか.A が電話で B にご飯を一緒に食べようと誘う.B は「うん,わかった.行くね」と答える.A が答えた次の英語から go の使い方がよくわかっていただけるだろう.

A: Shall we have dinner together at my house?
B: Yes, I'm going.
A: Where are you going to?

つまり,go は電話で誘った A のところに「近づいて行く」のではなく,ほかのところに「行く」ことになるので,A は「どこに行くの」と尋ねたわけである.ここも “I'm coming.” と言わなければならない.

英語を学ぶ難しさに慣用句がある.例えば,as for eating (食べることに関して) の as for では,as と for のそれぞれの意味を知っていても,それぞれの語を組み合わせた as for ～ が「～に関して」という意味であることを導き出すのは難しい.ここは,覚えるしかない.また,〈do + ～ + good〉は「～に効き目がある」「～のためになる」という意味で,do と good のそれぞれの意味から何とか判断するしかない.“It will do your husband a great deal of good." はこの英文の中では難しい部類であろう.

学校で学んだ英語の構文という点では, "Call at my room this evening," said Goldsmith to the woman, "and I will give you some medicine for your husband." の「命令文＋and」に気がついただろうか.「〜しなさい, そうすれば …」という意味を表す. "Use it faithfully, and I think it will do your husband a great deal of good." も同じ構文である. また,「命令文＋or」では,「〜しなさい, さもないと …」という意味を表す. "Hurry up, or you'll be late."（急ぎなさい, さもないと遅れるよ）のように使う.

最後に take という語を考えてみよう. 日本語で「薬を飲む」の「飲む」は drink ではなく, 一般的には take を用いる. ここでは, 箱の中には medicine（薬）ではなく, money（金）なので,「お金を飲む」とは日本語では言わない.「必要に応じてお金を取る」, つまり「使う」という意味と「必要に応じて薬を取る」, つまり「飲む」という意味が掛けてある. ここは上手く日本語訳ができず, まさに英語で読んで意外な結末, つまり「おち」を楽しむことになるわけだ.

以上のように, *Fifty Famous Stories* の英文はレベル的には決して高くはないが, 丁寧に読んでみると, 使える英語, また英語を原文で読む上に知っておくべき基礎的な要素がたくさんあることがわかる. この物語のような心を温かくしてくれる優しい英文をたくさん読むことは, 英語の学び直しには適した学習法である.

このゴールドスミスという人はお金に困ると知人のドクター・ジョンソンに相談した. ドクター・ジョンソンことサミュエル・ジョンソン（Samuel Johnson, 1709–1784）は 18 世紀を代表する文人で, *A Dictionary of English Language*（1755）という英語辞書の編集で著名である. その辞書を編集した家はロンドン市街に残っており, 現在は Dr Johnson's House という名の記念館として一般に公開されている.

相談を受けたジョンソンはゴールドスミスの原稿を読んで, すぐに出版社を紹介し, ゴールドスミスは生活費を手にするのであった. では, 次の節では, ゴールドスミスの愉快な作品の 1 つを紹介する.

2. 喜劇『負けるが勝ち』(*She Stoops to Conquer*)

ゴールドスミスは小説も詩も戯曲も手掛けた．戯曲の中に *She Stoops to Conquer* (1773) という喜劇がある．「一夜の間違い」(The Mistake of a Night) という副題がついているとおり，一晩のドタバタ喜劇である．ここでは，梗概を記しながら，18 世紀の英語を読んでみることにする．なお引用する英文は Oxford World's Classics シリーズ中の *She Stoops to Conquer and Other Comedies* (Oxford University Press, 2007) からのもので，括弧に引用頁を示した．日本語は拙訳による．

ある夜，ロンドンからチャールズ・マーロー (Charles Marlow) とその友人のジョージ・ヘイスティングズ (George Hastings) という 2 人の青年が，とある田舎へやってくる．マーローの父の友人であるハードカースル (Mr Hardcastle) 家の娘ケイト (Kate) との一種のお見合いが目的である．青年 2 人は夜になって道に迷ってしまうが，近くの居酒屋の主人がその 2 人に気づき，常連客のトーニー (Tony) に伝える．トーニーはハードカースルの後妻の連れ子で，母にすっかり甘やかされて育ったせいか，いたずら好きであった．マーローがケイトの見合い相手であることを知っていたトーニーは，ハードカースルのお屋敷を宿屋であると信じ込ませる．この芝居はすっかり騙されたマーローがハードカースルを宿屋の主人と思い込み，その娘のケイトを宿屋の女中と思い込むことによって引き起こされる一夜の喜劇である．

マーローの父の手紙によると，マーローはとても恥ずかしがりやで控えめな青年であるというのであるが，実は，身分が同等の女性の前では顔も上げられないのに，酒場の女と接するときには慣れなれしく話をするような青年であった．次はそんなマーローとヘイスティングズのやり取りである．ヘイスティングズはマーローに酒場の女性に接するのと同じように上品な女性にも話ができればよいのにと言う．

HASTINGS. If you could but say half the fine things to them that I have heard you lavish upon the barmaid of an inn, or even a college bed-maker—

MARLOW. Why, George, I can't say fine things to them. They

freeze, they petrify me. They may talk of a comet, or a burning mountain, or some such bagatelle. But, to me, a modest woman, dressed out in all her finery, is the most tremendous object of the whole creation. (p. 176)

ヘイスティングズ： 君がしゃれたことを半分でもあの女性たちに言うことができさえすればいいのだがね，僕は耳にしているがね，君が宿屋のバーの女給や学寮の掃除婦にしゃれたことをさんざん浴びせかけているのをね．

マーロー： え，ジョージ，あの方たちにしゃれたことなど言えないよ．僕はカチカチに凍ってしまうし，石のように固くなってしまうよ．あの方たちはすい星や火山や，些細などうでもいいような話をするかもしれないが，僕にとっては華麗に着飾ったおしとやかな女性は，すべての生き物の中でもっとも恐ろしい存在だよ．

この作品は先にも述べたように，18 世紀の芝居であるが，まさに芝居がかった大げさな話っぷりを感じ取っていただけるだろうか．最初の “If you could but say half the fine things to them” の but は「しかし」という意味ではなく，only の意味で使われている．また，could は「できた」という過去の意味ではなく，「できれば」という仮定法過去の用法である．“... that I have heard you lavish upon the bar-maid of an inn” の that はゴールドスミスを紹介する英文でも見たとおり，関係代名詞で the fine things を受けている．したがって，関係代名詞でつながないときの文は，“I have heard you lavish **the fine things** upon the barmaid of an inn”（君が宿屋のバーの女給に素晴らしいことをさんざん言っているのを僕は聞いたことがある.）ということになる．また，“I have heard you lavish” は「知覚動詞（hear や see など）＋目的語＋原形」という英語の基本的な構文である．このように中学校と高等学校で学ぶ文法の知識は英語を読みこなす上で欠かせない．さらに，If you could but say half the fine things（君が素晴らしいことの半分でも話すことができれば），と言って，その結論をヘイスティングズが言わないうちに，マーローは，“Why, George, I can't say fine things to them”（え，ジョージ，彼女たちに立派なことなど言えないよ）と反論している．そのあとのセリフにはマーローの大げさな言い訳が並んでいる．上品な女性たちがすい星や火山の話をすると言っているが，いかにもそういう女性は「あら，怖いわねー」「あら，すごいわねー」といった「ぶりっ子」ぶりが感じられるが，マーローは自分にとってはどうでもいいような些細な話を大げさに話していると言いたいのであろうか．

ヘイスティングズの指摘どおり，またマーロー自身も自覚しているとおり，見合い相手のケイトと初めて会ったマーローは，ケイトの顔をまともに見ることもできず，またバーの女給らと話をするときのようにユーモアを発揮することもできない．次は，マーローとケイトの初対面での会話の一部である．まじめな男性は退屈じゃないかと述べるマーローに，ケイトはそれを否定し，まじめな男性たちが浮ついた娯楽を大切にしていることに驚いているというようなことを述べる．それに対するマーローとケイトのやり取りである．

MARLOW. It's—a disease—of the mind, madam. In the variety of tastes there must be some who, wanting a relish—for—um—a—um.

MISS HARDCASTLE. I understand you, sir. There must be some, who, wanting a relish for refined pleasures, pretend to despise what they are incapable of tasting.

MARLOW. My meaning, madam, but infinitely better expressed. And I can't help observing—a—

MISS HARDCASTLE. (*aside*) Who could ever suppose this fellow impudent upon some occasions. (*To him*) You were going to observe, sir—

MARLOW. I was observing, madam—I protest, madam, I forget what I was going to observe. (pp. 184-185)

マーロー： それは，病ですね，心の，お嬢様．人の趣味も様々ですので，人によっては，関心がなく，あのー，あのー．

ハードカースル嬢： わかりますわよ，あなた．人によっては，上品な娯楽には関心がないので，自分では味わうことのできない事を軽蔑する口実にしているのですね．

マーロー： そういうことを僕は言いたかったのですが，お嬢様，でも，ずっとずっと上手におっしゃいますね．それに，言わなきゃいけないんですが….

ハードカースル嬢：（傍白） いったい，どうすりゃ，この方が厚かましくなったりする場合があるというのかしらね．（彼に向かって）おっしゃろうとしていることは….

マーロー： 僕が言おうとしていることは，お嬢様，言いますがね，忘れてしまいました，何を言おうとしていたか．

マーローのしどろもどろの様子とそれに賢く応じているケイトのゆとりを感じていただけると思う．ケイトはマーローの言わんとしていることを先取りし，マーローはそのケイトの言葉に合わせようとするが，最後は合わせきれなくて，“I forget what I was going to observe.” と言って，観客の笑いを誘うことになる．実際に，芝居を見ていなくても，このやり取りだけでも十分に笑うことができるし，マーローとケイトのそれぞれの人柄も推察できる．この 2 人のやり取りの英語にも 18 世記らしい用法が出ている．それは want という動詞で，現代英語では，“I want a glass of water.”（水を一杯欲しい）というように，「欲しい」という意味で使うのが一般的な用法であるが，18 世紀の英語では「不足している」という意味で使われることが多い．したがって，“wanting a relish for refined pleasures” は「上品な娯楽には関心がない」という意味になり，「関心がないので味わうことができない趣味を軽蔑する口実にしている」という流れになる．この want を「上品な娯楽を望んでいる」というふうに解釈すると，その次の “pretend to despise what they are incapable of tasting” と意味的に合わなくなってしまう．また，observe には「観察する」という意味と「言う」（say）の意味があり，ここでは文脈から「言う」という意味で解釈した．

ケイトはマーローが育ちのよい女性に対するのと，酒場で働く女性に対するのとでは態度が変わることは既に聞いていた．しかし，初めて会ったときのマーローの自分への対応には驚きを隠せない．その気持ちが，“Who could ever suppose this fellow impudent upon some occasions.”（この人が場合によっては厚かましくなるなんて誰に考えられるかしら）という表現に表れている．このような疑問文は修辞疑問文（rhetorical question）と呼ばれ，話し手の強い気持ちを表すことになる．したがって，“I can't suppose this fellow impudent upon some occasions.” という否定文に比べて，マーローが図々しくなるなんてとても考えられないというケイトの強い気持ちを表すことになる．意味的には疑問文とは言えないところから，この引用文のように，文字で表すときには疑問符（?）ではなく，終止符（.）で文末を閉じることもある．このような疑問文の使い方にも注意しながら読んでいくと，登場人物の気持ちもより理解できるし，英文の読みも深まっていく．

ケイトの顔をまともに見ることのできないマーローであったが，しどろもどろになりながらも話を合わせようとする彼のまじめな対応に，ケイトは好感を持つ．そして，マーローが宿屋と勘違いしていることを知ったケイトは，さらにマーローの性格を知りたいと思い，女中の恰好をして，マーローに話しかける．その女中がケイトだということに気づかないマーローは，ケイトの美しさに引かれると同時に，慣れなれしく話しかけて，だんだんとケイトに近づいていき，キスをしようとする．次の場面では，言い寄るマーローとそれを上手くかわすケイトとのやり取りを楽しんでいただきたい．

MARLOW. One may call in this house, I find, to very little purpose. Suppose I should call for a taste, just by way of a trial, of the nectar of your lips; perhaps I might be disappointed in that too.

MISS HARDCASTLE. Nectar! nectar! That's a liquor there's no call for in these parts. French, I suppose. We keep no French wines here, sir.

MARLOW. Of true English growth, I assure you.

MISS HARDCASTLE. Then it's odd I should not know it. We brew all sorts of wines in this house, and I have lived here these eighteen years.

MARLOW. Eighteen years! Why, one would think, child, you kept the bar before you were born. How old are you?

MISS HARDCASTLE. O! sir, I must not tell my age. They say women and music should never be dated. (p. 197)

マーロー： この宿屋では何を注文しても，ほとんど無駄なんだね．何かの味見をしたいという場合とか，ちょっとだけ，試しにだけどね，君の口びるのネクタルをね．多分それもがっかりかな．

ハードカースル嬢： ネクタルですって．ネクタルですって．このあたりでは注文のないお酒ですわ．フランスのものだと思いますが．私どものところにはフランスワインは置いていませんよ，お客様．

マーロー： 正真のイギリス産だよ，請け合うよ．

ハードカースル嬢： あら，私がそのことを知らないなんて，おかしいですわね．私どもではあらゆる種類のワインを作っていますし，私，ここに住んで 18 年になるんです．

マーロー： 18 年ですって．いやー，そうなると君は生まれる前から酒場をやっていたと思われてしまうよ．いくつなんだい，君は．

ハードカースル嬢： あら，お客様，年は言ってはいけないのですよ．女性と音楽には年齢はないと言われているでしょう．

いかがだっただろうか．第 1 文の to very little purpose のように little に a という冠詞がないときには「ほとんど ... ない」という否定を表すので，「何を頼んでもほとんど達せられることはない」という意味になる．また，“Suppose I should call for a taste” の suppose は if と同じ意味を表し，この英文のように suppose や if が should と共に用いられると，「万が一」という強い仮定を表すことになる．したがって，ここではマーローの「普通なら頼まないが，万が一頼んだとしても」という極めて控えめな気持ちを表している．ここで “Suppose I call for a taste” といえば，単に「頼む」という気持ちを表すことになり，「控えめに頼む」といったニュアンスが出てこない．

助動詞の should には様々な意味があるが，その意味とニュアンスとを理解しながら英語を読むことは，その心を理解することにもつながる．「ネクタルはこのあたりでは注文のないお酒ですわ．フランスのものだと思いますが．私どものところにはフランスワインは置いていません」というケイトに，マーローは「正真のイギリス育ち」と反論すると，ケイトは “it’s odd I should not know it” と応じる．この should は話者のあるいは筆者の「強い」驚きや意外といった気持ちを表す．したがって，“it’s odd I don’t know it” というよりも，「あら，奇妙ですよ，私が知らないなんて，まったく」というような気持ちになる．このように助動詞は人の心の内をうかがわせる．ところで，マーローの “Of true English growth, …” はケイトのことを心に思って述べていることは言うまでもない．

助動詞が人の心の内をうかがわせるということについては，マーローのせりふにある one would think という表現と現在形の one thinks とでは，主張の度合いが would のほうが弱まることになる．マーローの気持ちとしては，“If you were eighteen years old, one would think that you kept the bar before you were born.”（もし君が 18 歳というのならば，君は生まれる前からこのバーを経営していたことになると僕は考えることになるだろうよ）という仮定の気持ちがこの would には含まれている．だから，“How old are you?”（実際は何歳だい）というように現在形で質問することになる．ここを one thinks と言えば，「考えることになる」あるいは「考えても当たり前だ」という直接的な表現となる．助動詞の過去形は「控えめに」述べるか，そうではないかといった，話し手や書き手の気持ちをより深く表すことになる．

年齢を聞かれたケイトは “They say women and music should never be dated.” と，ここでも should を使って，控えめな表現で応じている．これを “They say women and music are never dated.” と言えば，「年を取ることはない」ということを皆が事実あるいは真実として述べるという断定的なニュアンスになる．ケイトは現在形という事実や真実を述べる時制を用いずに，should という控えめな気持ちを表す助動詞を用いて，上手にマーローをかわしていることがうかがわれる．さらには，日本でも女性に年齢を尋ねるのは失礼だとはよく言われるが，ここでは女性の年齢と音楽の年齢というちぐはぐな組み合わせが笑いを誘う．こうして，マーローはすっかりケイトの作戦に負かされるが，ケイトの方はマーローの陽気な面も見出してさらに気に入ることになる．

一方，父のハードカースルはすっかり騙されているマーローのぞんざいな物言いと振る舞いにしばらくは我慢するが，マーローの従者がハードカースル家で酩酊してしまうと堪忍袋の緒が切れて，すぐに出て行けとマーローに迫る．この状況を理解できないマーローは何度か反論するが，ついに請求書をくれと言い出す．この 2 人の置かれた状況を想像しながら，次の会話を読んでほしい．

MARLOW. Leave your house! Sure you jest, my good friend? What, when I'm doing what I can to please you.

HARDCASTLE. I tell you, sir, you don't please me, so I desire you'll leave my house.

MARLOW. Sure you cannot be serious? At this time o' night, and such a night? You only mean to banter me. (p. 203)

マーロー：（宿から）出ていけですって．きっとのこと，ご冗談でしょう，ご主人．何ですって，お気に召していただきますように，できることをやっているというのに．

ハードカースル： お言葉ですがね，お気に召してなんかいませんよ，ですから，出て行っていただきたい．

マーロー： まさか，本気じゃないですよね．こんな時間に，こんな夜に．からかっているだけですよね．

この場面では house という語がマーローにとっては「宿屋」であり，ハードカースルにとっては「我が屋敷」を意味し，このマーローの勘違いがこの芝居の「おち」となっているわけである．マーローのせりふを，「この宿屋を出ていけですって」と訳してしまうとこの芝居の取違いの筋が壊れてしまう．まさに原語で読むからこそ味わえる例である．この 2 人のやり取りには，"you cannot be serious." や "You only mean to ...." といった日常会話でも利用できる表現が含まれていることも指摘しておきたい．

こうして，話がかみ合わないまま，出て行けと繰り返すハードカースルに対して，マーローもだんだんと我慢できなくなってくる．

MARLOW. Zounds! Bring me my bill, I say, and let's hear no more on't.

HARDCASTLE. Young man, young man, from your father's letter to me, I was taught to expect a well-bred modest man, as a visitor here, but now I find him no better than a coxcomb and a bully, but he will be down here presently, and shall hear more of it. (p. 204)

マーロー： ちぇ．請求書を持ってきてくれ，と言っているでしょ．これ以上はもう聞きたくないですよ．

ハードカースル： お前さん，お前さん，お前さんの父君からの私宛の手紙によれば，育ちのよい上品な男性を当家の客としてご期待くださいと知らされていたのだがね．その客人がうぬぼれやのガキ大将同然だということがわかったが，やがて父君がここに見えられるだろうから，このことについては父君にもっと話してあげることにしよう．

この引用では文頭に Zounds という見慣れない語があるが，これは "(by) God's wounds (on the Cross)"（十字架上の神の傷）の省略語で，「ちぇ」あるいは「ちくしょう」といった罵り言葉，英語では swearing，swear words と呼ばれる語である．現代英語では "Oh, my God!" あるいは，"Gee!" といった語があるが，神の名をみだりに唱えることになり，"Damn it!" や "Fuck you." などと同様に，注意が必要な語である．これは旧約聖書に出る「モーゼの十戒」(the Ten Commandments / the Decalogue）の "Thou（= You）shall not take the name of the Lord thy（= your）God in vain; for the Lord will not hold him guiltless that taketh（= takes）his name in vain."（あなたの神，主の名をみだりに唱えてはならない，神はその名をみだりに唱えるものを罰せずにはおかれない）(Exodus 20-7, *The Holy Bible, authorized King James Version*）というのがその起源とされている．神の名を不用意に口にすることはこの戒めに反することになるし，神の教えに従っている人の気分を害することになるというのであろう．

また，ハードカースルのセリフで日本人学習者にとって難しいのが "I find him no better than a coxcomb and a bully." という比較級を含む文である．この文では，マーローをガキ大将と比較してみて，それ以上のよさは no（無）と否定しているので，「マーローはガキ大将と同じだ」という意味になる．このように〈no + 比較級〉は比較級の概念を強く否定して反語的な意味を表すので，例えば，"He is no better than a thief." と言えば，「彼は泥棒以上のよさは無」，それどころか「泥棒同然だ」という意味になる．また，"he will be down here presently, and shall hear more of it." も日本人学習者には難しい．

down はここでは「下へ」ではなく「中心から外へやってくる」という意味を表し，マーローの父がロンドンの都からハードカースルの住んでいる「地方」にやってくるということで down となっている．その逆が up なので，「ロンドンに行く」という場合には go up to London と up を使うことになる．

先の英文で日本人学習者が間違えやすいのが，後半の "... shall hear more of it" である．主語は he であるから，それを補うと "he shall hear more of it" という文になるが，「彼はそれについてもっと聞くだろう」という意味ではなく，"I will let him hear more of it."，つまり「私は彼にそれについてもっと聞かせてあげよう」，別の言い方では "I will tell him more of it." という英語になる．このように古い英語を読むと，2 人称や 3 人称の主語に shall が続く英文によく出くわす．この場合の shall は話し手の意思を表すことになる．したがって，"You shall have the book." といえば，「あなたはその本を持つでしょう」ではなく「あなたにその本をあげましょう」(I'll give you the book.) という意味になり，この英文を述べている人の意思を表すことになる．現代英語ではこの用法の shall にお目にかかることはほとんどないが，18 世紀あるいは 19 世紀の小説や戯曲を英語で楽しみたいと思っている読者には知っておくべき重要な文法事項である．

「父君からの手紙」といった言葉を聞いたマーローは自分の誤解に気づき始める．そこにケイトが女中姿で現れ，宿屋と思っていた家が実はハードカースルの屋敷だということを伝えるものの，自分はそのハードカースルの親戚だと言い張って，さらにマーローの人柄を試そうとする．マーローは自分の誤解を深く恥じ，女中姿のケイトに対する真の思いを述べる．その結果，ケイトは完全にマーローを好きになる．マーローも優しく接するケイトが好きになり，求婚する．その様子をハードカースル宅へやってきて事情を知ったマーローの父とハードカースルが衝立の後ろから見ている．マーローの父は息子の日ごろと違う姿を見て，いたたまれなくなり，衝立の後ろから飛び出す．こうして，ついに，マーローはこの女中がハードカースルの娘のケイトであることを知り，ケイトにからかわれて逃げ出そうとするも，ハードカースルに制されて，結局 2 人はめでたくゴールインとなる．

この芝居の最後の場面となるハードカースルの最後のセリフも笑いを誘う．I say so は，このセリフの前にヘイスティングズがケイトに対して，マーローと結婚すべきであると言ったのを受けている．

HARDCASTLE. (*joining their hands*) And I say so too. And, Mr Marlow, if she makes as good a wife as she has a daughter, I don't believe you'll ever repent your bargain. So now to supper. Tomorrow we shall gather all the poor of the parish about us, and the Mistakes of the Night shall be crowned with a merry morning. So, boy take her, and as you have been mistaken in the mistress, my wish is, that you may never be mistaken in the wife. (p. 223)

ハードカースル：（2 人の手を握り合わせながら）まあ，私も賛成ですな．それに，マーロー君，この子がいい娘であったように，いい妻になるなら，君はこの縁組を後悔することはないと思うよ．さあ，夜食としよう．明日は教区の貧しい人たちをみんな集めよう，そして今夜の間違いは陽気な朝となってめでたしめでたし．さあ，娘を貰ってくれ．君は酒場女にごまかされてきたが，妻にはごまかされないように願うところだ．

ここには当時の結婚に際して，地元の有力者の近隣へのふるまいのしきたりをうかがい知ることができるし，bargain といった英語に結婚のイメージを読み取ることもできるであろう．なお，この英文 2 行目の make は become に近い意味を表し "she has a daughter" は文脈から she has been a good daughter" のように省略を補って読む．

3. 英語のユーモアを学ぼう

この芝居ではハードカースルとその夫人のユーモアあふれる会話にゆとりのある夫婦関係が感じられもする．次のせりふはトーニーをめぐる，ハードカースル夫妻のやりとりである．

MRS HARDCASTLE. It's false, Mr Hardcastle. I was but twenty when I was brought to bed of Tony, that I had by Mr Lumpkin, my first husband—and he's not come to years of discretion yet.

HARDCASTLE. Nor ever will, I dare answer for him. Ay, you have taught *him* finely. (p. 164)

ハードカースル夫人： それは違いますわよ，あなた，ほんの20歳でしたのよ，最初の夫のランプキン氏との間の子，トーニーのお産の床に私がついたのは．トーニーは分別年齢に達していないのですよ．

ハードカースル： 永遠にそうならないだろうな，保証するよ．お前さんが立派に教育してきたからな．

この英文にも古い用法が見受けられる．最初の行の but twenty は「しかし，20歳」ではなく，先にも述べたように，only の意味で使われていて，「わずか20歳」という意味である．また，"he's not come" は〈be 動詞＋go（come）などの自動詞〉で，「行ってしまった（来ている）」といった完了を表すが，私たちがよく知っている「have＋過去分詞」と比べると，古風な用法で，状態に重きが置かれた表現とされている．years of discretion は「分別年齢」ということで，イギリスの法律では14歳である．

"Nor ever will." の Nor ～ という表現は上品な英語になるのでマスターしたい．例えば，"I don't like the design."（私はそのデザインは好きではない．）に応じて，「私も好きではない」と言いたいときには，"Nor do I." と言えばいい．また，"I can't skate."（私はスケートができない）に対して，「私もできません」と応じたいときには，"Nor can I." と言えばいい．

"Nor ever will." という応答は日本人には容易ではない．ハードカースル夫人は，「分別年齢にまだ達していない」と言っているが，それに対し，夫のハードカースルは "No, he will never come to years of discretion."（そう，これからも分別年齢に達することはないだろう）と長々と言わずに "Nor ever will." と言っているわけだが，相手の否定に対する同意を表す応答をぜひともマスターしたい．例えば，「お腹がすいていますか」(Are you hungry?) と聞かれて，「すいていません．」(No, I'm not.) と答えたとする．それに対して，「すいてないの」(Aren't you hungry?) と重ねて聞かれると，日本語で考えて，「うん，すいてない」ということで，Yes と応じてしまいがちである．Yes は "Yes, I'm hungry." ということになり，先の答えとは矛盾してしまう．まして，"Yes, I'm not hungry" という返事だと，すいているのか，すいていないのか，全くわからないことになる．この間違いは日本人にありがちで，マスターするポイントは，「はい」「いいえ」という答えを思い浮かべるのではなく，その次に言いたい「すいているのか」，「すいていないのか」をすぐさま思い浮かべ，否定するのであれば，No といい，肯定するのであれば，Yes と答えるようにするといい．

最後の finely はもちろん皮肉である．ここにあるような会話が自然にできるようになるまでにはどのような家庭生活があったのか，あれこれと想像してみたい．一歩間違えると，夫婦げんかの種となる．

次の英文は，いたずらの激しいトーニーについて，その母親のハードカースル夫人が彼のことを責めないで欲しいと述べる場面である．

MRS HARDCASTLE. Well, we must not snub the poor boy now, for I believe we shan't have him long among us. Anybody that looks in his face may see he's consumptive.

HARDCASTLE. Ay, if growing too fat be one of the symptoms.

MRS HARDCASTLE. He coughs sometimes.

HARDCASTLE. Yes, when his liquor goes the wrong way.

MRS HARDCASTLE. I'm actually afraid of his lungs.

HARDCASTLE. And truly so am I, for he sometimes whoops like a speaking trumpet.

Tony hallooing behind the scenes

O, there he goes! A very consumptive figure, truly. (p. 165)

ハードカースル夫人： かわいそうに，あの子を叱り飛ばしちゃいけませんわ．一緒にいるのも，長くはありませんことよ，きっと．あの子の顔を見ればだれだって肺病だとわかるでしょう．

ハードカースル： 太り過ぎが肺病の兆候ならね．

ハードカースル夫人：　ときどき咳をしますわよ．
ハードカースル：　そうだね．酒が変なところに入ったときにはね．
ハードカースル夫人：　本当にあの子の肺のことを心配しているんですよ．
ハードカースル：　私だって心配しているよ．ときどき，メガホンで叫ぶようにワーワーいうからな．（トーニー，舞台裏で大声で叫びながら）おー，あの子が来る，まさに肺病やみの御仁だわいな，まったく．

最初のハードカースル夫人のせりふにある the poor boy はもちろん Tony のこと．Tony を he で受けたり boy で受けたりするが，母親にとっては，いくつになっても子供は boy であろうか．poor はハードカースル家の身分から，「貧しい」という意味ではなく，「かわいそうな」という意味である．何度も述べているが，英語は全体の文脈から意味を読み取ることが大切であるという例である．

先に "Nor will he." について書いたが，ハードカースルの "Truly so am I." は "Truly I am afraid, too." という意味で，相手が肯定していることに対して，同意を表したいときに用いる表現である．「私もそうだ」と言いたいときに，いつも "Me, too." といわずに，"So am I." のように〈So＋動詞＋主語〉も使えるようにしたい．動詞が be 動詞ではなく，助動詞のときは，〈so＋助動詞＋主語〉となり，動詞が一般動詞のときは〈so＋do＋主語〉となる．

この芝居では，ハードカースル夫人は都会のファッションにあこがれを持つ見栄っ張りな性格の女性で，連れ子のトーニーに対してはとても甘くて，その結果，トーニーは甘えん坊のいたずらっ子に育つ．そんな夫人に対して，年の離れた夫のハードカースルは特に厳しく叱責することもなく，ゆとりをもって，ユーモラスに妻の愚かな考えを指摘する．古いもの，伝統を重んじる夫と，都会の新しい流行にあこがれを持つ妻との掛け合いもこの芝居の面白さの1つである．

4.　古い英語も実用英語となる

この戯曲の初めのところに，次のようなせりふがある．

MRS HARDCASTLE. Ay, *your* times were fine times, indeed. You have been telling us of *them* for many a long year. Here we live in an old rambling mansion, that looks for all the world like an inn, but that we never see company. Our best visitors are old Mrs Oddfish, the curate's wife, and little Cripplegate, the lame dancing-master, and all our entertainment your old stories of Prince Eugene and the Duke of Marlborough. I hate such old-fashioned trumpery.

HARDCASTLE. And I love it. I love everything that's old: old friends, old times, old manners, old books, old wine; and I believe, Dorothy, (*taking her hand*) you'll own I have been pretty fond of an old wife. (p. 164)

ハードカースル夫人： はい，あなたの時代はいい時代でしたわ，もちろん．長年にわたってそんな時代の話をずーっとなさっておりますものね．当地では，古くてだだっ広いお屋敷に住んでいますが，それもどうみても宿屋に見えるのですが，お客様が全くいないということを除いてはね．上等のお客と言えば，副牧師の奥さまのオドフィシュ夫人と足の悪い踊りの先生の小さなクリプルゲイトさんだけで，娯楽と言えば，あなたのなさるいつものユージン王子とマールバラ公爵のお話ですよ．私，あんな古臭くてくだらないお話は嫌いですわ．

ハードカースル： それが，私は好みなんだよ．古いのは何でもお好みだ．古い友達，古い時代，古い作法，古い本，古いワイン，そして，信じているが，ドロシー（手を取りながら），お前も認めているだろう，私がずーっと古女房を好んでいることを．

ここでも many a long year という古い表現が用いられているが，現代の英語では many long years となるところである．mansion というのは日本語の「マンション」ではなく「大邸宅」という意味で，その前の rambling は「広くてあちらこちらに張り出した」という意味を表す．イギリスの古いホテルにありがちな建物である．3行目の “looks for all the world like an inn, but that we never see company” は特に難しい単語はないが，日本語に訳すとなると難しい．but は「しかし」ではないし，company は「会社」でも「仲間」でもない．文脈をとらえながら読むことができるかどうかが，この英文を日本語に訳して内容を理解できるかどうかの分かれ道になるであろう．「客がいないという点を除いては，まるで旅館のように見える」という意味に理解できれば，この英語が理解できたことになる．そして，このセリフがこの芝居の今後の展開の伏線となっている．

次は私自身の体験である．あるときのこと，スコットランドのスカイ島というところに行ったことがある．泊まったホテルは The Loyal というジェイムズ 2 世イギリス国王の孫のチャールズ・エドワード，別名ボニー・プリンス・チャーリーが泊まったとされる由緒あるホテルである．そのホテルでチェックアウトをした際にクレジットカードで支払いをした．現在のクレジットカードは IC チップが埋め込まれているタイプが主流であるが，私の持っていたクレジットカードは IC チップの埋め込まれていない古いタイプのものであった．ところがこのホテルは先端を行っていて，クレジットカードを処理する端末は IC チップを埋め込んだタイプのカードを処理するもので，端末にカードを差し込んで，カードの持ち主が暗証番号を打ち込むタイプであった．ところが私のカードは先述のとおり古いタイプであったので，ホテルの係りの人は古いタイプのカード処理機を持ってきて私のカードの処理を始めた．スロットにカードを通すと金額を印字した紙が出てくる．それにサインをすることになるわけだが，この一連の作業中に私は以下のように係りの人に話しかけた．

Eto: I'm sorry to bother you. My card is an old type.
Clark: Oh, no problem at all.
Eto: I love that old credit card. I love everything old, old friends, old books, old wine. Of course, my old wife.
Clark: Oh my God.
江藤： お手数をお掛けします．私のカードは古いタイプですので．
フロントの人： 大丈夫ですよ．
江藤： 私は，古いクレジットカードが好きなんです．古いものは何でも，旧友も，古本も，もちろん古女房も好きです．
フロントの人： おやまー．

こんな感じの会話だった．こうして 18 世紀の古典文学作品は今日の会話で生き返った．文学作品の英語は実に役に立つ．残念ながらホテルの係りの人はこの作品を知らなかったが，知っていたらもっと話が弾んだことであろう．

この芝居にはもう 1 つの筋としてマーローの友人ヘイスティングズとその恋人ネビルとの恋愛話もあるが，You Tube でも見ることができるので，その 2 人の話も含めて，イギリス英語のお芝居をお楽しみいただければと思う．

Part Ⅱ

英語の読み方・味わい方（応用編）

英語で英文学の作品を読む

第5章

ディケンズのヤングケアラーたち

中田元子

1. 虐げられた子供たち

チャールズ・ディケンズ (Charles Dickens, 1812-1870) はイギリス19世紀を代表する国民的作家で，20～30年ほど前の10ポンド紙幣にも描かれていた．彼は『デイヴィッド・コパーフィールド』(*David Copperfield*, 1849-50) などの15の長編小説と「クリスマス・キャロル」(“A Christmas Carol”, 1843) をはじめとする多数の中編，短編小説を書き，そこには多くの印象的な子供たちが登場する．イギリス文学における「子供」の主題の誕生と変遷をたどったピーター・カヴニー (Peter Coveney) という研究者は，『子供のイメージ』(*The Image of Childhood; The Individual and Society: A Study of the Theme in English Literature* (Baltimore: Penguin, 1967)) という著作の中で，「子供はディケンズの関心の最奥部にあり，その作品世界の中心に位置した．おそらく，イギリスの主要作家の中で，彼ほど作品が子供への思いによって深く支配されていた作家はいないだろう」(p. 111) と述べている．また，イギリスのディケンズ研究者フィリップ・コリンズ (Philip Collins) はその著『ディケンズと教育』(*Dickens and Education* (London: Macmillan, 1964)) を「ディケンズは，子供たちが，物語の中で単に舞台背景で小さな役割を演じるだけではなく，頻繁に登場して中心的役割を果たすような作品を書いた我が国最初の作家である」(p. 1) という一節で始めている．これら2人の研究者の言葉に代表されるように，子供を物語の中心に据えたことは，ディケンズが作家として行った革新の 1 つとして認められている．

ディケンズが子供を描き続けたのは，自身が子供時代の苦しみを心に深くとどめていたためであるということは定説となっている．8 人兄弟の第二子で長男であったディケンズは，父親の破産によって，12 歳のときの約半年間，靴墨工場で働かされた．学校へも行くことができず，もともと中産階級であるにもかかわらず，労働者階級に混じって汚れ仕事をしなければならなかった．このことの苦痛と屈辱の思いがいかに深かったかは，ディケンズがその事実を後々までひた隠しにしたことでもわかる．加えて，両親が息子の苦しみを理解しようとせず，特に，一家の借金が返済されてディケンズが働く必要がなくなった後も，母親が彼を工場へ戻そうとしたことは，ディケンズには癒しがたい傷となって残った．ディケンズが，苦難に見舞われる子供たちをその作品に途切れることなく描いたのは，以上のような体験をした幼い日の自分を慰めるためでもあったのだろう．

ディケンズの作品で描かれる子供たちは，さまざまな苦境に置かれる．とりわけ，経済的に恵まれない下層階級の子供たちは，子供であれば当然享受できるはずの保護や世話を受けることができず，教育の機会も奪われ，艱難辛苦に耐えさせられる．例えば，ミュージカル『オリヴァー』の原作である『オリヴァー・トゥイスト』（*Oliver Twist*, 1837–39）の救貧院で生まれた同名主人公は，養育所，救貧院を最低限の食物で生き抜いた後，奉公に出された葬儀屋ではいじめに遭う．同作品には大人の犯罪の手先になって働かされる多くの子供たちも描かれている．また霧におおわれたロンドンを舞台に大法官裁判所の停滞が痛烈に批判される『荒涼館』（*Bleak House*, 1852–53）に登場する道路掃除の少年ジョーは，両親を知らず，生まれてからこの方ホームレスで，最後には哀れな死を遂げる．『大いなる遺産』（*Great Expectations*, 1860–61）の語り手であり主人公であるピップは，鍛冶屋の義兄と姉を親代わりに，オリヴァー・トゥイストや『荒涼館』のジョーに比べればずっと安定した生活を送っているが，姉から日常的に虐待まがいの仕打ちを受けている．周囲の大人も，子供を罪深い存在と考え，ピップの顔を見れば懲らしめようとするので，ピップはいつもびくびくしていなければならない．

ディケンズの作品で苦しむのは下層階級の子供たちばかりではない．ミドルクラスの子供たちも，大人の無理解や無為，悪意から逃れられない．例えば，ヨークシアの寄宿学校で虐待が行われていることが問題となっていたとき，実際にその学校を視察して書かれた『ニコラス・ニクルビー』(*Nicholas Nickleby*, 1838-39) では，出生の秘密と知的障害を持つ少年スマイクは，預けられていた学校でただ働きさせられ，虐待を受け，主人公ニコラスによって助け出されて逃げるものの，結局若くして死に至る．先にも紹介した『荒涼館』の，語り手も務める中心的登場人物のエスタは，彼女が生まれてこないほうがよかったと考える養母から心理的虐待を受けて育つ．週刊誌の連載時，天使のような主人公の生死が毎週大西洋の両岸で関心の的になったという『骨董屋』(*The Old Curiosity Shop*, 1840-41) では，その主人公 14 歳の少女ネルは，ギャンブルにとりつかれた祖父を借金取りから逃がすためにあてどもない放浪の旅に出たあげく，古い教会で力尽きる．ディケンズの自伝的小説といわれる『デイヴィッド・コパーフィールド』の同名主人公は，優しい母親と忠実な子守とに囲まれた幸せな子供時代を冷酷な継父とその姉によって奪われ，働きに出される．ロンドンのシティで商社を経営する尊大なドンビー氏が家庭崩壊と会社倒産に見舞われる運命を描く『ドンビー父子』(*Dombey and Son*, 1846-48) で，ドンビー氏の娘フロレンスは，女の子であるというだけで父親から愛されず，それにもかかわらず父親に対して虚しい働きかけをしながら 1 人苦しむ．フロレンスの弟の病弱なポールは，誕生時に母親を失っている．金の力を教える父親に対し，ポールは金で母親の命は救えなかったのかと問い，6 歳という若さで息絶える．ディケンズの作品としては唯一の工業地帯を舞台にした『ハード・タイムズ』(*Hard Times*, 1854) において，実業家グラッドグラインドの子供であるルイーザとトムの姉弟は，事実第一で想像力を敵視する父親によって育てられ，姉の方は年齢も精神もつりあわない銀行家と結婚して破綻，弟は銀行強盗になる．

長々と例を挙げたが，ディケンズはこれらの作品で，社会の子供に対する無理解や無関心，また無神経な大人たちによって苦しめられる子供たちを描き，社会が子供の窮状を認識するよう促し，改善のための意見形成にも影響を及ぼした．「お願いです．もう少しください」(Please, sir, I want some more.) というせりふが有名な『オリヴァー・トゥイスト』は，弱者に対してより厳しいものとなった新救貧法の非人道性を人々に突きつけた．『ニコラス・ニクルビー』で生徒の扱いの酷さと悪徳ぶりを描かれたヨークシアに実在した寄宿学校は，後年学校を閉じることになった．このように小説を世直しの手段と認識していたディケンズは，虐げられた子供たちを描くことによって，子供を守り育てるべき社会の責任不履行を告発したのである．

2. ヤングケアラー

ディケンズが描く子供たちの中には，近年ヤングケアラーとして注目されるようになった立場にいる子供たちもいる．ヤングケアラーとは，この研究分野の第 1 人者であるソール・ベッカー（Saul Becker, “Young Carers,” in Martin Davie ed. *The Blackwell Encyclopaedia of Social Work* (Oxford: Blackwell, 2000)）によれば，「家族に世話や援助を提供する，あるいは提供しようとする，18 歳未満の子供である．しばしば日常的に相当量のケアを行い，普通は大人が負うと考えられるようなレベルの責任を引き受けている」(p. 378) とされている．一昔前なら，家族のうちで年長の子が年下の弟妹の世話をするのは日常的に見られた光景で，単なる手伝いに過ぎないと考えられるかもしれない．しかし現代では，ヤングケアラーは，社会福祉学を専門とする安部計彦によれば「子供の権利が侵害され，子供としての安心や幸せ，心身の健康な成長が脅かされている」(「ヤングケアラーと子供への権利侵害―ネグレクト調査の再分析から」(『西南学院大学人間科学論集』第 15 巻，第 1 号，2019 年)，p. 110) と考えられている．

いうまでもなく，19 世紀のイギリスにヤングケアラーという概念も言葉もなかった．当時の労働者階級の家庭では，仕事に出ていない年長の子が年下の兄弟の面倒を見るのは当たり前だっただろう．また，ディケンズ自身の出身である下層中流階級の家庭でも，金銭的制約から，幼い子供の数に見合った人数の使用人を雇うことはできず，年上の子供が子守役を担うことが必要だっただろう．世話をする対象は兄弟に限らない．『骨董屋』に登場するネルのように，年老いた祖父母や，心身の不調をかかえた親の世話をする子供もいただろう．当時，ヤングケアラーは多くの子供たちが経験する役割で，社会的に特に問題と意識されることもなかったと思われる．

しかしディケンズは，そのような，子供たち自身ですら苦境として意識していないかもしれないような状況も見逃さずに，今でいうところのヤングケアラーの問題を描きだした．社会的には問題とされてはいなくても，ディケンズにとっては，ヤングケアラーの役割は，子供が本来担うべき役割とは考えられなかったのではないだろうか．本章では，「クリスマス・キャロル」や他の作品とともに『クリスマス・ブックス』(*Christmas Books*, 1852) に含まれる中編「憑かれた男」(“The Haunted Man”, 1848) の，妹を子守するジョニーと，ディケンズの最後の完成作品である『互いの友』(*Our Mutual Friend*, 1864-65) の，酒飲みの父親を世話するジェニーという 2 人のヤングケアラーを取り上げ，当時は一般に問題として認識されてはいなかったヤングケアラーの日常を，ディケンズが子供の視点からどのように描き，それが子供にとって抑圧的な状況であると彼が考えていたことを原文を引用しながら紹介する．なお，引用の英文は「憑かれた男」は Charles Dickens, *Christmas Books* (London: Oxford UP, 1960)，また，『互いの友』は *Our Mutual Friend* (Oxford: Oxford UP, 1989) からのものであり，引用箇所は本文中に頁数を記す．また，引用文の日本語訳は筆者による．

3. 「経験豊かなばあや」の少年 ―― 「憑かれた男」のジョニー

「憑かれた男」の主人公，化学者レドローは辛い過去の記憶に苦しめられている．訪れた亡霊から，悲しみや裏切り，苦悩の記憶をなくす力という「贈り物」をもらう．その贈り物は，レドローが接触したほかの人々にも伝わる性質をもっているため，レドローが近づくと，人々は辛い過去の記憶を消される．しかし，その「贈り物」は，消された記憶と関係のある共感や同情といった感情も消し去ってしまう．レドローが自らの贈与の結果におののくとき，人々の中でただ 1 人レドローの影響を受けることのないミリーが，人々の記憶，感情，関係を回復させるというファンタジーである．

作中レドローの影響力を受ける家族として登場するのがテタビー家である．この家の主人テタビー氏は，「新聞販売商会」の看板を出しているが，これまでに扱ったものは新聞に限らない．菓子，おもちゃ，婦人帽，タバコ，模造装身具類など多種多様なものを商売の種にしてきた．扱うものが頻繁に変わることが示すように，テタビー氏には商才がなく，どれも成功しなかった．現在は，長男でやっと 10 歳になったアドルファスが別の新聞商会に雇われて駅で新聞売りをして得ている収入と，二階に住まわせている下宿人の家賃に助けられて，何とか暮らしを立てている．テタビー家にはアドルファスのほかに 7 人の子供がいる．貧乏人の子沢山をそのまま絵に描いたような家庭である．テタビー家は，『クリスマス・ブックス』の中でも突出した人気を誇る「クリスマス・キャロル」のクラチット家と同じように，貧乏でもお互いに助け合いながら仲良く暮らす市井の善良な家庭として登場している．

貧乏人の子沢山の場合に必定となるのが，上の子が下の兄弟の面倒をみるという家庭内の対応である．この家の次男ジョニーは，家に残っている子供のうちでは一番年上であるため，末っ子の赤ん坊サリーの子守を任されている．サリーは，母親のテタビー夫人が死産の苦しみも経験した末にやっと生まれた女の子ということで，家族内で特別の存在，「輝く宝石」(the brightest gem, p. 421) となっている．次の引用では，ディケンズ特有の誇張した表現で，ジョニーが子守として右往左往する様子が滑稽に描かれている．ここで赤ん坊は聖書にも出る異教のモレク神にたとえられている．モレク神は子供を生贄として要求する神である．このことを知ると，ジョニーの犠牲者ぶりが生々しく理解できる．子供を生贄とする神自身が赤ん坊であるということは倒錯的であるようにも思われるが，赤ん坊というものはまさに世話をする者の犠牲を必要とする存在であるという点で的を射た比喩といえる．

It was a very Moloch of a baby, on whose insatiate altar the whole existence of this particular young brother was offered up a daily sacrifice. Its personality may be said to have consisted in its never being quiet, in any one place, for five consecutive minutes, and never going to sleep when required. [...] Wherever childhood congregated to play, there was little Moloch making Johnny fag and toil. Wherever Johnny desired to stay, little Moloch became fractious, and would not remain. Whenever Johnny wanted to go out, Moloch was asleep, and must be watched. Whenever Johnny wanted to stay at home, Moloch was awake, and must be taken out. Yet Johnny was verily persuaded that it was a faultless baby, without its peer in the realm of England.

(pp. 339-40)

その赤ん坊は，まさにモレク神のような子で，飽くことを知らぬ祭壇に，ほかならぬこの年若い兄の全存在が，日々の生贄として捧げられて

いた．この赤ん坊の特性は，いかなる場所であれ，ひと所に五分と続けてじっとしていることができず，寝てもらいたいときには決して眠ろうとはしないというところにあるといえるだろう．［中略］子供たちが集まって遊んでいる所どこにでも，ジョニーをへとへとにさせてしまうモレクがいた．ジョニーがしばらく足を止めたいと思う場所で，きまって小さなモレクはむずかり，じっとしていようとはしなかった．ジョニーが外に出たいと思うときはいつもモレクは眠っており，見守ってやらねばならなかった．ジョニーが家にいたいと思うときはいつもモレクは目を覚ましていて，外に連れ出してやらねばならなかった．それでもジョニーは，その子がイングランド全土において並ぶもののない完全無欠な赤ん坊であると心から信じていた．

冒頭の It は中性の人称代名詞で，物語のこの段階では赤ん坊の性別はわからないので it で指し示されている．この赤ん坊の特性は “in its never being quiet, [...], and [in its] never going to sleep” にあるとされる．ここでは never の繰り返しによって，この赤ん坊が決しておとなしくしていることも眠ることもしない駄々っ子だということが伝わってくる．“when [it was] required” の部分では，赤ん坊は，面倒をみている者がこうしてほしいと願うときにはそのようにはならないことが表されている．赤ん坊は静かにしてほしいときはうるさく騒ぐし，少し寝ていてほしいときに限って起きているものである．モレク神たる赤ん坊がジョニーの思いのままにならない様子は，Wherever と Whenever で始まる文が２つずつ続いているように，同じ語句を相次いで文首に反復する anaphora（首句反復）と呼ばれる修辞法を用いることによって強調して表現されている．また，fag and toil には，類義語を並べて強調するという英語の特徴が表れている．このようにここにはディケンズ特有の誇張した表現が見られる．最後の Johnny was [...] persuaded の受け身表現には行為主体が現れていない．ここでは，家族中が待ち望んだ女の子としてサリーが特別扱いされていること，その雰囲気からジョニーが自然にサリーを特別の赤ん坊と信じるようになった，ということが表されている．

この英文にあるように，サリーはまさにモレク神であり，自分の望みを犠牲にしてサリーに尽くすジョニーは，まさにその神をまつる祭壇に捧げられた生け贄そのものというわけである．赤ん坊が，歯生期にむずかったり，周囲の思惑に反して目を覚ましたり眠ったりするというのは，どの赤ん坊もみせる行動だが，ここではそのような赤ん坊の一般的性質が，サリーをモレク神に喩えることで，どうにも抵抗しようのないものとして強調されている．モレク神の何たるかを知ると，ジョニーと同じく，横暴な神のごとき赤ん坊に振り回されて疲れ果てた経験を持つ人は，嘆息しつつその比喩の適切さに首肯するだろう．

ジョニーが赤ん坊の世話を自分の仕事と考えて文句も言わずに務めているのに呼応するかのように，両親のテタビー夫妻もそのことを当然と考えている．それればかりか，赤ん坊が生きるか死ぬかはジョニーにかかっていると言わんばかりの発言をする．

次の引用は父親のテタビー氏が，疲れ切って妹を抱えたまま腰を下ろしたジョニーにかけた言葉である．

“Ah, what a gift that baby is to you, Johnny!” said his father, “and how thankful you ought to be! ‘It is not generally known,’ Johnny,” he was now referring to the screen again, “‘but it is a fact ascertained, by accurate calculations, that the following immense per-centage of babies never attain to two years old; that is to say—’” (p. 343)

「ああ，その赤ん坊はお前にとってなんと素晴らしい贈り物だろう，ジョニー」と父親は言った．「感謝しなくちゃだめだぞ．『一般には知られていないが』，ジョニー」と父親は再びついたて（の文言）から引用して言った．『正確な算定によると，以下のごとく高い割合の乳児が２歳に達することがない，というのが確たる事実である．すなわち──』」

最初の２つの感嘆文には，父親の恩着せがましさが見事に描き出されている．この２つの感嘆文を “That baby is a gift to you, Johnny.”，そして “You ought to be thankful.” と並べて読んでみるとその違いが伝わると思う．さらには，さまざまな新聞の切り抜きが貼ってあるついたてから，乳幼児死亡率の高さを書いた記事を引用し，きちんと面倒をみないと妹はどうなるかをジョニーに想像させる．広い世間を代表する新聞という媒体によって，また，

fact, ascertained, accurate, calculations, percentage など，疑いようのない事実と結びついた言葉によって，ジョニーに圧力をかけている．

母親のほうは，より直接的に，ジョニーが面倒を見損なうと妹の命が危ういと次のように口にする．

"Johnny, don't look at me, but look at her, or she'll fall out of your lap and be killed, and then you'll die in agonies of a broken heart, and serve you right." (pp. 425-26)

「ジョニー，私のほうを見ないで，妹を見てなさい．じゃないと，おまえの膝から転がり落ちて死んじゃうでしょ．そんなことになったら，おまえ，悔やんでも悔やみきれない思いで胸が張り裂けて，死ぬことになるんだよ．当然の報いだけどね．」

ここでは，be killed と die は日本語訳ではどちらも「死ぬ」としたが，英語では表現が違っている．英語の場合，病気など自己原因で死ぬのは die，事故，災害，戦争など外的な原因で死ぬのは be killed を使って表現する．ここではサリーが死ぬ可能性はジョニーの膝から転げ落ちる事故なので be killed，つまり，ジョニーがサリーを殺したも同然という意味合いが暗に含まれることとなる．一方，ジョニーのほうは自責の念という自己原因なので die が使われている．もし妹が死んだら，自分も呵責の念に耐えられず死ぬことになるのだとは，幼い心には残酷すぎる物言いだが，さらに最後の serve you right (It will serve you right if you die in agonies of a broken heart. の略) で止めを刺す．このような発言は，現代なら間違いなく言葉による虐待とみなされるだろう．ジョニーは，父親の脅しまがいの発言に対しては，たまらなくなってやめてくれるよう頼むが，母親の発言に対しては何も反応を示していない．このように，ジョニーは，両親の態度に疑問を差し挟むどころか，妹に何かあったら自分の責任とばかり，従順に仕事を果たし続けるのである．

ところが，そんなジョニーが，あろうことか大切なサリーに手をあげる瞬間がやってくる．レドローがテタビー家を訪れて，家族全員に影響を与え，優しい気持ちを失わせたあとである．いつもは機嫌のよいテタビー家の小さな子供たちがそちこちで喧嘩を始め，ジョニーもサリーに平手打ちを食らわすのである．ジョニーはすぐさま母親から平手打ちによってお仕置きされる．しかしそれによってジョニーはさらに反抗的になり，母親だって自分の立場だったら兵隊になった方がいいと思うだろうと，赤ん坊の世話をすることへの不満をぶつける．ジョニーがこのように妹に暴力を振るったり，世話を任されていることに対して反抗的になるのは，レドローの「贈り物」の影響ということになっており，この後レドローの影響を受けていないミリーがテタビー家を訪れてレドローの影響を取り除くと，ジョニーも "old nurse"（経験豊かなばあや）に戻る．しかし，常に赤ん坊優先の生活をしていたら，面倒をみている兄弟は，思いどおりにならないときには手をあげたい気持ちにもなるだろう．小柄なジョニーが大きくて重いサリーを抱えて苦労する様子は，終始滑稽に描かれているが，実際の肉体的精神的苦労は，子供が背負うべき範囲を超えているだろう．ジョニーがサリーに手をあげて母親にも反抗的な態度をとるのは，ヤングケアラーの心の底にある不満の当然の噴出といえる．

当時は，同じような境遇を経験した人も多かったと想像され，ヤングケアラーの存在はおそらくとりたてて問題とは考えられなかったものと思われる．しかし，たとえ多くの人が割り当てられたことのある仕事だからといって，実際に仕事をする子供が苦労や不満を感じなかったわけではないだろう．子供に心を寄せるディケンズにとって，ヤングケアラーの役割は本来子供が担うべき役割とは考えられなかった．そのため，亡霊がもたらした一時の気の迷いとしてではあるが，理想的ヤングケアラーであるジョニーが，不満を爆発させる姿を描くことによって，現実には子供が喜んでヤングケアラーの役割を務めているわけではないことを示し，大人に子供のつらさを理解するよう促しているのである．

4. 「家の主」の少女 ── 『互いの友』のジェニー・レン

『互いの友』のジェニー・レンは，12歳かせいぜい13歳．しかし，その顔は，とても若くもあると同時にとても年老いていて，見る者は誰も，彼女が大人か子供か判断に迷う．ジェニーの年上の友人ライアは，ジェニーのことを「年齢は子供だが，自立して苦労している点では大人の女」"Child in years,

[…] woman in self-reliance and trial." (p. 343) と説明する．ジェニーが自立して苦労しなければならないのは，酒飲みの父親を持っているからである．祖父も酒飲みだった家庭に育ち，母親はすでにない．父親は，船乗り用の衣類製造の店で働いていて，腕はよいものの，収入は酒代に消えてしまうので，ジェニーは自宅で人形の服を作って収入を得ている．

このように，ジェニーは子供でありながら子供ではない．このことは，アダルト・チルドレンの研究において，アルコール依存症の家族を持つ家庭で育つと，子供には子供時代はなく，早く大人になるという知見を思い出させる．ウォイティッツという研究者によれば，アルコール依存症の家庭には常に緊張と不安の空気が漂い，自分は子供だと感じられないのだという (Janet Geringer Woititz, *Adult Children of Alcoholics*. Expanded ed. (Deerfield Beach, FL: Health Communications, 1990), p. 1) ジェニーは，アルコール依存症の家族の中で，常に怯えながら子供時代を過ごさなければならなかったのである．

アダルト・チルドレン研究はまた，ジェニーの性癖の理解につながる観察結果を提供してくれる．先述のウォイティッツによれば，アルコール問題がある家庭の子供は，家庭内の険悪な空気から逃れるために空想の世界に入り込むという (*Adult Children of Alcoholics*, p. 5)．ジェニーは幼いころから空想に慰みを得ていた．ジェニーの場合，アルコール依存症の家族に囲まれていたことのほかに，背骨と脚の変形を引き起こした病気による痛みも現実を離れさせる引き金になった．幼い日の朝，痛みをこらえながらベッドに横になっていたとき，天使のような子供たちが降りてきて遊んでくれたと話す．ジェニーを抱き上げて遊ばせてくれ，安楽なよい気持ちにさせてくれたという．ジェニーはこの空想の記憶を頼りに，天使のような子供たちの再訪を待ち望みながら，生き抜いてきたのである．

ジェニーは，成長して仕事をするようになってからも，労働の厳しさが耐え難いものになると空想の世界に飛ぶ．針仕事をしているときに思い浮かぶ世界をジェニーは次のように描写する．

> "I wonder how it happens that when I am work, work, working here, all alone in the summer-time, I smell flowers. […] [T]his is not a flowery neighbourhood. It's anything but that. And yet, as I sit at work, I

smell miles of flowers. I smell roses till I think I see the rose-leaves lying in heaps, bushels, on the floor. I smell fallen leaves till I put down my hand—so—and expect to make them rustle. I smell the white and the pink May in the hedges, and all sorts of flowers that I never was among. For I have seen very few flowers indeed, in my life."

(pp. 238-39)

「どうしてかしら．夏の時期，私がここで1人ぼっちで仕事，仕事，仕事って一生懸命になってると，花の匂いがしてくるの．［中略］ここらへんには花なんか植わってないのよ．そんな場所じゃないの．それなのに，ここに座って仕事してると，ものすごい花の匂いがしてくるの．バラの匂いがして，しばらくすると，バラの葉っぱが，床の上に，山のように重なって積もっているのが見えるような気がしてくるの．落ち葉の匂いがしてくると，そのうち手をこういうふうにすると，葉をカサカサいわせられるような気がしてくるの．生垣の白とピンクのサンザシや，いろんな花の匂いもしてくるの．私，あんまり花って見たことないから何の花かわからないんだけど．」

"I am work, work, working here" のように，現在進行形の現在分詞を完成させる前に "work" の部分だけを強調して2回繰り返すことによって，ジェニーは仕事に追いまくられている様子を表現している．仕事の忙しさが限界まで達すると，ジェニーには幻覚が到来する．花など咲いていない殺風景な界隈に花園が出現するのである．その幻覚では，"I smell" が首句反復として5回も繰り返されていることから明らかなように，嗅覚が突出している．しかし "till" の繰り返しによって，嗅覚以外の感覚も導入され，捉えられる対象も次々に移り変わっていく．まず "I smell miles of flowers" と花の匂いを嗅ぐ．"miles of flowers" という表現からは，この花は視覚で捉えられているのかと思うが，実は嗅覚で捉えられている．次にバラの匂いがしてくるが，バラの花は見えず，見えてくるのはバラの葉，大量の山積みになったバラの葉である．その葉が枯れた匂いを放ち始めると，嗅覚でとらえられていたものが今度は，触覚で感じるもの，落ち葉に変わる．バラ以外に，白とピンクのサンザシの花を，これもバラ同様，見るのではなく匂いを嗅ぐ．匂いによって色を感知するのである．ジェニーの花園では，花は視覚ではとらえられない．それももっともである．鍛冶屋，材木置き場，屑鉄屋などの建物が立ち並ぶ界隈に住むジェニーは “I have seen very few flowers” と言っているように，現実には花をほとんど見たことがないのだから．

針仕事は，ヴィクトリア時代には，低賃金で過酷な，哀れを誘う仕事として認識されていた．そのきっかけとなったのは，19 世紀の詩人トマス・フッド（Thomas Hood）が 1843 年，風刺雑誌『パンチ』クリスマス号に発表した「シャツの歌」（“The Song of the Shirt”）である．フッドは，新聞に報道されたお針子の横領事件に触発されて，働きに働いても食うや食わずの生活をするお針子の苦しみを歌った．この詩がきっかけとなって，リチャード・レッドグレイヴ（Richard Redgrave）の『お針子』（*The Seamstress*, 1846）と題する絵画をはじめ多くの絵画が描かれ，哀れなお針子のイメージが定着した．

「シャツの歌」は全 11 連から成る詩で，どの連をとっても，休みなく過酷な針仕事に従事しなければならないお針子の様子を描いているが，特に第 3 連はジェニーがつらさのあまり幻覚を見る箇所と類似している．表現にも響き合う箇所がある．

  Work—work—work,
Till the brain begins to swim;
    Work—work—work,
Till the eyes are heavy and dim,
Seam, and gusset, and band,
  Band, and gusset, and seam,
    Till over the buttons I fall asleep,
  And sew them on in a dream!

(Thomas Hood, “The Song of the Shirt,” in *Punch* V (1843), p. 260)

  働いて－働いて－働いて，
ついには頭が朦朧としだし，
  働いて－働いて－働いて，

ついには目が重くかすむ！
縫い目と，マチと，前立てと，
　前立てと，マチと，縫い目と，
　　ついに私はボタンを付けながら寝入ってしまい，
　夢の中で縫い付ける

この詩は弱強 3 歩格（詳細は本書第 14 章「韻律法のすすめ」参照）で，押韻規則は連によって少し異なるが，この連では，1 行目と 3 行目，2 行目と 4 行目，6 行目と 8 行目が脚韻を踏んでいる．6 行目は，5 行目の語の順序を変えて繰り返す前辞反復（anadiplosis）になっている．また，Till の首句反復が一行おきに行われている．

針仕事は低賃金にもかかわらず，ロウソクや針，糸まで自分もちの搾取労働で，寝る間もなく働かねばならなかった．この詩の主人公は，別の連で，二本取りの糸で，シャツを縫うのと同時に自分用の経帷子も縫っている，と表現している．お針子の仕事は，働いても働いても死に近づくばかりの残酷なものだったのである．大人用と人形用という違いはあるが，布と糸と針を使って衣服を作る仕事をするジェニーも同じような辛さを経験している．納入期限に迫られて徹夜作業を強いられることもあるのに賃金は安いと，ジェニーは愚痴をこぼす．

「シャツの歌」のお針子は，限界まで働くと，頭が朦朧とし，目がかすみ，うとうとしてしまうが，ジェニーの場合は，先にみたように幻覚を経験する．この，嗅覚を中心として次々に別の五感も刺激する幻覚によって，ジェニーは感覚を呼び覚まされエネルギーを得るかのようである．フッドの描く，死を予期しているお針子像とは異なるお針子像がそこにはある．

ジェニーは，境遇からすれば，ディケンズの作品でおなじみの，読者の涙を添う哀れな下層階級の子供にもなりそうである．年端も行かぬ少女が問題を抱えた大人を支えているという点では，『骨董屋』のネルを思い出させもする．しかしジェニーは，祖父のギャンブルに 1 人心を痛めて耐えるネルとは違い，まだ思春期の入り口の年齢でありながら，すでに「ガミガミ女」“a shrew”（p. 243）とも形容されるような存在になっている．自らを「家の主」“person of the house”（p. 222）と位置づけ，おそらくはかつて自分を虐待した父親を，現在は「手のかかる悪い子」"a troublesome bad child" (p. 240) として扱って自分の支配下に置き，親子の保護・被保護関係を完全に逆転させている．例えば，酒を飲んで帰った父親に，ポケットの中身を出させて，金を飲み代に使ってしまったことを厳しく叱責し，警察に引き渡すと脅したり，夕食抜きでベッドに追いやったりする．また，悪い子にしていると置き去りにして出て行くよと言って脅したりもする．次の引用は父親が亡くなった後のジェニーの嘆きの言葉だが，あくまでも父親を子供として扱っている．

"[I]t is so hard to bring up a child well, when you work, work, work, all day. When he was out of employment, I couldn't always keep him near me. He got fractious and nervous, and I was obliged to let him go into the streets. And he never did well in the streets, he never did well out of sight. How often it happens with children!" (p. 732)

「子供をちゃんと育てるのは大変なの．一日中仕事，仕事，仕事って忙しくしてるとね．あの子が失業してたときはいつもそばにとどめておくことができなかった．怒りっぽくなって，いらいらしてね．外に出さないわけにはいかなかったのよ．そうすると，外じゃ絶対にまともなことはしなかった．目を離すとまともなことはしなかった．子供っていつもそうなのよね！」

書き出しは現在形となっており，現在形は真理や習慣を表すので，仕事を持つ母には子育ては大変に骨の折れることであるというのはジェニーには真実と思われるということを意味している．また，父親は彼女にとってまさに手のかかる子供であったことが，そのあとの英文から読み取れる．まるで，母1人子1人の家庭で，仕事先から解雇されて機嫌が悪く扱いにくい十代の男の子のことを嘆く母親のような口調である．このようにジェニーは親子逆転の意識を父の死後まで保ち，自らをあくまでも保護者として位置付けている．

語り手によると，ジェニーの本名はファニー・クリーヴァーである．しかしジェニーはそれを捨てて，自らにジェニー・レンと名付けた．仕事用の名刺にはその名を記し，父親すらジェニーと呼んでいる．ジェニーは自分に名前を与え，その名を父親にも認めさせて，アルコール依存症の家庭の子供であることをやめたのである．

ジェニーの名付けからはもう 1 つ別の意味も読み取ることができる．それは民間伝承，童謡で，ジェニー・レンという名前がミソサザイの俗称であることと関連する．“jenny wren” は，*OED* では “A popular, and esp. nursery, name for the wren (also locally kitty wren): sometimes regarded in nursery lore as the wife, bride, or sweetheart of Robin Redbreast.”（民間伝承，特に伝承童謡で使われるミソサザイの名前（地域によってはキティ・レンともいう）．童謡では，コマドリの妻，花嫁，あるいは恋人と見なされることがある）と説明されており，17 世紀から 19 世紀の使用例が挙げられている．民俗学者オウピー夫妻（Iona and Peter Opie）が編纂した『オックスフォード版伝承童謡集』（*The Oxford Nursery Rhyme Book* (Oxford: Oxford UP, 1957)）では，“Robinets and Jenny Wrens” という項目に，2 つの鳥に関連した 6 つの詩が集められており，その 1 つに「コック・ロビンの求愛」（“Cock Robin's Courtship”）がある．この詩では，ミソサザイはコマドリに求愛される対象となっている．一方「恩知らずのジェニー」“Ungrateful Jenny” という詩では，病気のミソサザイをコマドリが看病し，ミソサザイはお礼に結婚を約束するものの，病が癒えたとたんに，あなたなんかちっとも愛していないと言い放ち，コマドリを激怒させる，という内容になっている（*Oxford Nursery Rhyme Book*, p. 50）．これらの伝承童謡では，ミソサザイは求愛される対象であることは共通するが，必ずしも求愛を受け入れるとは限らない．

自分にジェニー・レンという名を与えることによって，ジェニーは自らを結婚可能な存在，すなわち大人の女性として措定していることになる．童謡のミソサザイが示す可能性を考えると，誰かの求愛を待ち望みはするが，求愛を拒絶する残酷性も兼ね備える存在である．そして作中ジェニーは実際に求愛されることを待ち望んでいることを明らかにする．それと同時に，その相手は，自分の髪の手入れをしてくれて，階段の上り下りを介助してくれ，荷物を持ってくれ，仕事の注文取りに回ってくれる存在でなければならないとも言っている．そうでなければ求愛されても拒絶することがにおわされている．ジェニー・レンの名には，夫を自分の思いどおりに支配する妻の意味も込められているのである．

ジェニーの空想は，天使のような子供たちや花園にとどまらない．自らに大人の女を意味するような名付けをして父親を子供扱いすることも，空想の続きといえるだろう．アルコール依存症の父親を持ち，辛い針仕事をするヤングケアラーだったジェニーは，空想によって過酷な現実を乗り越えた．ジェニーの経験は，ほぼ同じ年齢で靴墨工場に働きに出されたディケンズが語ったエピソードを思い出させる．ディケンズの友人ジョン・フォースター（John Forster）の『ディケンズの生涯』（*The Life of Charles Dickens* (London: Chapman, n.d.)）によれば，ディケンズは，靴墨工場時代には，テムズ川の埠頭やロンドン塔についての驚くべき話を作り，自分でもその話を信じていた，と言っていたそうである（p. 29）．ディケンズは身をもって知る，辛い現実を乗り越えるための想象力をジェニーにも授けたのである．

19 世紀の労働者階級の飲酒癖は，生産性に直結することもあり問題とされていた．しかし，飲酒問題を抱えた労働者家庭の子供が置かれる境遇を問題とする視点はまだなかった．ディケンズはジェニーを通して，酒飲みの親を持つと，子供が子供でいられなくなることを描いた．ジェニーは子供であるよりはいっそ大人になってしまったほうが楽であると判断した．その，子供らしさに欠け，尋常でない振る舞いは，子供が年相応の生活を送ることができない状況を生み出す社会に対するディケンズの批判とみることができる．

5. ディケンズは時空を超える

ディケンズの作品には子供が直面するさまざまな苦難が描かれている．ディケンズは子供たちが受けた不当な扱いやその過酷な生活状況を作品に描き，社会に突きつけた．本章で取り上げたヤングケアラーは，ディケンズの時代には社会的に問題にされることはなく，その姿は何らかの社会批判の役割を担っているようにはみえないかもしれない．しかし，子供の視点から描かれた彼らの日常は愉快なものとはいえない．「憑かれた男」では，子守のジョニーが置かれた状況を，終始滑稽な調子で描きながらも，一瞬（ジョニー本来の振る舞いではないという前提のもとではあるが）爆発させた不満によって，ヤングケアラーの苛立つ本心が表現されている．『互いの友』のジェニーは，アルコール依存症の家庭で子供が味わう苦痛を，空想の世界に入り込むことでしばし忘れ，さらには親子逆転という虚構によって正視しがたい現実を押さえ込む．2

人には，ディケンズの子供像にみられがちな感傷性はなく，とりたてて同情をひくようには描かれていない．それでも，2人の日常の描写は，ありふれた光景であるために見過ごしてしまいがちなヤングケアラーの存在を読者に気付かせ，その役割が子供にとって不自然なものであることを認識させるのである．

ディケンズの作品は現代の私たちからみれば時間的にも空間的にも遠く離れたもののように思われるかもしれない．その作品を英語で読むことによって，英語表現のおもしろさを味わうことができるとともに，時と場所を越えて人間が直面する問題があること，その解決への試みを知ることができる．19世紀には特に問題とはみなされていなかったヤングケアラーは，今日，イギリスのみならず日本でも社会全体としての対応が必要な問題として認識され始めている．その視点からディケンズの作品を読むことは，作品自体に新たな読みの可能性をもたらすとともに，現代の問題の解決のための隠されたヒントをつかむことにもつながるのである．

第6章

語りと語り手

『フランケンシュタイン，あるいは現代のプロメテウス』と『ミドルマーチ―― 地方生活の研究』

松本三枝子

1. 物語の魅力

高校生の頃だったと記憶しているのだが，『山貞の英文法』と称された人気の参考書があった．かなりの大冊だったので，使っていた全員がすべて読破していたかどうかはわからないが，私の気に入りの参考書の1つであった．気に入った理由は，高校生の目からもその解説に信頼が置けると感じられ，加えて，文例が英文学の作品からであったことだ．後に，大学で英文学を専攻することになったのも，今思えばこの書に起因しているともいえるのだ．文例はジョージ・ギッシング（George Gissing）の作品が圧倒的に多かったと記憶しているが，それを読むと突然小窓が開いて，まったく別の世界が垣間見えるという印象であった．無味乾燥とした文法説明の後に，突然異世界を覗き見るという体験を味わうのである．物語とはかくも魅力的なものなのである．つまり，物語は日常的な空間から，非日常の異世界へと飛翔するツールである．

かつてイギリスでは，物語（ロマンス）・小説（フィクション）を娘たちに望ましい読物と認めなかった．そもそも内容が愛，恋，不倫など，若い娘には往々にして刺激的であるうえに，若い女性読者は凡庸な日常から逃避的になり，白昼夢にふけりやすいと危惧された．それにもかかわらず，18世紀から19世紀の読者の多くは，間違いなく女性であった．加えて，多くの女性たちが小説を書いていた．そこでここでは２人の女性小説家の作品を取り上げることにする．メアリ・シェリー（Mary Shelley, 1797-1851）の『フランケンシュタイン，あるいは現代のプロメテウス』（*Frankenstein or the Modern Prometheus*, 1818）と，ジョージ・エリオット（George Eliot, 1819-1880）の『ミドルマーチ──地方生活の研究』（*Middlemarch: A Study of Provincial Life*, 1871-72）である．まずは，『フランケンシュタイン，あるいは現代のプロメテウス』から始めよう．以下に引用する英文は，Mary Shelley, *Frankenstein or the Modern Prometheus* (London: Penguin, 1985)，また日本語訳は森下弓子訳『フランケンシュタイン，あるいは現代のプロメテウス』（創元推理文庫，1984）からのもので，それぞれ引用は頁数のみ本文中に記すこととする．なお，日本語訳については，表記などの一部を本文に統一した．

2. 小説の始まりは手紙

文学史において，小説は新参者である．劇や詩の方が歴史は古い．英文学史では，ダニエル・デフォー（Daniel Defoe）の『ロビンソン・クルーソー』（*Robinson Crusoe*, 1719）やジョナサン・スウィフト（Jonathan Swift）の『ガリヴァー旅行記』（*Gulliver's Travels*, 1726），サミュエル・リチャードソン（Samuel Richardson）の『パミラ』（*Pamela*, 1740）などをイギリス小説の始まりと位置付けているが，17 世紀の女性作家であるアフラ・ベーン（Aphra Behn）の『オルノーコ』（*Oroonoko*, 1688）のほうがずっと古い．1960 年代になって，女性作家や文学作品における女性の描かれ方などを研究テーマとするフェミニズム批評が生まれて，それまで文学史上で光が当たらなかった女性作家たちが再評価される流れが生じた．ベーンに続き，18 世紀も女性作家が活躍した時代であるのだが，後世の批評家や研究者の彼女たちへの評価は低く，忘れ去られた存在であった．なぜなら後世の批評家や研究者の多くは男性であったからだ．彼らは，無学で社会経験が少ない女性が書いた小説を顧みることはなかった．イギリスで女性たちが高等教育を受けるようになるのは，19 世紀後半のことである．今回扱うメアリ・シェリーも，ジョージ・エリオットも高等教育はもちろんだが，十分な教育を受けているとはいいがたい．しかしながら，彼女たちは，独学で様々な学問や知識を享受できる環境にあったとはいえる．

十分な学識や教養がなくても書けるのが，小説というジャンルであった．日記や手紙を書くように書けるのが物語であったのだ．前述の『パミラ』は，同名の主人公が女中暮らしを両親に手紙で知らせるという内容であるが，このように，初期の小説に書簡体小説という手紙の形式を用いたものがあったのは，ある意味で当然のことであった．『フランケンシュタイン，あるいは現代のプロメテウス』も，姉に書いた手紙で始まっている．ロバート・ウォルトン (Robert Walton) という冒険家が，手紙の中で，北極航路を探索する旅の途中で遭遇した，ヴィクター・フランケンシュタイン (Victor Frankenstein) という科学者の数奇な人生を語る物語となっている．

フランケンシュタインの物語はよく知られていると思われるが，簡単に内容を紹介する．科学者のフランケンシュタインは新たな命を作り出すことに早い頃から興味を持ち，日々，人造的に人間を作り出すことに実験を重ね，ついに完成するが，できあがった人造人間はフランケンシュタインが思い描いていた姿ではなく，大きな醜い怪物のような生き物であった．驚いたフランケンシュタインはこの怪物から逃れようとする．一方で，怪物は，偶然出会った貧しい一家の小屋で，若者が恋人のアラビア娘に，言葉や文化を教えているのを壁の穴越しに覗き見る．怪物はそのアラビア娘とともに，17 世紀のイギリスの詩人ジョン・ミルトン (John Milton) の『失楽園』(*Paradise Lost*, 1667)，『プルターク英雄伝』，ゲーテの『若きウェルテルの悩み』などを学び，教養を身につけ人間性を獲得していくことになる．しかしながら，彼の醜悪さと巨大さは，人々を恐怖させるため，疎外され孤独な存在となった怪物は，自分の連れ合いを創ることをフランケンシュタインに頼む．一旦は受け入れたフランケンシュタインであったが，怪物が増殖することを懸念して，拒否する．怪物は自分を顧みることのないフランケンシュタインに復讐するかのように，彼の弟を殺し，新妻を殺し，多くの犠牲者を出すこととなる．

3. 入れ子の物語構造

ロシアの民芸品にマトリョーシカという入れ子の人形があるのをほとんどの方はご存じだろう．『フランケンシュタイン，あるいは現代のプロメテウス』の語りの構造は，ちょうどそのマトリョーシカのような構造になっている．一番外側は北極航路探検隊長のウォルトンが北極への旅の苦労を姉に語る物語である．その次に，彼が出会った氷海で彷徨するフランケンシュタインの物語，そして最後にそのフランケンシュタインが創造してしまった怪物の物語である．冒頭で言及した『山貞の英文法』のギッシングの作品のように，突然異世界が目の前に開ける体験を，まずはウォルトンの姉が，次にウォルトンが，そして最後にフランケンシュタインがすることになり，読者はそれらを順に追体験することになっている．

主要なモチーフはこの小説の副題にもなっている「現代のプロメテウス」と共鳴している．プロメテウスはギリシア神話では巨人族の１人で，水と泥から人間を創り，天上の火を人間に与え，ゼウスの怒りをかい罰せられたといわれている．まずは，ウォルトンが聞かされたフランケンシュタインの物語を見てみよう．

'You may easily perceive, Captain Walton, that I have suffered great and unparalleled misfortunes. I had determined, at one time, that the memory of these evils should die with me, but you have won me to alter my determination. You seek for knowledge and wisdom, as I once did; and I ardently hope that the gratification of your wishes may not be a serpent to sting you, as mine has been.' (p. 28)

「ウォルトン隊長，見ればお気づきのように，私はまれに見るひどい不幸をなめてきた人間です．忌まわしい記憶はこの身とともに死なせようと，一度は決めていた．だがあなたがその決心を変えさせました．あなたはかつての私のように，知識と知恵を求めておいでだ．心から願うのは，念願の成就があなたにとって，身を刺す蛇とならぬようにということです．私の場合がそれでした．」 (39頁)

この英文は，科学者フランケンシュタインが，自らの分身とも思える冒険家ウォルトンに，警告として自らの人生の挫折を語る決意をした箇所だ．"I have suffered" の現在完了形で，彼の苦悩がこれまでに長く続いてきたことがわかる．一度はそのような経験を封印しようと決意したことが，"I had determined" の過去完了形で表現されている．しかし，"you have won me to alter my determination" と再び現在完了形で，彼の決意が変わったことが時制の変化からもわかる．最後の文章で登場する "serpent" は聖書でイヴを誘惑し知恵の実を食べさせた蛇のイメージと重なり，知識を獲得することの危険を暗示している．後述するが，この作品には聖書の影響が色濃く出ている箇所がほかにもある．当時の人々の思想に聖書の存在が多大であったことがわかる．

フランケンシュタインが2年の研究の末についに人造人間を創りあげた瞬間が次のように書かれている．

The different accidents of life are not so changeable as the feelings of human nature. I had worked hard for nearly two years, for the sole purpose of infusing life into an inanimate body. For this I had deprived myself of rest and health. I had desired it with ardour that far exceeded moderation; but now that I had finished, the beauty of the dream vanished, and breathless horror and disgust filled my heart. Unable to endure the aspect of the being I had created, I rushed out of the room, and continued a long time traversing my bedchamber, unable to compose my mind to sleep. (p. 56)

人生の出来事は様々だといっても，人の心くらい変わりやすいものはありません．ほぼ2年近くも，無生物の体に生命を吹きこもうという一念で励んできた私．そのためにはわれとわが身の休息も健康も取り上げ，中庸をはるかに越えて熱い望みを抱きもした．それが，なしおえた今，美しい夢はどこへやら，息も止まる恐怖と嫌悪で心は一杯でした．おのれの創造物を見るのもたまらず部屋を飛び出すと，眠ろうにも気を静めることができないまま，寝室の中を行ったり来たり，長いこと歩き回りました． (74-75 頁)

この英文の冒頭では誰もが受け入れることができる真理を語る現在形で始まっていることに注意したい．フランケンシュタインが怪物を創造するまでの行為と経験は過去完了形で，その後は過去形で書き分けられ，怪物誕生の前と後が時制からも明確にわかる．“now that I had finished”「怪物の創造をなしおえた今や」，この一節が契機となって，状況が激変したことが示される．

死体に生命を注入するという唯一の目的である “the sole purpose of infusing life into an inanimate body” という文にある of は，同格の of と呼ばれる用法で，of 以下に彼の目的が端的に描かれている．直後にある “For this” という指示代名詞でその目的を強調して受け，次の文では，“I had desired it” となっている．この目的が彼の人生に与え続けた存在であったことが表現されている．最後の文章は，“(Being) Unable to endure” と “(Being) unable to compose” の分詞構文で挟み込まれ，フランケンシュタインが自ら創造した怪物の醜悪さに耐えられず，眠ることもできない苦悩の深さが，簡潔に語られる．ここから，フランケンシュタインが自ら創造した怪物からの逃亡劇が始まるのだ．現在でいえば，社会問題となっている育児放棄である．一方で怪物はフランケンシュタインの弟を殺害し，それに巻き込まれた女使用人も殺人の罪を着せられて処刑される．

4. 視点，歴史は勝者によりつくられる

客観的な事実の積み重ねのように思われる歴史でさえも，誰の側から見た事実なのかによって大きく左右される．後世に語り継ぐことができるのは，戦乱などを勝ち抜いた者である．歴史とは勝者により語られた物語ともいえるのだ．芥川龍之介の『藪の中』にもあるように，1 つの出来事が誰の視点で語られるかにより全く異なる様相を帯びる．

フランケンシュタインの物語では，怪物は残虐で醜い怪物であるが，怪物の側からはどのような物語が語られるのか見てみよう．怪物はフランケンシュタインに逃げられた，あるいは見捨てられた後の人生を彼に語る．

> ‘I am thy creature, and I will be even mild and docile to my natural lord and king, if thou wilt also perform thy part, to which thou owest me. Oh, Frankenstein, be not equitable to every other and trample upon me alone, to whom thy justice, and even thy clemency and affection, is most due. Remember, that I am thy creature; I ought to be thy

Adam, but I am rather the fallen angel, whom thou drivest from joy for no misdeed. Everywhere I see bliss, from which I alone am irrevocably excluded. I was benevolent and good; misery made me a fiend. Make me happy, and I shall again be virtuous.' (pp. 96-97)

「この身はあんたの被造物，そちらさえ当然果たすべき役割をつとめてくれれば，生まれながらのわが主，わが王に，おとなしく従順にだってなるつもりだ．おお，フランケンシュタイン，他の者すべてに公正で，おれひとりを踏みつけにするのはやめてくれ．この身こそ，あんたの正義を，いや，あんたの情と愛をさえ受けてしかるべきなのに．忘れてくれるな，おれはあんたの被造物，あんたのアダムであるべきなのだ．だがこれでは，悪行をおかしもしないのに喜びから追われた堕天使だ．幸福はいたるところに見えるのに，自分ひとり締め出されて，どうにもできない．自分は優しく善良だった．みじめさがおれを鬼にした．幸せにしてくれ，そうすれば徳に立ちかえろう．」 (133-34 頁)

"I am thy (=your) creature, I ought to be thy Adam, but I am rather the fallen angel" などの古い英語表現から，怪物がフランケンシュタインを説得するときに用いるレトリックが，聖書に基づいていることがわかる．それは，怪物が言語や文化を学んだ書物の中にあったミルトンの『失楽園』の影響である．『失楽園』は聖書物語であり，ミルトンは当時の人々から最も高く評価されていた詩人でもあった．神がアダムを創造したように，フランケンシュタインは怪物を創造した．しかし，神がアダムを愛したのとは異なり，フランケンシュタインは怪物を見捨て，憎んでいる．これではまるで，自分はアダムではなく，神が地獄へ落した堕天使ではないかと，怪物は抗議しているのだ．"I was benevolent and good" (私はかつて優しく善良だった)，"Make me happy, and I shall again be virtuous" (幸せにしてくれ，そうすれば徳に立ちかえろう) と，怪物はフランケンシュタインに穏やかな未来を示す．

フランケンシュタインの側からは，怪物の行動は醜悪な殺人鬼の悪行だが，怪物はそのような行為に至った心情を吐露する．怪物は疎外された存在であった．創造主であり，親でもあるフランケンシュタインに見捨てられた，惨めな存在であった．怪物の語りには説得力がある．

‘But where were my friends and relations? No father had watched my infant days, no mother had blessed me with smiles and caresses; or if they had, all my past life was now a blot, a blind vacancy in which I distinguished nothing. From my earliest remembrance I had been as I then was in height and proportion. I had never yet seen a being resembling me, or who claimed any intercourse with me. What was I? The question again recurred, to be answered only with groans.’ (pp. 117-18)

「だが自分の友や親類はどこにいる？ 自分には子供のころを見守ってくれた父親も，ほほえみと愛撫をあたえてくれた母親もいない．いや，いたのかもしれないが，自分の過去の暮らしは今や一点のしみ，真っ暗闇の空隙で，何ひとつ見きわめることはできなかった．思い出せる限りの初めから，今も背格好はそのままだ．自分に似た生き物にも，つきあいを求めてくる者にもかつて出会ったためしがない．自分は何者なのだ？ その疑問がまたもやわいたが，答えは呻き声ばかりだった．」 (160 頁)

父や母に愛された幼年時代は，人間形成に重要な基礎となるが，怪物にはそのような記憶が全くない．“all my past life was now a blot, a blind vacancy” の中の blot とは「しみ」である．『ロングマン現代英英辞典』には，“a mark or dirty spot on something, especially made by ink” (特にインクによってできた，何かについた印あるいは汚い点) と定義されている．さらに，“something that spoils the good opinion that people have of someone or something” (誰かあるいは何かについて人々が持っているよい意見をけなすもの) ともあるので，白紙に落としたインクの黒いしみのように，悪影響が広まる状況も想像できる一語といえる．“I had been as I then was in height and proportion” と背丈も姿かたちも当時のままだ．そのような醜悪な怪物が自らの努力で獲得した知識と人間性，それらにもかかわらず，むしろそれらゆえに深まる彼の孤独と疎外感が綿々と語られていく．“to be answered only with groans” は結果を意味する不定詞で「答えは呻き声ばかりであった」．

最後に怪物がフランケンシュタインに求めたのは，アダムが神にイヴを求めたように，自らの連れ合いとなる女の怪物を創ってもらうことだった．怪物に説得されフランケンシュタインは女の怪物を創り始めるのだが，つがいを創れば怪物が増殖し，人類に危険が及ぶと思い至り，女の怪物を創ることを中断してしまう．最後の望みを断たれた怪物は，フランケンシュタインの親友を，さらに新妻をも殺害する．物語冒頭で，ウォルトンが出会ったのは，そのような殺人鬼となった怪物に復讐し，彼を殺害するために北極の果てまで追跡するフランケンシュタインであった．

自らの野望に魅入られて，その人造人間の創造という野心が満たされたにもかかわらず，それにより挫折したフランケンシュタインの物語は，彼が創造した怪物が知識と人間性を獲得していく物語を内包し，フランケンシュタインのみならず読者にも共感を呼ぶことになる．最も日常的な手紙の枠組みから，最も内奥の怪物の物語へと踏み入ることにより，不思議で恐ろしい非日常の存在ながら，怪物が経験した孤独と疎外の惨めさに読者は共感することができる．

フランケンシュタインの物語は，禁じられた知識を追い求めて不幸に陥った科学者の物語であり，現代のプロメテウスの物語と解釈できる．神のみに許された人間を創造する知識と技術を追求した結果，狂気となった科学者フランケンシュタインは，その顛末を冒険家ウォルトンに警告として語る．イギリスの18 世紀は科学の時代であり，この小説は，そのような科学偏重の時代風潮への警告の書でもあった．

『フランケンシュタイン，あるいは現代のプロメテウス』の中で次々に起きる殺人は，怪物により実行されたものだが，彼を創造したにもかかわらず彼から逃げ，彼が抱えた存在論的孤独や疎外に対して，全く責任を取ろうとしなかったフランケンシュタインに罪はないのだろうか．文学作品における視点の移動は，現実を客観的に見ることや，自己を相対的に認識することを仮想的に経験することができる貴重な機会である．

18 世紀後半から 19 世紀にかけてゴシック・ロマンスという文学ジャンルが流行した．これは，中世風の廃墟や修道院を舞台に，怪奇現象が起き，恐怖をあおる小説で，ホレス・ウォルポール（Horace Walpole）の『オトラント城』（*The Castle of Otranto*, 1764），アン・ラドクリフ（Ann Radcliffe）の『ユドルフォーの秘密』（*The Mysteries of Udolpho*, 1794）などがその代表的な作品である．ちなみにジェイン・オースティン（Jane Austen）は，ラドクリフのこの小説の影響で，『ノーサンガー・アビー』(*Northanger Abbey*, 1818) に，ゴシック・ロマンスに夢中になり，現実を見誤るヒロインを登場させている．『フランケンシュタイン，あるいは現代のプロメテウス』が，ゴシック・ロマンスという恐怖に満ちた非日常世界の物語であるとすれば，これから扱う『ミドルマーチ —— 地方生活の研究』はまさに 19 世紀の王道であるリアリズム小説の作品だ．

『ミドルマーチ —— 地方生活の研究』はジョージ・エリオットという作家の作品であるが，実はジョージ・エリオットの本名はメアリ・アン・エヴァンズ (Mary Ann Evans) である．男性と女性の作家が異なる基準で批評されていた 19 世紀ヴィクトリア朝時代には，女性作家の多くが匿名や，男性ペンネームを用いて作品を発表した．正当な評価を受けるために，メアリ・アン・エヴァンズは男性名で小説を発表したのである．次の節では，*Middlemarch: A Study of Provincial Life* (Harmondsworth: Penguin, 1965) をテキストとし，リアリズム小説について述べることとする．なお，引用箇所は頁数のみ本文中に記し，日本語訳は工藤好美，淀川郁子訳『ミドルマーチ —— 地方生活の研究』(講談社，1975) を用い，引用箇所は巻数と頁数のみ本文中に記す．ただし表記などの一部を本文に統一した．

5. リアリズム小説とは誰の視点から見た現実を描くのか

リアリズムは，文学では写実主義という日本語が充てられている．ここでいう現実とはどのような現実か．前述したように，現実は誰の目に映るものかにより全く異なる様相を帯びる．イギリス 19 世紀のリアリズム小説における現実とは，当時の中産階級の価値観から見た現実ということになるだろう．もう少し踏み込めば，読者は当時の中産階級の価値観を学び，かつ知るために小説を読むといっても過言ではない．19 世紀のイギリスは産業革命を成功させたイギリス帝国の時代であり，世界で最も先進的な国であり，それを支えていたのが中産階級であったことを思い出しておく必要がある．彼らは，豊かだが遊興にふける貴族階級と一線を画し，怠惰で貧しい労働者階級とも異なっていた．謹厳実直な価値観は，国民教育に必要なものとされた．そのため，この時代のリアリズム小説は非常に真面目である．このことを念頭に置きながら，何を学んでほしいと書かれているのかを体験していきたい．

『ミドルマーチ――地方生活の研究』は，田舎町のミドルマーチを舞台に，裕福な地主の姪であるドロシア・ブルック (Dorothea Brooke)，野心家の開業医のターシアス・リドゲイト (Tertius Lydgate)，土地差配人の娘であるメアリ・ガース (Mary Garth)，偽善家の銀行家ニコラス・バルストロード (Nicholas Bulstrode) らを中心とする複数の物語が並行して語られていくマルチ・プロットの小説である．

エリオットの小説の特徴の 1 つに章題がある．各章の始まりに，その内容に即した数行の詩や警句を付すものだ．たとえば，『ミドルマーチ――地方生活の研究』第 27 章の章題は次のようになっている．“Let the high Muse chant loves Olympian:/ We are but mortals, and must sing of man.” (p. 297)「気高い詩神には天上の愛を賛美させよう／われら死すべき者は人の世の愛を歌おう」(1 巻 297 頁)．たとえば，叙事詩がギリシア神話の神々を歌うのとは異なり，小説は普通の人々について語るのだという，ある意味では小説のマニフェストともいえる章題である．ごく普通の人々が主役を張れるのが小説なのである．そして，その登場人物は，読者である中産階級の人々が共感できる人々ということになる．『フランケンシュタイン，あるいは現代のプロメテウス』で経験したような異次元の世界ではなく，隣人の家の中を覗き見る感覚である．しかし，『ミドルマーチ――地方生活の研究』が提示しているのは，普通には到達できないような異次元の認識である．

Your pier-glass or extensive surface of polished steel made to be rubbed by a housemaid, will be minutely and multitudinously scratched in all directions; but place now against it a lighted candle as a centre of illumination, and lo! the scratches will seem to arrange themselves in a fine series of concentric circles round that little sun. It is demonstrable that the scratches are going everywhere impartially, and it is only your candle which produces the flattering illusion of a concentric arrangement, its light falling with an exclusive optical selection. These things are a parable. (p. 297)

姿見，もしくは磨きをかけた鋼の延板の表面を召使に磨かせると，一面

に極めて細かなかき傷が無数につくものである．今，その前に火のついたろうそくを，光の中心になるように置くと，どうなるだろう？ 表面のかき傷はすべてこの小さな太陽の周りに，見事な同心円を幾重にも描いて並ぶのである．かき傷は表面に万遍なくゆきわたっているのに，いかにもろうそくの光を中心にして同心円に配置されているような錯覚を起きさせるのは，例のろうそくの光のなす業であって，この実験は，その光が表面を照らす際に，光学的に排他的選択を行っていることを示している．この現象は一種のたとえ話になる． （1巻 p. 297）

これは，姿見の前で，ろうそくに火を灯すと，姿見にある無数の傷が，ろうそくを中心に同心円に配置されているかのように見えるという錯覚をたとえ話にしている．19世紀のイギリスでは，ろうそくの明かりが常用されていたので，誰にも共感できる体験であったろう．姿見の傷は万遍なくあるのに，ろうそくの光を中心に傷が配置されているように惑わされてしまう．ろうそくの光はエゴで，傷は様々な出来事ということだ．

冒頭の英文は少しわかりにくい．“Your pier-glass or extensive surface of polished steel made to be rubbed by a housemaid” という長い部分が主部で，「使役動詞＋目的語＋原形不定詞」の “made a housemaid rub” が受動態になり過去分詞の形容詞的用法として，姿見や延板を修飾している．“place now against it a lighted candle” の部分は命令文で，now は臨場感がある．実験の始まりの合図のようだ．it とは姿見で，ろうそくを姿見の前に置くわけだ．“the scratches will seem to arrange themselves in a fine series of concentric circles around that little sun” という文は非常に英語的で，無数の傷があたかも自分で同心円に並んでいるようだ．themselves は再帰代名詞で，それらの傷のことで，that little sun とは，火のついたろうそく．最後の文章，“it is only your candle which produces the flattering illusion of a concentric arrangement” は，only があり，「ろうそくの光」が強調されているとわかる．現代英語では which よりも that を用いる，〈it … that ～〉という強調構文ととらえれば読みやすい．“the flattering illusion of a concentric arrangement” の of も先にも出た同格の of で「ろうそくの光を中心とする同心円に配置されているような錯覚」という意味を表す．

この姿見のたとえ話は，誰もが陥る錯覚について言及している．自己中心主義への警告でもある．この章は，レモン女子塾の華といわれたミドルマーチで一番の美人であるロザモンド・ヴィンシー（Rosamond Vincy）と，研究熱心な医者のターシアス・リドゲイト（Tertius Lydgate）の恋の始まりを語る．この一見望ましい2人の結婚がなぜ双方にとって挫折と不満に満ちたものとなるのかがこれから語られていくのだが，その過程で前述した姿見のたとえは警鐘を鳴らし続けていく．

To Rosamond it seemed as if she and Lydgate were as good as engaged. That they were some time to be engaged had long been an idea in her mind; and ideas, we know, tend to a more solid kind of existence, the necessary materials being at hand. It is true, Lydgate had the counter idea of remaining unengaged; but this was a mere negative, a shadow cast by other resolves which themselves were capable of shrinking. Circumstances was almost sure to be on the side of Rosamond's idea, which had a shaping activity and looked through watchful blue eyes, whrereas Lydgate's lay blind and unconcerned as a jelly-fish which gets melted without knowing it. (pp. 304-305)

ロザモンドには，彼女とリドゲイトは婚約しているも同然だった．2人がいつか婚約することになるという信念は，ずっと前から彼女の頭にあった．そして信念というものは，必要な素材が手元にあれば，いっそう堅固になるものである．なるほどリドゲイトはこれとは正反対に，つまり，独身でいようと考えていた．しかしこれは単なる否定で，他のいくつかの決心の投げる影にすぎなかった．しかしそのような決心そのものも，後退する可能性をもっていた．周囲の事情がロザモンドの信念に味方していることは確かだといえよう．その信念は物事を具体化する力をもっていて，油断のない青い目で見張っていた．それにひきかえリドゲイトの考えは，知らぬ間に溶けてなくなるクラゲのように，盲目で，のんきだった． （1巻305-306頁）

最初の 2 文は，ロザモンドから見た状況で，時制は過去形だが，“as if she and Lydgate were as good as engaged” という英文は，婚約しているのも同然，つまり「まだ婚約していない」という状況を読み取っておきたい．“That they were some time to be engaged”（彼らがいつか婚約するということは）という節は，とても長い主部となっている．“were to be engaged” は，〈be 動詞＋to 不定詞〉で予定を表す用法となっている．文章自体もセミコロンやコンマで長文になるので，日本語訳をするときは前入り前出しで読んでいかないと，ずいぶん後ろからさかのぼることになるので要注意．“Circumstances was almost sure” で始まる最後の英文は，接続詞である whereas の前半はロザモンドの信念を，後半でリドゲイトの考えを対照的に描いている．ロザモンドとリドゲイトの対照性は，“had been an idea in her mind”，“a shaping activity and looked through watchful blue eyes” のように確固として行動しているロザモンドと，“a mere negative, a shadow”，“a jelly-fish which gets melted” などのように，受け身で流れに身を任せているリドゲイトの意志の弱さでも表現されている．ところどころに現れる現在形は，読者にも共感できる事実ということで，挿入句である we know と同様に読者に共感を呼び掛けている．

相思相愛の 2 人の関係を，ロザモンドとリドゲイトは各々を中心として正反対の方向から見ている．各々が小さなろうそくの光となって，自分の周囲で起きる出来事を自分中心に解釈していく．開業して間もないリドゲイトは結婚するには十分な収入がない，加えて彼には田舎の開業医ではなく研究者として成功する野心もあった．そのため，すぐには結婚する気がなかったのだが，ロザモンドの発する光の方が強く，彼女の望みに屈し，結婚することになってしまう．小説はこの 2 人が各々自分を中心に物事を解釈し，エゴを克服できずに対立を深めていく過程を描いていくことになる．

6. 介入する作者，全知の語り手：19 世紀小説の特徴

この物語は，上記のリドゲイトに加えて，ドロシア・ブルック，メアリ・ガース，ニコラス・バルストロードなどの主要な登場人物を中心に複数の筋が展開していくマルチ・プロットの小説なので，この他に主な筋となる夫婦が登

場する．それが，ドロシア（Dorothea）とエドワード・カソーボン（Edward Casaubon）の夫婦である．新婚の2人であるが，すでにこの結婚にも暗雲が立ち込めている．しかし，語り手は次のように突然読者に語りかける．

One morning, some weeks after her arrival at Lowick, Dorothea—but why always Dorothea? Was her point of view the only possible one with regard to this marriage? I protest against all our interest, all our effort at understanding being given to the young skins that look blooming in spite of trouble; for these too will get faded, and will know the older and more eating griefs which we are helping to neglect. (p. 312)

ロウイックに着いていく週かたったある朝，ドロシアは——しかし，なぜ，いつもいつも，ドロシアは，なのだろう？ 彼女の側からの見方のほかには，この結婚についての見方があり得ぬというのか？ 悩みや苦労があっても，なお生気にあふれる若い者たちにばかり興味をもち，これを理解しようと努力することは，私は反対である．これら若い人たちもやがては色あせ，今はわれわれの手助けもあって気にもとめずにいるが，その彼らとて年を重ねるにつれて身の細る悲しみを知るようになるのだ．

（1巻312頁）

19世紀のイギリスでは，年の差のある結婚が珍しくなかった．特に中産階級では，男性が家族や使用人を養うという前提だったので，十分な収入を得るまでは結婚できなかったのだ．ドロシアの結婚は，彼女が20歳前で，夫が40歳を過ぎていた．新婚旅行から帰宅した自宅での日々をドロシアの側から書いていることに，語り手は注意を喚起している．つまり，結婚後のドロシアの失望に注視していたその視線を転じようとする表現が，“Why always Dorothea?” である．後半の文は比喩的な表現が多く文学的でもある．“the young skins that look blooming” は，比喩的な表現で，若い盛りのはつらつとした肌から，悩みにめげない若い人々を類推させている．最後の文中にある “the older and more eating griefs” は，若い人々も年を重ねるにつれて「老年の身も細る悲しみ」を知るようになる状況が比較級を用いてうまく表現されている．

また，eating は「身が細る，心をむしばむ」という形容詞で，“eating sorrows”（心をさいなむ悲しみ），“eating care”（身の細る心配）のように，強い悲しみや苦しみを表すことになる．

読者が物語に没頭している最中に上記のような介入をしてまで，語り手が言いたかったことは何だろうか．この小説のタイトルは副題も含めて『ミドルマーチ──地方生活の研究』である．ミドルマーチとは先述のとおり田舎町の名前であり，文字どおりには「ミドル」と「マーチ」で，中間，中流，並みをいくという含意だろう．つまりこの小説は 19 世紀初期のイギリスのごく普通の地方都市を詳細に描いた小説ということになる．主要な登場人物は中産階級の人々であるが，重要なのは彼らの人間関係に焦点が当てられていることだ．ドロシアとカソーボンの夫婦の間の軋轢に焦点があてられるとき，語り手はドロシアに寄り添いすぎないように配慮している．読者に，どちらか一方に偏らないように注意を喚起するのである．このように物語の途中で，物語に介入して読者に語りかけてくる語り手は，19 世紀小説の特徴ともいえる．

『フランケンシュタイン，あるいは現代のプロメテウス』では，フランケンシュタインと怪物の闘いを異なる語り手で，入れ子式の物語構造により，視点の移動を読者に体験させた．『ミドルマーチ』では，物語の最中に，語り手は，読者に視点の移動をするように，促すのである．語り手は読者が物語に入り込めるようにしながらも，登場人物を相対的に見ることを促す．たとえば，次の場面ではドロシアが博学のカソーボンに憧れ，結婚後は彼の研究の助けとなりたいと古典語を学ぼうとする．

She would not have asked Mr Casaubon at once to teach her the languages, dreading of all things to be tiresome instead of helpful; but it was not entirely out of devotion to her future husband that she wished to know Latin and Greek. Those provinces of masculine knowledge seemed to her a standing-ground from which all truth could be seen more truly. As it was, she constantly doubted her own conclusions, because she felt her own ignorance .... And she had not reached that point of renunciation at which she would have been satisfied with having a wise husband; she wished, poor child, to be wise herself. (p. 88)

ドロシアは手助けどころか，相手を煩わすのがなによりも心配だったので，その場で古典語を教えてほしいと頼む気にはなれなかった．しかし彼女がラテン語やギリシア語を知りたかったのは，未来の夫に献身的に仕えたい一心からとばかりはいえなかった．男性に限られたこの知識の分野は，真理のすべてを他のどこから見るよりもより真実な相において，とらえうる立脚点である，と思われたからである．ありていに言えば，彼女は自分が無知であると感じているため，自分の推論に絶えず疑いをもっていた．（中略）だから彼女は，思慮分別のある夫をもつことで満足するという程度の自制心には，まだ到達していなかったのである．かわいそうに，彼女は自分が賢明になりたかったのである．（1巻74頁）

最初の文の “the languages” とはそのあとに出てくるラテン語やギリシア語のことで，そのような古典語は，この時代に男性のみに許された高等教育の主要科目であったので “masculine knowledge” というわけだ．最後の文にある “that point of renunciation at which she would have been satisfied with having a wise husband” は，賢い夫を持つことで満足できたであろう自制心ということだが，ドロシアはそのような自制心に到達していなかったので，仮定法で表現されている．

前述したように，19世紀には男女が同等の教育を受けてはいず，ドロシアのような豊かな中産階級の娘であっても，高等教育は受けていないのだ．そのため自分の受けた教育へのコンプレックスや，自らの下した判断への疑念が生じることになる．そのために彼女が選択したのがメンター，つまり指導者的な夫である．19世紀前半を代表する女性作家であるジェイン・オースティン（Jane Austen）の小説に登場する理想の夫像は，ほぼこのメンター型の男性であるが，さすがに19世紀後期に書かれたエリオットの小説では，献身的なドロシアであるが，自らの判断を捨てることはない．「かわいそうに」と挿入することで，賢明になるということがいかなることかをいまだ知らないドロシアに同情しつつも，彼女と距離を保ちながら見守るように読者に促している．このように物語全体，あるいは登場人物すべてを知り，統括できる語り手は，神のような，全知の語り手（God-like omniscient narrator）と称される．この全知の語り手に全幅の信頼を置いて，読者はこの長い物語を読み進めていけるのだ．

そして物語結末で，夫の裏切りや様々な苦労の後にドロシアが，賢明な判断を下すことができるようになったと感じられるのが，次の場面である．

She opened her curtains, and looked out towards the bit of road that lay in view, with fields beyond, outside the entrance-gates. On the road there was a man with a bundle on his back and a woman carrying her baby; in the field she could see figures moving—perhaps the shepherd with his dog. Far off in the bending sky was the pearly light; and she felt the largeness of the world and the manifold wakings of men to labour and endurance. She was a part of that involuntary, palpitating life, and could neither look out on it from her luxurious shelter as a mere spectator, nor hide her eyes in selfish complaining. (p. 846)

彼女はカーテンを開けて，通用門の外に見える，往還の一部と，その向こうに続く牧場に目を向けた．道には荷物を背負った男と，赤ん坊を抱いた女がいる，牧場にはなにか動くものが見える――犬を連れた羊飼いかもしれない．はるか彼方に弧を描く空には真珠色の光が漂っている．この世界の大きな広がりが，そして朝目覚め労働に出かけ，困難に耐えて生きてゆくさまざまな人のあることが感じられた．彼女もまた，自ずから脈打つ生命の一部であって，単なる傍観者として彼女の贅沢な住居からこれを眺めることも，利己的な不平不満で目を覆うこともできなかった． (2 巻 393 頁)

ドロシアの眼前に広がるこの風景は，現在のイギリスのカントリー・ハウスを訪れると体験できる．広々とした牧草地が地平線まで広がり，牛や羊の群れが点在する．屋敷の中にいる自分と景観とが一体化する瞬間である．“she could see figures moving” は〈知覚動詞の see + 目的語 + ～ing〉という英語の基本構文で，figures は人影や物の姿を意味し，はっきりとは見えないものが動いているのを目にしている状況が述べられている．“she felt the largeness of the world and the manifold wakings of men to labour and endurance" は，ドロシアが，自らの悩みに没入して社会から孤立していることに自ら気づく瞬間が，切り取られた場面である．彼女は，「世界の一部であり，早朝に目覚めて労働し忍耐する多様な人々の一部」であった．最後の文章は，〈neither ～ nor ...〉（～でもなく，... でもない）という意味の構文．it は，"that involuntary, palpitating life" を受けている．任意の意思によってではなく否応なく鼓動し続ける命，心臓のイメージである．そのような休みなく鼓動する生命の一部として，彼女は，屋敷に閉じこもり社会の動向を単なる傍観者としてやり過ごすのではなく，自らの不平不満に埋没することなく，広い社会の一部として，自ら行動しようと決意する．

イギリス BBC は，この小説をドラマ化して放映した．上記の最後の場面でドロシアは屋敷から外を眺めているのだが，彼女は広い屋敷のどこにいるのだろうか．私の記憶が正しければ，それは日本でいう 1 階からのようであった．しかし，物語の展開からは，眠れぬ夜を過ごした彼女は私室のカーテンを開け，その彼女が目にしたのが，早朝から働く貧しい人々の姿であったということだ．屋敷の女主人の私室が 1 階にあるとは考えにくい．そのため，彼女は 2 階以上の上層階から外を眺めているはずだ．中産階級のドロシアと，羊飼いたち労働者階級には明らかに階級差がある．しかし，そのような多様な人々を 1 つの視野に収めて提示したのが，この最後の場面ともいえる．パノラマ小説とも呼ぶべき，社会全体を概観する物語として，この小説が，英文学史上でリアリズム小説の代表作として，その地位を確固たるものとした理由がここにある．

7. ドロシアは賢明になれたのか

彼女は自分が無知であることを理解しているために，当時は女性に許されていなかった古典語を学ぶことで賢明になろうとした．彼女の叔父も夫も明らかにオックスフォード大学やケンブリッジ大学，しばしばこれをまとめてオックスブリッジと呼ばれる，大学の出身者であるから，古典語はもちろん当時の最高学府で学んだが，賢明な人物として描かれてはいない．さらにいえば，前述した場面でドロシアはエゴを克服して，より広い共感を獲得する賢明な認識に達したかに見える．しかし，この小説には「終曲」が付されており，そこに後日談が語られている．それによれば，ドロシアは立派な家柄のお嬢さんであったが，父親ほども年の違う病身の牧師と結婚し，夫が亡くなるとすぐに，夫のまたいとこにあたる，年からいえば亡夫の息子ぐらいの，資産もなく素性もよくない青年と結婚し，そのために手に入るはずの財産も棒にふってしまったと語り継がれたとなっている．そうであるなら，ドロシアの前述した姿はどのような意味があったのだろうか．語り手は次のように読者に語りかける．

But we insignificant people with our daily words and acts are preparing the lives of many Dorotheas, some of which may present a far sadder sacrifice than that of the Dorothea whose story we know.

Her finely-touched spirit had still its fine issues, though they were not widely visible. Her full nature, like that river of which Cyrus broke the strength, spent itself in channels which had no great name on the earth. But the effect of her being on those around her was incalculably diffusive: for the growing good of the world is partly dependent on unhistoric acts; and that things are not so ill with you and me as they might have been, is half owing to the number who lived faithfully a hidden life, and rest in unvisited tombs. (p. 896)

しかし，われわれ平凡人の日常の言葉と行為が，多くのドロシア的女性の生活を準備しつつある．その中には，われわれが知っているドロシアよりもはるかに悲しい犠牲の一生を送るものもあろう．

彼女の繊細な精神は，広く人目につかないとはいえ，微妙な実を結んだ．彼女の豊かな人となりは，ペルシアのキューロス大王によって水をさえぎられた河のように，この地上にはほとんど名をとどめないいくつもの小さな流れとなって終わった．しかし彼女の存在が周囲の者に与えた影響は，数え切れぬほど広く行き渡っている．なぜなら，この世界の善が増大するのは，一部は歴史に記録をとどめない行為によるからである．そして世の中が，お互いにとって，思ったほど悪くないのは，その半ばは，人目につかないところで誠実な一生を送り，死後は訪れる人も

ない墓に眠る人が少なくないからである．（2 巻 446 頁）

文頭の “we insignificant people” とは，「我々取るに足らない名もなき人々」，つまり英雄や偉人のような人物ではなく平凡な人々だ．語り手も読者も含まれている．“many Dorotheas” とは，「多くのドロシアのような人々」，ドロシアはそのような普通の人々の代表として認識されている．“a far sadder sacrifice” は比較級を強めて，ドロシアが体験したよりもはるかに悲しい犠牲という意味．“like that river of which Cyrus broke the strength” は like を用いた直喩と呼ばれる比喩的表現である．ペルシア帝国の創始者であるキューロス大王は，河の流れさえ変えてしまう権力者だ．彼により，河は堰き止められ，変えられて，ほとんど名前も残らない小さな流れとなってしまうのだ．そのような名もない小さな流れは，普通の人々の比喩となっている．“the growing good of the world”（この世界の善が増大する）というのは，そのような無名の名もなき人々の影響が，小さな川の流れのように広く行き渡っているからだ．著名ではないが，誠実な人生を送り，死後は忘れ去られてしまう名もなき人々，つまり我々がそれを担っているというわけだ．

ここで，語り手は何をあえて付け加えているのだろうか．悩み葛藤する人々は，もはや神により救済されるのではなく，むしろドロシアのようなごく普通の人々により救われる．そのような善行を為す人々は偉人や善人として歴史に名を刻むことはむしろ少なく，歴史の中で忘れ去られるものだ．しかしながら，そのような普通の人々により，この社会は住みやすい空間となっていく．つまり，読者である名もなき普通の人々により，この世は良くも悪くもなるのである．広い社会の一員にすぎないとドロシアのような個人の存在を過大視することなく位置付けつつも，その 1 人の存在により相互の生活が変わり，社会全体に影響を及ぼすことができると評価している．そのような平凡な普通の人々の応援歌を，この小説は歌っているのだ．

19 世紀後期は，チャールズ・ダーウィン（Charles Darwin）の『種の起源』（*On the Origin of Species*, 1859）などの影響により，それまでのキリスト教信仰が大きく退潮した時代である．そのような，ある意味で神なき時代に，全知の語り手を用いて，神ではなく人間相互が，助け合えることを語る物語が，『ミドルマーチ――地方生活の研究』ということになる．

第7章

イングリッシュネスもしくは メタ・イングリッシュネス

オースティンの『高慢と偏見』にみる恋愛の表現技法

原田範行

1. 恋愛は言語表現を欲する

恋愛が，時代や場所を問わず，古今東西にわたって，人間の営みに深くかかわり続けてきたことは言うまでもない．それはしばしば，人生の重要な魅力であり，また深刻な嘆きでもあった．形態もさまざまであろう．社会制度としての結婚に帰結することもあれば，そうでないこともある．恋愛によって既存の結婚関係が突き崩される，ということも珍しくない．恋愛と言えば若い男女，といった印象もなくはないが，別に年齢やジェンダーに決まりがあるわけでもない．

文学が人生を描くものである以上，恋愛のこのような諸相が，やはり古今東西にわたって，文学の重要なテーマであり続けてきたことにも不思議はない．文学にもさまざまなジャンルがあるけれども，一編の作品のどこにも恋愛の匂いが感じられないものは，かなり珍しい．恋愛も文学も普遍的なものであるがゆえに，逆にこれらを教養や学問といった看板のもとで語ろうとすると，かえって窮屈な場合がある．大学の授業案内に，「恋愛の表現技法を習得する」などと書けばたちまち修正を求められることになろう．少なくとも今日的な意味での教養や学問に恋愛や文学を閉じ込めれば，かえって無理が生じてしまうのかもしれない．

この恋愛と文学には，人間の営みを根底から支える，ある重要な存在が深くかかわっている．言語だ．恋愛は，常に何らかの言語表現を欲する．一瞬にしてある異性の魅力に取りつかれることを「見初める」と言うが，そもそもこの「見初める」という言葉が存在すること自体，そこには，一瞬の心の動きや動揺を何らかの形で定位しようとする人間の表現欲求がある．何が何だかわからない，というような気持ちは，少なくともそういう言葉で表現してみない限り，自分でもわからないままである．もちろん恋愛は，「見初める」だけでは，通常，終わらない．なんとしてもその気持ちを相手に伝えたい．相手の状況や気持ちを推しはかりつつ，相手も自分に好意を持ってくれるように気づかいながら，言葉を使ってコミュニケーションを取ることになる．恋愛が成立するのは，そういう言語表現の積み重ねによって，当事者同士が少なくとも一定の理解に達したときのことであろう．もっともそうした言語表現の積み重ねにも，いろいろな遺漏が生じざるをえないから，それが顕在化し，恋愛が瞬く間に破局をむかえる，というような場合もある．いずれにしても恋愛は，言語表現に大きく依存しているということになる．言語表現に依拠する文学において，恋愛が常に重要なテーマであり続けた根本的な理由は，実はここにある．恋愛は少なからず文学的なのだ．それは，恋愛に伴う，もろもろの情感や感傷，高揚や苦しみが文学的だという意味ではもちろんない．恋愛は言語的であり，それゆえ文学的だ，という意味においてである．

恋愛が有するこうした文学性は，実はさまざまな言語表現の特質を明らかにするものでもある．今述べたように，恋愛には何らかのコミュニケーションの積み重ねが必要だから，おのずとそこには時間経過が生じることになる．言うまでもなくこれは，言語表現の基本的な性質の1つである．言語表現は，常に時間経過を必要とする．読むにしても聴くにしても書くにしても話すにしても，時間経過とともに言語表現は理解されるものだからだ．音楽とともに文学が時間芸術と称されるのは，こうした事情による．だから文学は，一瞬の恍惚，エクスタシーを単独で描くのを得意としない．常にストーリーを，脈絡を，必要とするのである．その内容が，知的あるいは精神的なものであれ，身体的な感覚についてであれ，そうした表現特性に変わりはない．このあたりについては，拙著「エロティカ狂想曲礼賛」（『英語青年』第153巻第2号，研究社，2007年）や「恋愛・成長・結婚――オースティン『高慢と偏見』」（『世界文学へのいざない』，新曜社，2020年）などをご覧いただければ幸いである．

恋愛という事態には，このほか，周囲からのさまざまな視線も介在していると言えるだろう．友人からの視線，親や親戚，隣近所からの視線もあるだろうし，もう少し広く，社会制度とか慣習といった要素も考えられる．恋愛の帰結が結婚である必要は必ずしもないが，もし結婚に至るとすれば，それなりに社会的認知が必要になってくる．恋愛における言語表現の積み重ねには，こうしたもろもろの視線への配慮や姿勢も映し出されることになる．恋愛が文学的であるのは，文学が，そういう恋愛の全体像を明らかにするのに最も適した表現様式であるからにほかならない．例えば，恋人と愛を語り合っているときや親の厳しいまなざしに抵抗しているときなどに生じる体内環境の変化を生理学的に記述されても，だからといって私たちが恋愛の諸相をより明確に理解できるわけではない．

2. オースティンを原文で読む新しさ

恋愛が言語表現，特に文学と親和性の高いものであることは，前項で述べたとおりだが，その恋愛表現が例えば英語の場合，日本人がそれを英語で読むことと翻訳で読むこととでは，どのような違いがあるのだろうか．先に述べたとおり，恋愛は，古今東西を通じて広く人間に共通した営みでもあるわけだから，言語は違っても内容にはかなりの共通性がある．そうであるとすれば，翻訳，少なくとも優れた翻訳であれば，それで十分ではないかとも思われる．わざわざ母語でない英語の原文を，辞書を引きながら読まずとも，優れた翻訳を読めばことたりる，と言えはしまいか．

19 世紀初頭に活躍したイギリスの女性作家ジェイン・オースティン（Jane Austen, 1775-1817）の『高慢と偏見』を例に考えてみよう．引用する英文は Jane Austen, *Pride and Prejudice*, ed. James Kinsley (Oxford: Oxford UP, 2004) からのもので，引用頁数を本文中に括弧付で示した．訳文は，特にことわりのない限り拙訳による．原作は，イギリス小説を代表する傑作の 1 つで，今日でも多くの読者を魅了してやまない．映画やテレビドラマとなった英語版の脚色作品も少なくない．他方この作品は，日本でもおなじみと言ってよいだろう．現在入手可能な文庫本の翻訳だけでも，阿部知二訳（河出文庫），伊吹知勢訳（講談社文庫），大島一彦訳（中公文庫），小尾芙佐訳（光文社古典新訳文庫），小山太一訳（新潮文庫），富田彬訳（岩波文庫），中野康司訳（ちくま文庫）などがあり，ジョー・ライト（Joe Wright）監督の映画化作品（2005年）は日本でも話題になった．宝塚歌劇団星組によるミュージカル『天使のはしご』（2012年）や望月玲子の漫画『高慢と偏見』（2009年）といった，日本における翻案も少なからずある．夏目漱石の『文学論』（1907年）における優れた作品分析をはじめ，日本語で書かれた解説書や研究書も多い．日本の大学の英語や文学の授業でこの作品が取り上げられることも少なくないが，たいていは日本語で授業が進められるから，特に重要な部分を英語で読む以外，翻訳を携えていれば単位取得にそれほど問題はないし，翻訳でも十分に感動することができる．そうであるならば，この日本において，『高慢と偏見』の原文を苦労して読む意味はどこにあるのだろうか．

繁忙を極める日常生活の合間に，リフレッシュと娯楽を兼ねて『高慢と偏見』を読む，というのであれば，なるほどそれが英語の原書である必要はないかもしれない．だがもし，例えばこの作品を日本の大学で読むとすれば，それが原文である必要はやはり確かにある．もちろん，英語の読解力向上に資するという意味でオースティンの原文が効果を発揮する，ということもあろう．オースティンの英語は，登場人物の微妙な心理のひだを追いつつ，さまざまに交錯する周囲の視線を丹念に描き出しているから，そういう内容をじっくり読み込むことで読解力は確実に向上する．それはそうなのだが，『高慢と偏見』を原書で読むことのより重要な意味は，むしろ次のような点にあると言えよう．すなわち，原作が，いわゆるイングリッシュネス（イングランド的特質）と呼ばれる性質を色濃く有しており，その意味においてこそ，この作品は優れているということ，そしてそういうイングリッシュネスは，まさにイングランド的特質を英語で表現するからこそ見出されるのであって，優れた翻訳をもってしてもなかなか定位しにくい表現内容であり，だからこそ，それを日本で知るということは，私たち日本人にとっては少なからず新しいことでもある，と言えるからだ．

例えば，オースティンの小説には，良かれ悪しかれ，実にさまざまな礼儀作法や慣習が登場する．しかもそれが言語表現という形を取って，である．登場人物の "Miss Bennet" という呼称からしてややこしい．ベネット家には五人の姉妹がいるが，例えば，"Miss Bennet's pleasing manners grew on the good will of Mrs. Hurst and Miss Bingley" (p. 14) のような文の場合，"Miss Bennet" とはいったい誰のことなのか．これは，通常であれば，長女ジェインのことであり，その場にジェインがいなければ，次女エリザベスのことである．ジェインがいるにもかかわらず，エリザベスが “Miss Bennet” と呼ばれることはない．その場合は，“Miss Elizabeth” ないしは “Miss Elizabeth Bennet” ということになる．だからこの引用の場面では，長女ジェインのことを指している．翻訳ではこの辺の事情を割愛して読みやすさを優先することも少なくないが，少なくとも原作では，そういう呼称を大事にする．それがオースティンの作品世界であり，彼女のイングリッシュネスの一側面でもある．エリザベスが最終的に結婚するフィッツウィリアム・ダーシーは，日本では大貴族などと言われることもあるが，厳密に言えば，そういう表現は，原文のどこにもない．ダーシー家は，いわゆる貴族（peerage）ではなく，ジェントリー階級の大領主なのであって，結婚したエリザベスも貴族になったわけではない．

イングリッシュネスについて，次のようなことも言えるだろう．オースティンは，姉カッサンドラに宛てた 1813 年 1 月 29 日付の書簡に，「田園地帯に 3 つか 4 つの家族があれば，それで小説が書ける」と語っていたが，彼女の視野は決してそのような狭い地域に限られたものではなかった．叔母夫妻とともにダービシャーへ旅するエリザベスは，途中，オクスフォード（Oxford），ブレナム（Blenheim），ウォリック（Warwick），ケニルワース（Kenelworth），バーミンガム（Birmingham）といった名所に立ち寄る．オースティンはその詳細について，あっさり，「既によく知られている」からわざわざ書くには及ばないと記しており（p. 183），実際，翻訳で読む限り，読者の多くもそう思ってしまうところだが，本当にそうだろうか．いわゆるピューリタン革命の難を逃れた国王チャールズ 1 世が滞在したこともある大学町オクスフォード，18 世紀初頭のアン女王時代の名将モールバラ伯爵（のち公爵）の本拠地であるブレナム・パレス，中世からの名城ウォリック，そして当時，新興都市として著しく発展しつつあったバーミンガムとくれば，同時代の読者はそこに，イングランドの歴史の反映を感じ取っても不思議はない．ましてやこの旅の延長線上に，ダーシーの邸宅ペムバリーへの訪問が加わるのだから，事は重大である．そういう細部への理解を落としても，『高慢と偏見』は確かに読んで楽しめる．そういう細部の知識は，翻訳でも，注釈があればわかるではないか，今のイギリス人だって，それほど詳しいわけではない，という見方もあろう．だが，原文を読みながら，それぞれの地名の含意とその表現にまつわるもろもろの起伏やひだを汲み取ろうとすることによってはじめて，読者はそれがヒロインの微妙な心理とも響き合っていることに気づくのである．注釈，ましてや原作とは異なる言語による注釈は，たとえそれが誠実な説明であるとしても，作者の声ではない．作者の声を反映しているかも知れないが，反映していないかも知れない．それを判断するためには，原作を読んで作者の声に耳を傾けなければならないはずだ．これが，日本の大学で，『高慢と偏見』を原文で読む重要な意味のひとつである．

そればかりではない．オースティンが作品を執筆していた18世紀末から19世紀初頭にかけて，あるいはその前後に，例えば日本で，これほど自由闊達に，女性とその恋愛を，社会と国のあり方を，描き出していた作家がいたであろうか．オースティンの『高慢と偏見』に大きな影響を受けて執筆されたと言われる近代日本文学の作品に，『真知子』(1928-30) や『虹の花』(1935-36) がある．いずれも作者は野上弥生子だ (野上作品の引用は，すべて岩波書店版『野上弥生子全集』(第II期) による)．野上は，夫の豊一郎がこの作品の翻訳をしているのを助けながら，「原文でその先をざつとよんで」しまう．そして，「長編を書くならこのイキで行かねばならぬ」と思い，自分も「斯う云ふとりあつかひ方で一つ長いものを書いて見度い」と感じたことを日記に記すのである (全集第1巻412頁)．この長編が『真知子』なのだが，野上は，「せめてオースティン位は」と考えていたものの，「今度の長編もとても及びもつかぬ気がする」と告白している (全集第2巻199頁)．自らの感情や判断を重視して恋愛を進め，結婚に至る女性登場人物を描いた点で，『真知子』が『高慢と偏見』に依拠していることはすでに指摘されているとおりだが，エリザベスが，男性たちやその周囲の社会と取り結ぶ関係ののびやかさには到底至らなかったという，野上の忸怩たる思いが表出したものであろう．彼女はそれでもなお，オースティンの『高慢と偏見』を意識しつづけた．『虹の花』は，『真知子』よりもさらに進んで，『高慢と偏見』の翻案というべき作品である．野上は言う．

> 私は若い時分からこの原書［『高慢と偏見』のこと］を愛読してゐた．(中略) 英国の小説や戯曲から好きな女主人公を何人かあげて見よと云はれるならば，このエリザベスをまつ先に択ぶであらう．まことに彼女の知性と，それを裏づけてゐる明朗にしてゆたかな才智と，少しの虚飾もない率直と正義感に結びつけられた溌溂とした情熱に引きつけられないものはないと思ふ．
>
> (全集「翻訳」第4巻303頁)

野上が，恋愛をめぐる女性登場人物のあり方とその描き方について，オースティンの『高慢と偏見』を念頭に置き，自らの作品執筆にきわめて深く関わる形で参考にした，とひとまずは言ってよいであろう．だが，もう一歩踏み込んで考えるならば，昭和初年にあって，野上が作品執筆のモデルにすることのできた日本文学作品はあったであろうか．野上は，写実や人物描写について，オースティンから影響を受けただけではない．夫の豊一郎が『高慢と偏見』の本邦初訳を生み出す傍らにあって，その原文と対峙し，いわば自らの創作理念そのものをこの『高慢と偏見』の「原書」から紡ぎ出して行ったのである．この意味において，野上弥生子の『高慢と偏見』とのかかわりは，たんに受容や翻案といったものではない．それは，日本における再創造と言うべきものであろう．そしてその再創造は，原文が，日本的社会事情や日本の伝統的な人物描写の手法とは著しく異なるからこそ生み出されたものである．原文を通してでなければすくいとることのなかなかできないイングリッシュネス――だからこそ，異文化接触による再創造が生まれえたのである．野上にとって，「原書」で愛読したオースティンの『高慢と偏見』は，まさに新しかったのである．ここに至ってイングリッシュネスは，たんなるイングランド的特質を超えて，メタ・イングリッシュネス（イングリッシュネスを前提としつつも，それを越えた文化的広がり）へと変貌を遂げる．だが本物のメタ・イングリッシュネスは，イングリッシュネスへの確実な理解を前提としなければ生まれてはこない．文学作品の場合，その確実な理解のための出発点であり帰結は，原文の世界にどこまで肉迫できるかにかかっているのである．なお，日本におけるオースティン作品の受容については，岩上はる子氏の「ジェイン・オースティンの受容――明治期から昭和初期にかけて」（『滋賀大学教育学部紀要　人文科学・社会科学』第59号，2009年）が参考になる．

3.『高慢と偏見』における恋愛の表現技法

ここで，『高慢と偏見』における恋愛の表現技法を具体的に見てみよう．何がどう新しく，また原文でなければ理解しにくいのか．

『高慢と偏見』は，ロングボーンというイングランドの田園地帯にある架空の町の牧師であるベネット家の次女エリザベスが，ダービシャーに広大な領地を有する富裕なジェントリーであるダーシーと結ばれるまでの恋愛の紆余曲折を描いた小説である．典型的な美人と言ってよい長女ジェインに対して，やや個性的な顔立ちのエリザベスは，ロングボーンでのある舞踏会の場で，ダーシーとその友人ビングリーのやり取りをうっかり耳にしてしまう．ジェインと踊るビングリーに，「君は，この部屋でただ1人の美人と踊っているね」とささやくダーシーに対して，ビングリーは，「そうだろう！ 今までに見たこともないような美人さ！ でもね，彼女の妹の1人で，君のすぐ後ろに座っている女性がいるだろう．なかなかきれいで，とっても感じのいい人だと思う．姉の方に頼んで君のことを紹介してもらおう」と応える．そう言われてエリザベスをちらっと見たダーシーの返答はこうだった．「まあまあだね．だがこの僕をその気にさせてくれるほどの美人じゃない」．英語では，“She is tolerable; but not handsome enough to tempt *me*” だ（p. 7）．tolerable という形容詞を英語で説明するとすれば bearable, endurable, sufferable などといったところ．そこから転じて moderately good といった意味でも使われるが，いずれにしても，何らかの欠点はあるが，それほど深刻ではない，我慢できる，ということになる．「まあまあ」という訳語は，もちろん妥当ではあるが，この「我慢できる」という含意は曖昧である．他方ダーシーは，エリザベスを handsome でない，とするわけだが，この handsome は，主に姿形が pleasing で impressive な場合に使われる形容詞で，「我慢できる」という，いささか否定的な含意とは対極にある．しかもこの形容詞に enough to tempt *me* という，程度を表す副詞句が付いていて，*me* がイタリック体で強調されている．「この僕を」の「この」は，強調された *me* を訳出するための工夫だが，「この僕を」という日本語は，話者の傲慢さをかなり露骨に示す．ダーシーはなるほど高慢ではあるのだが，この場面で，友人ビングリーに向けて，あえてそのような自慢をしたかったとは限らない．いささか社交下手で変わり者の彼が自嘲気味に発したのが，この *me* でもある．英語のテクストから自然に読み取れるこうした情報のすべてを翻訳に期待するのは，なかなか難しい．

ともあれ，幸か不幸か，このささやきを耳にしてしまったエリザベスのダーシーへの第一印象は決まった．この直後からダーシーは，エリザベスの持つたぐいまれな知性と快活さに強く惹かれるようになるのだが，エリザベスの側の第一印象は長く続き，それが彼女の偏見と誤解につながって行く．当初，オースティンはこの作品のタイトルを “First Impressions” としていたが，それはこのような事情によるものであろう．作品のちょうど中ごろ，相変わらずダーシーへの偏見を抱いたままのエリザベスに，ダーシーは，実に最悪のタイミングで恋を告白するが，彼女がこれをきっぱり斥けたことは言うまでもない．

ところが，賢いエリザベスは，ダーシーとのそれまでのやり取りや彼女を取り巻くさまざまな周囲の状況から，正しいと信じる自分の見方や判断にいささかの疑問を感じてもいた．ダーシーの求愛を躊躇なく斥けた彼女ではあったが，その翌日の朝は，どうにも心が落ち着かない．そこで彼女は散歩に出た．その場面をオースティンは次のように描写する．

She was proceeding directly to her favourite walk, when the recollection of Mr. Darcy's sometimes coming there stopped her, and instead of entering the park, she turned up the lane, which led her farther from the turnpike road. The park paling was still boundary on one side, and she soon passed one of the gates into the ground. (p. 149)

彼女はまっすぐにお気に入りの道を進んだが，ミスター・ダーシーが時々そこへやってくることを思い出して足を止め，パークには入らず，門の前を曲がって小道に入り，有料道路のずっと先まで歩を進めた．片側にはパークの境界の柵がなおも続き，すぐにまたパークの門があったが，ここも彼女は中へ入らず通り過ぎた．

エリザベスは，今，親友シャーロットが結婚して暮らすハンズフォードに滞在している．シャーロットが選んだ夫は，牧師のコリンズ．かつて彼はエリザベスに求婚したこともあったが，コリンズの滑稽なまでの品のなさに辟易していた彼女は，これをやはりきっぱりと拒絶した．コリンズは，エリザベスの父ベネットの遠縁にあたり，男子のいないベネットの牧師館の相続人にもなっていたのだが，そういう事情には一切お構いなく，である．このコリンズの後見人となっていたのが裕福なキャサリン・ド・バーグ夫人で，コリンズの牧師館のそばにあった彼女の大きな屋敷の庭園が，ここではパークと表現されている．ダーシーは，実はこのキャサリン・ド・バーグ夫人の甥にあたり，彼が叔母を訪ねていた関係で，エリザベスは，彼と頻繁に会うことになったというわけである．

さて，ダーシーの愛の告白を拒絶した翌朝，散歩に出たエリザベスは，美しいパークに入ろうとしつつも，そこで “turn up” し，パークの柵に沿って長く続く “the lane” を進んでいく．ダーシーの領域には入ろうとはしないのである．入ろうとはしないのだが，どうも気になって仕方がない．ダーシーの心の中をうかがうかのように門がまたある．でも，どうしても入れない．“boundary” は，実際にも，また心の中にも，存在していた．エリザベスの微妙な心理と響き合う情景描写が，簡潔な筆致で進んで行く．ところで，いささか情趣を削ぐような「有料道路」とは，いったい何なのだろう．なぜ，ここでわざわざ「有料道路」などが登場しているのか．“turnpike road” は，文字どおり，「有料道路」には違いないし，翻訳ではそう訳さざるをえないのだが，もともとは，馬の乗り入れを制限した道のことであった．それが，国内の道路整備が進んで各地への馬車の旅がしやすくなった 18 世紀後半から 19 世紀になると，むしろ逆に，馬車旅行を促す「有料道路」へと変化したのである．“turnpike road” が整備されたからこそ，エリザベスは，先に触れたようなダービシャーへの旅行もできたというわけだ．つまり，この “turnpike road” には，制限と自由にかかわる両義性が含意として宿っているのである．エリザベスは，小道の片側になお，ダーシーの領域との “boundary” となる柵を認めつつも，他方で，彼女の歩むその小道は，国内各所に，つまり，人生のあらゆる可能な選択肢にたどりつくことのできる新しい “turnpike road” に接続してもいるということになるのである．否，彼女はその “turnpike road” をはるかに越えて歩を進めていたのであるから，運命はすでに回り始めていたと言ってもよいだろう．

実際，次の瞬間，彼女の歩く小道に，ダーシーが突然，姿を現す．彼女は小道を引き返そうとするものの，もう間に合わない．オースティンはこの場面を，次のように記している．

> He [Mr. Darcy] had by that time reached it [the gate] also, and holding out a letter, which she instinctively took, said with a look of haughty composure, ‘I have been walking in the grove some time in the hope of meeting you. Will you do me the honour of reading that letter?’—

And then, with a light bow turned again into the plantation, and was soon out of sight. (pp. 149-50)

ダーシーはすでに門の所まで来ていて，一通の手紙を差し出し，エリザベスがそれをつい受け取ってしまうと，横柄な落ち着き払った表情で言った，「しばらく散歩していたのです，お会いしたいと思って．その手紙をお読みいただけますか？」――それから，ちょっとお辞儀をして，また植込みの中へ入って行き，すぐに見えなくなった．

訳文は，できる限り，原文の流れと句読法に沿っているから，ダーシーが門の所に達していることと，エリザベスに語りかけることとが一文にまとめられ，その間に，手紙を差し出しエリザベスがそれを受け取るという分詞句の内容が巧みに挿入されている．ダーシーの言葉も，「散歩していた」ことと「思って」いたことの順番は原文どおりである．それはそれでよい．だが，「横柄な落ち着き払った表情で」はどうにもならない．haughty という形容詞は composure を修飾しているのだが，この訳文ではどうしても「表情」を修飾しているように感じられてしまう．「横柄」なのは，「表情」ではなく「落ち着き」のほうなのだ．a look of haughty composure という表現は，of 以下の形容詞句が a look という名詞を修飾しているのだが，「形容詞＋名詞」ほど，その形容詞（句）が名詞を強く支配するわけではない．名詞と，その属性を表す形容詞の間に，一種の間というか，緩衝材が入るわけだが，それを日本語で的確に表現することには困難が伴う．さらに言えば，ダーシーの会話の訳文も，原文の流れに沿う形で「お会いしたいと思って」と付加的で，やや打ち解けた表現にしてあるが，原文はそうではない．きっちりとしたセンテンスである．しかし，そうであるからと言って，ここをもし，「お会いしたいと願って，しばらく散歩していたのです」とすると，これもまた，ダーシーの感情表現が強くなりすぎて原文の含意を損ねてしまいかねない．語順によって示される感情の起伏を正確に理解するには，それが繊細であればあるほど，原文を読む必要が出てくるのである．ましてやこの場面には，しかるべき身分の男女は婚約前に手紙を直接やり取りしてはならない，という当時の社会通念がかかわってもいる．だからダーシーは，エリザベスの名誉を傷つけないようにする意味もあってそそくさと立ち去ったのだ．こうした社会通念自体は，英語でも日本語でも，説明されればわかる．現代のイギリスの読者でも，こうした当時の社会通念をよく理解していることはむしろ稀であろう．だが，こうした社会通念を知れば知るほど，「横柄な」表情と「横柄な」落ち着きとでは，表現している内容に大きな差を感じてしまうのではあるまいか．

さて，このダーシーの手紙を契機に，エリザベスはそれまでの自らの偏見に基づく多くの誤解に気づき，ダーシーへの見方がまったく変わることになる．この重大な変化は，日本でも，オースティンファンにはおなじみであろう．エリザベスは，ダーシーの手紙を何度も読み直す．到底，一回だけでは頭に入りきらないし，理解もおぼつかないからだ．自己の偏見や誤解に気づき，それを根本的に改めて行く場面とは，およそこのようなものであろう．誤りに瞬間的に気づく，ということもないわけではない．だが，その誤りが自らの生き方に深く根ざしたものであればあるほど，その全体像を理解して自らを矯正するのには時間がかかる．『高慢と偏見』に描かれた恋愛が，登場人物の成長でもあると捉えられるのはまさにこうした時間的推移によるものである．それは言語的であり，文学的であるのだ．“First Impressions” という，この作品に付された最初のタイトルは，それゆえ，非言語的で非文学的な，瞬間に左右された恋愛と浅薄な人生への，痛烈な皮肉でもあったと言えよう．

ちなみに，ダーシーがエリザベスに手渡したこの長文の手紙には，ある 1 つの文体的な特徴がある．前半部分，すなわち，ダーシーが，ジェインの恋愛観を見誤り，ビングリーにジェインとの恋を断念させたという経緯を説明した箇所には，ダッシュがきわめて多く使われているのに対して，後半部分，すなわち，かつてはエリザベスも親しくしていたウィッカムがダーシーの父から受けた恩を忘れ，それのみならずダーシーの妹ジョージアナを悪辣な方法で誘惑して駆け落ち事件まで引き起こしたというくだりには，それがほとんど見られない，という点だ．前者は，エリザベスの指摘を意識し，ダーシーなりに事態を冷静に把握しようと努め，やがて気づいた自らの誤解に対して慎重に反省の弁を述べるという内容だが，ダッシュは，そうしたダーシーの様々な角度からの自己分析や苦渋の心情を効果的に表現するために使われている．例えば，次のような文がそれだ．

—If, in the explanation of them which is due to myself, I am under the necessity of relating feelings which may be offensive to your's, I can only say that I am sorry. (p. 151)

—— もし，私自身のためのこの説明において，私があなたの感情を害するような自分の気持ちを述べなければならないとしたら，申し訳ありませんというばかりです．

ダーシーの手紙の前半部に頻出するダッシュは，語句を並列させて比較対照させたり，文末に余韻を残したりするような通常のダッシュの用法とは異なり，上記のように，しばしば文頭に使われる．しかも If で始まるセンテンスが少なくない．音読の場合であればこの部分は一種の休止となり，次の発話のための逡巡や準備，決意の表現となろう．それは訳文でもある程度は表現できる．ただ，一般に，if で始まる条件節は，主節との関係で，「もし～」とすると日本語としては逆にわかりにくく冗長になってしまう場合が少なくない．翻訳では「もし」を省略してしまうこともある．そもそもダーシーは，言いよどみながら記しているわけだから，条件節も主節も複雑にならざるをえない．だが，「もし」を省略してしまうと，繰り返し現れるこの，「ダッシュ＋if」に込められた含意は，いささか損なわれてしまうのではないか．これに対して手紙の後半部は，エリザベスが知らずにいたウィッカムの過去の悪行を，ダーシーが直情的に述べたものであるから，ダッシュによる休止をはさむ必要はない．手紙の記述は一気に進んでいる．かくしてダーシーが有する二種類の感情の起伏が，一通の手紙に凝縮されているわけだが，特に前半部に頻出するダッシュは，ダーシーもまた，エリザベスとの関係において，苦しみつつも自らの高慢と偏見に気づき，それを改めて行こうとする姿そのものと言える．彼もまた，恋愛表現のうちに，自らの成長を明らかにしているのだ．ふだんは偉そうなダーシーのダッシュに込められた苦悩 —— これもまたオースティンが原文において記した巧みな恋愛表現の1つと言えよう．

もう1つ，オースティンのこうした恋愛の表現技法の特質に触れておきたい．恋愛においては，それが長く続くものであれ，短い期間にとどまるものであれ，当事者は，一種，魔法にかかったような感触を持つ，ということは一般に認められよう．そうであるとすれば，その魔法のような感触を効果的に描くことは，文学における恋愛表現の要点の1つとなる．例えば，19世紀半ばのイギリスの代表的作家であるブロンテ三姉妹の長女シャーロット・ブロンテ（Charlotte Brontë）は，主人公の1人称の語りによってそれを描いた．『ジェイン・エア』（*Jane Eyre*, 1847年）である．ヒロインが紆余曲折の末に恋人ロチェスターと結ばれたことを読者に高らかに示すこの作品の一文も“Reader, I married him”という明快な1人称で記されている．実はこのシャーロット・ブロンテは，生前，文筆家の友人ジョージ・ヘンリー・ルイス（George Henry Lewes）に宛てた1848年1月12日付の書簡で，オースティンの『高慢と偏見』に言及し，その人物描写における情動の弱さを厳しく批判している．ヒロインの魂の軌跡を自伝的に1人称で語り尽くしたブロンテにしてみれば，ヒロインのエリザベスに対してさえも客観的距離を置きながら描くオースティンの筆致に，ある種の退屈さを覚えたのであろう（B. C. Southam, ed., *Jane Austen; The Critical Heritage* (London: Routledge, 1968) p. 256を参照）．『高慢と偏見』の主人公エリザベスを自身の作品のヒロインとしては最も好んでいたとされるオースティンだが，それでもなお彼女は，エリザベスの1人称語りというスタイルを取らなかった．作品冒頭の第1章に至っては，エリザベスが登場することさえない．オースティンは，エリザベスの心理に寄り添いつつ，しかし彼女に対してさえも客観的距離を置く3人称の語りによって，この作品を仕上げたのである．オースティンの恋愛表現の特質の1つはここにある．

言うまでもなく，1人称の語りは，語り手でもある主人公の心の揺れがそのまま表現される．作品に対する読者の好悪は，その語り手にして主人公である人物への好悪と直接的に結びつくことになると言ってもよいだろう．これに対して，3人称の語りの場合，語り手は，登場人物の言動を差配するいわば神の眼を持つことになるから，読者は，その語り手をある程度信用して作品を読み進めることになる．作品への評価は，主人公への好悪もさることながら，神としての語り手が登場人物をどのように差配しているか，その差配の巧拙によることになる．

もっとも，オースティンの『高慢と偏見』の語り手は，必ずしもそのような神の眼を持つ権威者としての語り手ではなかった．エリザベスを突き放しつつも，これに寄り添うかと思えば，彼女とシャーロットが繰り広げる結婚談議に，エリザベス寄りの結論を与えることもない（第1巻第6章などを参照）．『高慢と偏見』の語り手は，『ジェイン・エア』のジェインのように情熱的なヒロインの心情を自身のものとして主体的に描くのではなく，恋愛という事態の生起とその行方を，すばやく視点を切り替えつつさまざまな角度から描き出し，神のような裁断を下すことなく，多様な現実の中にそれを溶け込ませているのである．だから，『高慢と偏見』の語りには，さまざまな視点と含意が複雑に，そして見事に織り込まれている．優れた翻訳であっても，このあたりの表現内容を伝えるのはなかなか難しい．語順が違うだけで，感情の起伏にも視点の移動にも，おのずとずれが生じてくるからだ．

次の一節は，『高慢と偏見』の有名な書き出しの部分である．先に述べたとおり，この第１章に，エリザベスは登場しない．以下の引用の後には，ロングボーンに引っ越して来たビングリーをめぐるベネット夫妻の日常的な会話が繰り広げられることになる．

It is a truth universally acknowledged, that a single man in possession of a good fortune, must be in want of a wife.

However little known the feelings or views of such a man may be on his first entering a neighborhood, this truth is so well fixed in the minds of surrounding families, that he is considered as the rightful property of some one or other of their daughters. (p. 1)

独身男でかなりの財産の持ち主であれば妻を求めているにちがいない，というのは広く世に認められた真理である．

そういう男が初めて近所へ引っ越してくると，彼の気持ちや考えなどはどうであれ，この真理が近所の家族にはしっかりと根づいているから，この男はさながら，娘たちの誰かの正当な財産と見なされることになる．

“a truth universally acknowledged” といういささか大げさな冒頭の一文は，この後に続くベネット夫人の，なんとしても娘をそういう独身男と結婚させたいという願望への皮肉とも取れるが，しかし，ジェインがビングリーと，そしてエリザベスがダーシーと結婚するという作品の結末を考えれば，あながち皮肉とばかりは言えない．そして第２段落──「近所へ」と訳した瞬間，この訳文は，近所の側，すなわちベネット家の視点になってしまうのだが，原文には，“neighborhood” の前に不定冠詞が付いている．別にベネット家の近所というわけではない．独身男の側から見れば，どこか，誰かの近所と言うべき場所へ引っ越すとなると，という意味だ．オースティンは，そのどちらとも言ってはいない．ともあれ，そういう場所に引っ越すと，この独身男は，自分の気持ちや考えなどはほとんど知られていないにもかかわらず，周囲の人々から，“property” と見なされてしまう，というのである．このいささかややこしい説明をすべて含んでいるのがオースティンの原文である．“property” の訳も難しい．既訳でも「婿」（中公文庫訳）とか「ものになる」（光文社文庫）とか「旦那さん」（岩波文庫訳）とか，少なくとも日本語の語感からすればだいぶ差のある訳語があてられている．結婚に財産継承の問題がまとわりついていることは，ある意味でこの作品の主題でもあるのだが，この “property” は，「婿」でもあり「もの」でもあり，また「旦那さん」でもあって，しかしそのいずれか1つであるわけではない．オースティンの語りに込められた多様性は，このような場面においてもやはり原文でないとわからない．だからオースティンの恋愛表現は魅力的なのである．

4. オースティン作品を英語で読むこと ── 教養の英語とは何か

先に触れたとおり，ジェイン・オースティンの『高慢と偏見』は，同じく傑出した恋愛表現とされるシャーロット・ブロンテの『ジェイン・エア』としばしば対比されてきた．イギリスでは，「どちらがイギリス小説の女王か── オースティン vs. ブロンテ」（Jane Austen v Emily Brontë: who's the queen of English literature?”（https://www.theguardian.com/books/2014/feb/28/jane-austen-v-emily-bronte-queen-english-literature を参照））などといった公開討論会が主要メディアの主催によって多くの聴衆を集めて開かれたりすることもある．英語によるこうした討論は，両作品を原文で確実に理解している限り，日本の大学の教室でも，決して実現不可能なことではない．否，筆者の経験では，英語によるこうした討論は日本でもかなり白熱する．恋愛というテーマが，学生にとっても教員にとっても身近でかつ普遍的なものであり，準備といえば，単純明快，作品を精読して理解することだけだからである．

このような授業が，もし，今日の日本の大学から姿を消しつつあるとすれば，それはかなり深刻な事態と言えるのではないか．英語力向上という観点からも，本格的な異文化理解という観点からも，言語表現一般にかかわる思考力，運用力，表現力を育むといった観点からも，そして，豊かで幸福な人生のあり方を考える人間力をつける，といった観点からも，である．こうした能力の総体を指すものとしての教養は，なるほど，その全体像を捉えにくく，分化された「専門」としばしば対置され，教育内容から除外されることも少なくないが，それはたんに，総合力としての教養を，教養を失いかけた現代人が扱いかねていることの表れと言えるのではないだろうか．

『高慢と偏見』に見られる恋愛の表現技法から，そのイングリッシュネスを経てメタ・イングリッシュネスへと至る堅実な英文理解は，もちろんそれだけでは，総合力としての教養を速成するものではない．否，教養とは，総合力であるがゆえに，速成できる性質のものではないだろう．だが，人間についても，社会についても，また生活様式についても，想定外とされることさえある程度想定できる強靭な想像力と，そのための緻密な思索が，21 世紀以降の新たな人間社会に求められているとすれば，そこには，分化された「専門」を糾合できるような総合力としての教養が，どうしても必要になるはずである．オースティン作品を原文で読むことが，そうした教養を涵養するプロセスの 1 つとして位置づけられるものであることは間違いない．

第8章

エリザベス・ボウエンの「私が出会った最も忘れがたい人」

米山優子

1. エリザベス・ボウエンとサラ・バリー

エリザベス・ボウエン（Elizabeth Bowen, 1899-1973）は，アイルランドで生まれながら，土着のアイルランド人とは一線を画する複雑なアイデンティティーを持ちつづけた小説家である．ボウエンの先祖は，「ピューリタン革命」で1649年に国王チャールズ1世を処刑した議会派の首領オリヴァー・クロムウェル（Oliver Cromwell, 1599-1658）の忠臣であった．クロムウェルのアイルランド征服に随従し，その武勲への報償として与えられたアイルランド南部のコーク州（County Cork）の領地を拠点にして，ボウエン一族はアイルランド支配の一翼を担ってきた．ボウエンはその末裔であり，自分がアングロ・アイリッシュ（Anglo-Irish，イギリス系アイルランド人）の伝統に連なることを生涯誇りとした．

ボウエンは，ヨーロッパ各地を舞台に2つの世界大戦を生き抜く人々が登場する小説や，アイルランドを題材にした小説など，数多くの長編や短編を残している．自らの出自と重なるアングロ・アイリッシュの物語には，イギリス人が支配者としてアイルランド各地に所有した広大な屋敷ビッグ・ハウス（Big House）をテーマとする作品も含まれている．晩年の長編小説『エヴァ・トラウト』（*Eva Trout, or Changing Scenes*, 1968）は，英語圏で最も名誉ある文学賞の1つ，ブッカー賞（The Booker Prize）の最終候補作に選ばれた．そのほか，

『最後の九月』（*The Last September*, 1929），『パリの家』（*The House in Paris*, 1935），『日ざかり』（*The Heat of the Day*, 1949），『愛の世界』（*The World of Love*, 1955），『リトル・ガールズ』（*The Little Girls*, 1964）など代表作のほとんどは，主に太田良子氏の翻訳で読むことができる．作品のテーマや背景については，エリザベス・ボウエン研究会による論集『エリザベス・ボウエンを読む』（音羽書房鶴見書店，2016）や，『エリザベス・ボウエン――二十世紀の深部をとらえる文学』（彩流社，2020）などを参考にしてほしい．

ボウエンの父はボウエン家の第6代当主であったが，法廷弁護士として裁判所の開廷期間は首都ダブリンで仕事をしていた．ボウエン家がコーク州で代々受け継いできた屋敷は「ボウエンズ・コート」（Bowen's Court）と呼ばれ，幼いボウエンもダブリンとコークの家を行き来する生活を送った．ボウエンが7歳のときに，父が過労で心を病み，ボウエンは母と共にイングランドの親類を頼ってアイルランドを離れた．父が快復して3人の暮らしが再開されたのは，ボウエンが12歳になってからであったが，まもなく母が病死した．

ボウエンは，上記の小説のほかにも自伝的作品をいくつか著している．一族の歴史を末裔の視点からたどった『ボウエンズ・コート』（*Bowen's Court*, 1942），7歳までの両親との日々を綴った『七たびの冬――ダブリンの幼き日の思い出』（*Seven Winters: Memories of a Dublin Childhood*, 1943），晩年に作家としての自己形成について語った『挿絵と会話』（*Pictures and Conversations*, 1975）である．どの作品も淡々とした文章でありながら，登場人物の内面が投影された肖像画のような描写が印象的である．

本章で取り上げる「私が出会った最も忘れがたい人」（'The Most Unforgettable Character I've Met', 1944）は，長年ボウエン家のメイドであったサラ・バリー（Sarah Barry）への追憶の小品である．これはサラの略伝とも言える随筆で，ボウエン自身の伝記ではないが，生涯にわたるサラへの強い思慕を通してボウエンの人物像も浮き彫りになっている．以下の節では，「私が出会った最も忘れがたい人」から，サラの人となりを伝える場面や，サラとボウエンの心のつながりを感じさせる場面を紹介する．ボウエンにとってサラがどのような存在であったのか，またボウエンがサラをどのように心の支えとしてきたのか，英語らしい表現に注目しながら読み解いていく．ボウエンの文章は分詞構文や関係詞節の継続用法（非制限用法）を多用した長文が多く，構造が複雑で難しい．しかし，この随筆は比較的読みやすい文章で書かれている．一般的にあまり知られていないアングロ・アイリッシュの生活と，その家庭を支えたアイルランド人女性の生涯を味わってみよう．なお，引用する英文は Elizabeth Bowen, 'The Most Unforgettable Character I've Met', in Hermione Lee, ed., *The Mulberry Tree: Writings of Elizabeth Bowen* (London: Vintage, 1999) からのもので，引用頁数を本文中に括弧付で示す．日本語訳文は拙訳を用いる．

2. 旦那様との強い絆

サラは，ボウエンの祖父の代に奉公人としてボウエンズ・コートへやってきたアイルランド人である．60 年以上もの間，ボウエン家の 3 代の当主に仕えてきたサラは，一家の盛衰を間近で見つめ，それぞれの時代の当主に心を寄せてきた．"Tall and heavy, bearded, genially ruddy but with rather cold blue eyes"（背が高く，どっしりとした体格で，あごひげを蓄え，優しそうな赤ら顔ではあったが，どちらかと言えば冷淡な青い瞳）の持ち主として描かれる祖父は，19 世紀のアングロ・アイリッシュの領主の典型であった（p. 255）．当時，アングロ・アイリッシュの領主は絶大な支配力を行使し，アイルランド人にとって恐怖と憎悪を抱く存在であった．コーク州に隣接するサラの故郷ティペラリー州（County Tipperary）は，ボウエン家の管理下に置かれていた．地元住民に対して，祖父は "just"（公平）でありながら "hard"（厳しく），"choleric, dynamic and overbearing"（怒りっぽくて，活力に満ち，高圧的）であったという（p. 254）．そのような家長とボウエンズ・コートの新入りの使用人は，不思議と親密な間柄であった．2 人の出会いの場面では，ボウエンから見た主従関係が次のように語られる．

When Sarah, then Sarah Cartey, first arrived at Bowen's Court, County Cork, she was a girl of fourteen. She left her home in County Tipperary to become a kitchenmaid in my grandfather's house. Taking her place in the trap beside her new Master, she had set out one morning upon the fifty-mile drive. She did not know when, if ever, she would see home again. Ireland looks so small from the outside, it is hard to realize how big the distances feel: for the simple people, each county might be a different continent—and way back in the last century this was even more so. Young Sarah, face set towards County Cork, might have been driving off into Peru. Mr Bowen, towering beside her in his greatcoat, and keeping his horse along at a saving trot, was for her the one tie between the old and the new—she already knew him by sight, and by awesome name, for the Master owned large estates in both counties, and drove to and fro weekly between the two. It was on the return from one of these trips that he was bringing back with him Sarah Cartey. (p. 254)

サラは，サラ・カーティーとして初めてボウエンズ・コートへやってきた当時，14 歳の少女だった．サラはティペラリー州の実家を離れ，私の祖父の屋敷で台所の使用人になった．二輪の軽馬車で新しい旦那様の横に座り，ある朝サラは 55 マイルの旅に出発した．サラは，そんなことがあるとしても，いつ実家に戻ってこられるのかわからなかった．アイルランドは外の世界から見れば非常に狭くて，どんなに距離感があるか実感するのは難しい．庶民にとって，それぞれの州は別の大陸だったかもしれない──しかも前世紀の話であれば，なお一層遠く感じられただろう．幼いサラはコーク州の方を向き，ペルーを目指して去っていったのかもしれない．ボウエン様は，サラの横で厚地のコートに上背のある身を包み，馬をずっと速歩で走らせていたが，サラにとってはなじみのあるものと新しいものとをつなぐ一つの存在であった──サラは，これまでにボウエン様の姿も，畏れ多い名前も知っていた，というのは，旦那様は両方の州に広大な地所を所有しており，どちらへも週に一度馬車で行き来していたからである．旦那様がサラ・カーティーを連れて屋敷へ戻るのは，このような外出の，ある帰り道であった．

Cartey は，結婚する前のサラの旧姓である．この引用に登場するのはサラとボウエンの祖父だけだが，祖父は “my grandfather”，“her new Master”，“Mr Bowen”，“the Master” と複数の名詞で言い換えられている．自分の主人となる初対面の紳士と実家を後にして，約 80km の道程を 2 人きりで進む少女は，どんなに心細く，不安であったことだろう．“She did not know when, if ever, she would see home again.”（サラは，そんなことがあるとしても，いつ実家に戻ってこられるのかわからなかった.）という文には，幼くしてアングロ・アイリッシュの屋敷に住み込みで働く少女の気持ちが写しとられている．

“Ireland looks so small from the outside, it is hard to realize how big the distances feel”（アイルランドは外の世界から見れば非常に狭くて，どんなに距離感があるか実感するのは難しい.）と続く文では，“so small from the outside” の後に that を補うと so ～ that ... 構文が見えてくる．この文は現在形で書かれており，ボウエンが執筆時に小国アイルランドをどのように捉えていたかがうかがえる．ボウエンはアングロ・アイリッシュの側から，小さな共同体で暮らす一介のアイルランド人の庶民の気持ちを代弁している．サラの境遇には，アングロ・アイリッシュという支配者との関係がにじみ出ている．

“Young Sarah, face set towards County Cork, might have been driving off into Peru.”（幼いサラはコーク州の方を向き，ペルーを目指して去っていったのかもしれない.）という文では，過去の出来事に対する現在の推量を助動詞と完了形で表している．当時のサラの心を読みとったボウエンは，might の後に完了形を続けて「ひょっとして～だったかもしれない」という表現を選び，サラが奉公先へ出立した日の覚悟が，南半球という別世界へ旅立つほどの気概であっただろうと推し量っている．ここには実際の距離だけではなく，親元を離れるという心理的な距離感も表れているようである．

“for the Master owned large estates in both counties”（というのは，旦那様は両方の州に広大な地所を所有しており）の接続詞 for は，前文の理由を補足している．bccausc との違いは，because の節は主文の前にも後にも置けるが，for の節は文の後半にしか置くことができないという点である．この節にも述べられているように，ティペラリーとコークを行き来する旦那様は，サラにとって，これまで暮らしていたティペラリーという “the old”（なじみのあるもの）と，これから暮らしていくコークという “the new”（新しいもの）とのつなぎ役を体現していた．最後の一文の “It was on the return from one of these trips that he was bringing back with him Sarah Cartey.”（旦那様がサラ・カーティーを連れて屋敷へ戻るのは，このような外出の，ある帰り道であった.）は，〈It ～ that ...〉の強調構文である．

ボウエンズ・コートとサラのかかわりを祖父との出会いから語りはじめたボ

ウエンは，祖父とサラという立場も年齢も性別も異なる 2 人に内在する共通点を挙げている．

Few loved him, but he was a big gun.

But so, in her way, was Sarah. From the first, it seems, they recognized this in each other, which was the reason why they got on so well. Driving along that day, she sat fearlessly upright. When he spoke she answered, cheerfully and forthright. The tears that kept pricking her violet-blue eyes were blinked back: she did not let one fall. At home, her mother and all the neighbours had told her she was a lucky girl, to get such a start—legends of Bowen's Court grandeur were current in Tipperary. So she kept her chin high, as befitted a lucky girl. If this were life, she was going to live it well. It was in the dusk, at the end of the day-long journey, that Sarah saw Bowen's Court for the first time. (p. 255)

旦那様を慕う者はほとんどいなかったが，旦那様は大物であった．

しかし，サラもサラなりに大物であった．最初から 2 人はこのことをお互いにわかっていたようで，それが 2 人の折り合いが非常によかった理由であった．その日の旅路で，サラは恐れを抱かずに背筋を伸ばして座っていた．旦那様が話しかけると，サラは明るく率直に答えた．すみれ色を帯びた青い瞳にずっと突き上げてくる涙は，まばたいて抑えられた．サラは一粒も涙をこぼさなかった．実家では，サラの母や隣人は皆，こんな門出をするとは幸運な女の子だとサラに言っていた──ボウエンズ・コートの威光の言い伝えは，ティペラリーでもよく知られていた．それでサラは，ずっと元気よく顔を上げていた，幸運な女の子にふさわしいように．これが人生なら，サラはよい人生を送ることになっていた．サラが初めてボウエンズ・コートを目にしたのは，夕暮れどきの，1 日がかりの長い旅路の果てであった．

"Few loved him, but he was a big gun."（旦那様を慕う者はほとんどいなかった

が，旦那様は大物であった.）という文の few は，「ほとんど〜ない」という否定的な意味を表し，嫌われ者ではあってもなお有力者であることは確かだったという事実を強調している．“But so, in her way, was Sarah.”（しかし，サラもサラなりに大物であった.）という文では，so の後に「動詞＋主語」という倒置の形が続き，「主語もまた〜」という意味を表す．so の後に，通常の「主語＋動詞」の語順が続くと，前文の内容を受けて「そのとおりだ」という強い肯定を意味するので，区別する必要がある．“fearlessly upright”, “cheerfully and forthright” など，初めてことばを交わす相手に物怖じせず，はきはきと受け答えする様子は，サラの芯の強さをうかがわせる．“she kept her chin high” という部分は，「元気よくふるまった」という慣用句としても，字句どおりに「うつむかずに顔を上げたままでいた」という意味としても解釈できるだろう．幸運だと言いきかせて娘を送り出した母は，そのことばで娘と自らを慰めたのかもしれない．母の本音を知ってか知らずか，弱みを見せまいとするサラの方も，旦那様に劣らず大物であった．

これは後年，ボウエンがサラから聞かされた思い出話だが，昔を懐かしむサラの外見について，ボウエンは次のように述べている．

When Sarah, as an old woman, told me this story, she looked at me with eyes that had never changed. Their character and their colour were set off by jet-black lashes. Laughing and ageless, these were the most perfect Irish eyes in the world. They were, I suppose, strictly her only beauty—though Sarah was as comely as you could wish. Her complexion kept into old age its vivid bloom. Her hair, curling generously round her forehead, lost no vitality as it turned white—in youth it was, like her vigorous eyebrows, dark. She was short and, since I remember her, broad and stout: she must have been thickset even as a young girl. (p. 255)

サラが年老いてから私にこの話をしたとき，サラは変わらぬ瞳で私を見つめた．その特徴と色は，漆黒のまつ毛で引き立っていた．笑みを湛えて年齢を感じさせない瞳は，この世で最も申し分のないアイルランド

人の瞳だった．瞳は，実にサラの唯一の美点だったと思う ── サラは望めば望みたいだけ器量よしだったのだが．サラの肌は年老いても生き生きとした色つやを保っていた．サラの髪の毛は，額の周りにたっぷりとカールしていて，白髪になっても生気を失わなかった ── 若かったころは，その力強い眉毛同様に黒かった．サラは背が低く，私が物心ついてから思い浮かべる姿は，肩幅が広くて丈夫だった．サラは少女のころもきっとずんぐりしていたに違いない．

ボウエンは，サラの身体的特徴をケルト系のアイルランド人の典型として描いている．第 2 文の “their”，第 3 文の “these”，第 4 文の “they” が指すのは，第 1 文で言及される “eyes” であり，第 3 文の分詞構文の主語も主文と同じである．助動詞と完了形による推量表現について前述したが，ここにも同じ形が使われている．“she must have been thickset even as a young girl.”（サラは少女のころもきっとずんぐりしていたに違いない.）という文で，ボウエンは記憶に基づいて自分が知らないサラの少女時代の姿を想像し，must の後に完了形を続けて「～であったに違いない」と推測している．

3. ティペラリーへの望郷の念

器量も気立てもよい働き者だったサラは，その後，ボウエン家と縁のあるバリー家の息子パトリックと結婚した．バリー家はコーク州の伝統ある家柄で，一族はボウエン家の地所に居住する使用人として信頼されていた．サラは当時としては晩婚だったが，パトリックは “tall and distinguished-looking”（背が高く，気品のある容姿）で，“he was upright in character as he was in build”（体格と同様に性格もまっすぐ）であり，皆が祝福する幸せな結婚であった（p. 258)．この “upright” という単語に見覚えがないだろうか．サラがボウエンズ・コートにやってきた初日の場面で，馬を御する旦那様の隣のサラの様子も “upright” と表現されている．ここでの “upright” も「姿勢のよい」という体位を指す意味と，「正直な」という人柄を指す意味を兼ね合わせて用いられている．

気骨のあるサラは，ティペラリーを離れても故郷の魂を失わなかった．ただ，幼い息子パディを遺して夫パトリックが早逝したとき，その気持ちは揺れ動いた.

Then, while Paddy was still a small boy, Patrick took sick and died. I do not know how she faced out her desolation: she to whom so many had turned could now only turn to herself. Sarah was never meek; there was always a touch of fire about her goodness. Her whole being cried out against this loss. In the end she triumphed; she did not let it warp her. Only, as I grew old enough to be able to read her eyes, I could see behind their gaiety an eternal wound. (pp. 259-260)

パディがまだ坊やだったころ，パトリックは病に倒れて亡くなった．サラがどうやって寂しさを耐え忍んだのか，私にはわからない．非常に多くの人々が頼りにしてきたサラは，今や自分自身を頼ることしかできなかった．サラは決して意気地なしではなかった．サラの善良さには，いつも燃えるような熱意があった．サラは全身でこの喪失に抗っていた．最終的にサラは勝利した．サラは，その喪失で自分を曲げようとはしなかった．ようやく，私はサラの眼差しを読みとれるくらい大人になって初めて，その陽気な眼差しの陰に永遠の痛手があるのがわかった．

逆境に屈することなく，サラは自ら道を切り拓いた．“she to whom so many had turned could now only turn to herself.”（非常に多くの人々が頼りにしてきたサラは，今や自分自身を頼ることしかできなかった．）という文は，“She could only turn to herself.” という文と “So many (people) had turned to her” という 2 つの文が関係代名詞で結ばれたものである．“turn to ～” は，「～に救いを求める」，「～に頼る」という意味を表し，関係代名詞が導く節の最後の “turned” は whom に先行する to につながる．関係代名詞が前置詞の目的語になるとき，that 以外の関係代名詞の場合は，関係代名詞の前にも後にも前置詞を置くことができる．that の場合と，副詞や前置詞と動詞が一体になった群動詞の場合は，前置詞を前に置くことはできないので，注意しなければならない．

ボウエンは，サラが必死に強靭な精神を保ちつづけた様子を “Her whole being cried out against this loss.”（サラは全身でこの喪失に抗っていた．）と言い表している．この “being” は，human being「人間」の being と同様に「生存」，「生命」を意味する．また，自分も齢を重ねてサラの心の深みに触れられるようになったときのことは，“Only, as I grew old enough to be able to read her eyes, I could see behind their gaiety an eternal wound.”（ようやく，私はサラの眼差しを読みとれるくらい大人になって初めて，その陽気な眼差しの陰に永遠の痛手があるのがわかった.）と回想している．ここでの only は，「～して初めて」，「やっと～したばかり」という意味である．息子を連れてティペラリーへ戻ることも考えたサラだったが，ボウエンズ・コートにとってサラは欠かせない存在だった．

ボウエンは，夫アラン・キャメロン（Alan Cameron）がオックスフォード市の教育長に就任するとオックスフォードに住み，知的な文学仲間と知り合う機会を得た．その後，BBC の学校放送中央委員会委員長となった夫とロンドンに移り，多くの文化人と交流を深めた．イングランドとアイルランドを行き来する作家生活は，信頼する使用人たちにボウエンズ・コートを任せられたからこそ送ることができたのである．求められるままに，サラはボウエン家を支えつづけた．

4. 安らぎと救いを求めて

子どもの眼から見たサラは，どのような使用人だったのだろうか．本節ではまず，ボウエンがボウエンズ・コートで過ごした幼年時代を振り返って，サラの存在感の大きさを述べた文章を追ってみよう．

To escape downstairs to the laundry where Sarah worked became my dominating idea. Happiness stays, for me, about thc warm smell of soapsuds. I remember her short strong arms red from the heat of water, and the hilarious energy with which she turned the wringer—as though this were some private game of her own. Under her hand, the iron sped effortlessly over the steaming linen. I suppose all children delight in seeing a thing well done—the craftsman is their ideal grown up.

(p. 258)

サラが仕事をしている階下の洗濯場へ逃げ込むという発想で，私の頭の中はいっぱいになった．幸せとは，私にとって石鹸水の温かい匂いのするところにあるものである．私は，お湯の熱で赤くなったサラの短い腕と，脱水機で絞るときのはしゃぐような力強さを思い出す — まるで，これがサラだけの秘密のゲームであるかのようだった．サラの手にかかると，アイロンは湯気を立てているリネンの上を楽々と素早く滑った．子どもは皆，出来栄えのよいものを見ると大喜びすると思う — 職人は子どもの理想の大人なのだ．

"a thing well done"（出来栄えのよいもの）を生み出す職人は，"their ideal grown-up."（子どもの理想の大人）であるとボウエンは言う．サラという「理想の大人」のいるところは，ボウエンにとって安らぎをもたらす場所であった．少女のころに憧れたサラの職人技は，大人になって迎えた人生の節目にもボウエンを励ました．父を看取った朝のことである．

When my father died, at the end of weeks of illness that had been agonizing for him and for all of us, it was to her that I turned. Leaving his room, when it was over, I found the staircase full of spring evening light and Sarah standing there looking up, waiting for me. We sat down side by side on the stairs, and she put her arms round me—as she had not done since the day when she whispered to me about her 'little parcel'. 'The poor Master …' she said. Her memories of my father, reaching back, made his life complete. *I* had only known my father as my father. But she, as we sat there, saw the red-headed school boy, the anxious young head of the house, the proud bridegroom, the lonely man fighting breakdown for many years. Her sense of his triumphant dignity as a human being passed, without a word spoken, from her to me. It was she, a few hours later, who did the last work for him—'You must come and see him,' she said proudly, 'He looks lovely.' She took me to see—he did. Her fingers had fluted the linen over his body into a marble-like pattern, a work of art. (p. 261)

父が亡くなったとき，父にとっても私たち皆にとっても大きな苦しみだった闘病生活が数週間続いた末のこと，サラこそ私が頼りにした人だった．父の部屋を出て，その苦しみが終わったときに，私は階段に春の宵の光が満ちあふれていて，そこにサラが立ったまま私を見上げて待っているのに気づいた．私たちは並んで階段に腰掛け，サラは私に腕を回した──私に「ささやかな小包」のことをささやいた日以来，サラがそんな風にしたことはなかった．「お気の毒な旦那様 ...」とサラは言った．父にまつわるサラの思い出は昔にさかのぼり，父の一生を完結させた．私は父を父としてしか知らなかった．しかしサラは，私たちがそこに腰掛けている間，赤毛の学童，一家の不安げな若き当主，誇り高き花婿，心身の衰弱と長年闘う孤独な男を見ていた．1 人の人間として勝ち得た父の尊厳をサラが感じていることは，一言も交わさなくても私に伝わった．数時間後，父に最後のお務めをしたのはサラだった──「ぜひ旦那様に会いにいらして下さいな」とサラは得意げに言った，「ご立派ですよ.」サラは私を連れて行って会わせた──父はそのとおりだった．サラの指は，父の遺体に掛けられたリネンに縦の溝でひだを作り，大理石のような模様を付けて芸術品に仕上げていた．

前節で言及した “turn to ～” が，“it was to her that I turned.”（サラこそ私が頼りにした人だった.）という文にも見られる．これは，形式主語 it が導く強調構文である．元の文は “I turned to her.” であり，to her が強調されていることを理解しよう．ここからも，ボウエンとサラが主人と使用人という関係を超えた間柄であることが改めて読みとれる．“she put her arms round me—as she had not done since the day when she whispered to me about her ‘little parcel’.”（サラは私に腕を回した──私に「ささやかな小包」のことをささやいた日以来，サラがそんな風にしたことはなかった.）という一節は，これに先立ってサラが子どもを授かったことをボウエンに告げる場面と関連している．サラは母親になることを望みながらも，なかなか子どもに恵まれなかった．これは現代でも非常に繊細な配慮が求められる問題だが，当時の周りの大人たちが心配したように，幼いボウエンも気にしていたという．

She herself never ceased to believe that God would see to the matter—and so He did. I shall never forget the morning when Sarah called me to her in a particular tone. I could feel at once that something was in the air. She put her arms close round me; her dear breath tickled my ear as she whispered, 'Now here *is* a secret for you—God is going to send me a little parcel!' (p. 259)

サラ自身は神様がその件を取り計らって下さるだろうと信じるのを止めなかった──そして神様はそうなさった．私は，サラが特別な口調で，来るように私を呼んだ朝のことを忘れないだろう．私はすぐに何かの気配を感じた．サラは，腕を私にぴったりと回した．サラがささやくと，愛情のこもった息が私の耳をくすぐった．「ねえ，これは絶対にあなたとの秘密よ──神様がささやかな小包を送って下さることになったの！」

"God" と，その代名詞である "He" が大文字で始まっていることに注目してほしい．ここでは特に，キリスト教の「神」，「創造主」を指す．"and so He did." (そして神様はそうなさった．) の "did" は，前半の "God would see to the matter" の動詞 "would see" の繰り返しを避けた言い換えである．サラが信じつづけたように，神様はサラが母親になることを現実に取り計らって下さった．サラの人生の中で，これは最も大切な喜びの瞬間の1つであった．そのときと同じくらい重要で悲しい瞬間が，サラにとって2代目の旦那様の死であった．夫を失ったときの悲しみに匹敵する喪失感だったかもしれない．ボウエンは，自分に寄り添うサラの腕の温もりと感触で，サラが看取りの気持ちを共有し，それを自分と同じくらい深く受けとめていることを悟った．普段の仕事ぶりと同じように丁寧に手際よく，心をこめて遺体を美しく整えたサラの腕前に，ボウエンはどれほど救われたことだろう．

最初の引用の第6文で "*I*" がイタリックになっているのは，父の一生の様々な局面を知るサラに引き換え，自分の方は父親としての顔しか知らないという対比を強調するためである．続く第8文の "Her sense of his triumphant dignity as a human being passed, without a word spoken, from her to me." (1人の人間として勝ち得た父の尊厳をサラが感じていることは，一言も交わさなくても私に伝わった.）では，“passed ... from her to me” のつながりを意識しよう．“It was she, a few hours later, who did the last work for him”（数時間後，父に最後のお務めをしたのはサラだった）という文は，これまでも出てきた強調構文だが，ここでは強調する部分が that の代わりに who で導かれている．“‘He looks lovely.’ She took me to see—he did.”（「ご立派ですよ.」サラは私を連れて行って会わせた──父はそのとおりだった.）の “did” は，サラのことば “looks” の言い換えである．せりふとしては現在形だが，事実として叙述する際には過去形に置き換えられている．次の文には，flute が動詞として用いられている．*Longman Dictionary of Contemporary English* New ed.（1991, p. 479）では，“to make long thin inward curves in (something) as a decoration, esp. [especially] parallel curves along the whole length of a pillar” と定義されており，ここでは「装飾用の細長い溝を作る」という意味になる．かつて洗濯室で幼いボウエンが幸せを感じたサラの鮮やかな熟練技は，このときもボウエンの心に染み入る瞬間を演出した.

5. ボウエンズ・コートとの別れ

「私が出会った最も忘れがたい人」は，手稿では「ティペラリーの女」（‘Tipperary Woman’）と「サラ・バリー」（‘Sarah Barry’）という題名が付けられている.「ティペラリーの女」ということばは，以下の本文にも使われており，「私が出会った最も忘れがたい人」よりも印象的な響きを持っているように思われるが，どうだろうか.

サラが 60 年以上も勤め上げたボウエンズ・コートを去る日が来たのは，腫瘍の放射線治療のためにダブリンの病院に入院した春のことだった．“Sarah, now nearing eighty, left Bowen’s Court in the spirit in which she arrived there at fourteen—chin up, heart high, ready for what might come.”（p. 263）（サラはもう 80 歳近くになっていたが，14 歳でボウエンズ・コートへやってきたときの気持ちで屋敷を発った──元気よく，胸を張り，今後への心構えができていた.）とボウエンズ・コートへやってきた場面を彷彿とさせる気丈なサラは，手稿の原題「ティペラリーの女」にふさわしい．それでも，常々健康体であったサラは腫瘍に苛まれていることを息子になかなか告げられなかった．治療を決意して出発する前夜，ボウエンズ・コートと共に歩んできたサラの人生に多くの仲間が花を添えた．

The evening before she started, friends from far and near came in to bid her Godspeed. Sarah, the Tipperary woman who had always kept her heart a little detached, had to realize how well County Cork loved her. Even those who only knew her by sight, driving her donkey trap up the hill to Mass on Sundays, sent good wishes. Everyone, shyly, promised Sarah their prayers. (pp. 263-264)

旅立ちの前夜，遠方からも近隣からも友人たちがやってきて，道中の安全を願った．サラは常日頃，本心では少し距離を置いてきたティペラリー州の女だったが，コーク州の人々がどんなに自分を愛しているか悟るべきであった．サラが毎週日曜日に二輪のロバの軽馬車で丘の上まで礼拝へ行くのを見かけたことがあるだけの人でさえも，無事を願った．皆はにかみながら，サラのためにお祈りするのを約束した．

コークの名家に長年忠義を尽くしてきても，サラが故郷ティペラリーに寄せる心情は誰にも負けなかった．しかし，自分を励ましたい一心で駆けつけた住民に囲まれて，サラはコークの地縁社会と強く結びついてきた人生に感慨を覚えたことだろう．“had always kept her heart a little detached”（本心では少し距離を置いてきた）という部分で過去完了形が用いられているのは，過去形で述べられた出発の日以前の，コークの地に来て以来の日々を表しているためである．大勢の人々に激励されるまでは，ボウエン家の使用人であることに誇りを覚えながらも，コークに寄り添う気持ちが希薄であったという時系列を過去完了形で示している．

盛大に見送られたサラは，息子パディに付き添われてダブリンへ向かった．首都への訪問も前向きに受け止め，サラはすべてを満喫しようとした．これから受ける治療への不安は，車内での親子水入らずの豪勢なお茶会と，懐かしい故郷の風景と，物珍しい人物観察で紛らわされた．ダブリンへの移動中，つかの間の夢のような時間を過ごしたサラは，入院先の病棟でも明るい人気者だった．相変わらず少女のような若々しい容貌で，毎日見舞いに訪れるボウエンとたわいない話をした．容態については決して触れなかったが，クリスマスプレゼントに何が欲しいか尋ねられると，新しいドレスを仕立てる布地を挙げ，“a nice little clever pattern; not too bold”（p. 264）（素敵な細かい，気の利いている派手過ぎない柄）を頼んだ．しかし，皆が楽観的にサラの一時帰省を計画しようとしていた矢先に，サラの心臓は力尽きた．所望した布地のドレスを身につけることはなかった．

It was now, at last, that she realized her wish to return forever Tipperary. As she had asked her son, she was buried there. Her funeral drove past the farms and gates and hedges whose picture had always been in her heart. Through Paddy's mind, as he followed, ran all those Tipperary stories she had told him over their fire in County Cork.

(p. 264)

ティペラリーへ永久に戻りたいというサラの願いが叶ったのは，遂にこのときであった．息子に頼んでおいたとおり，サラはその地へ埋葬された．サラの葬列は，常にサラが心の内にその光景を思い描いていた数々の農場や門扉や生け垣の前を通り過ぎた．後に続くパディの心中には，コーク州の居宅の暖炉越しに母が語って聞かせたティペラリーのすべての話が去来した．

故郷に思いを馳せてきた母のことばを 1 つひとつかみしめながら，今パディは母の心象風景と同じ景色を眺めている．この英文は過去形と過去完了形に注意して，時間の流れをつかみながら読んでほしい．日本語訳では過去形と過去完了形が区別されていないが，原文で読むからこそ出来事の前後関係がより明確にわかることになる．

6. ボウエンズ・コートと共に

サラの死後，ボウエンズ・コートはどうなったのだろうか．サラはかつて，ボウエンズ・コートの敷地の一画で息子と一緒に暮らしていた．「私が出会った最も忘れがたい人」は，ひっそりとしたボウエンズ・コートの描写で始まる．サラの生涯を振り返る物語が，ボウエンズ・コートのたたずまいからひも解かれるのは象徴的である．

A great cold grey stone house, with rows upon rows of windows, ringed round with silence, approached by grass-grown avenues—has life forever turned aside from this place? So the stranger might ask today, approaching my family home in Ireland. It is miles from anywhere you have ever heard of; it is backed by woods with mountains behind them; in front, it stares over empty fields. Generations have lived out their lives and died here. But now—everybody has gone away? (p. 254)

広大な，冷たい灰色の石造りで，窓の列が幾重にも続き，静寂に取り囲まれ，草茂る並木道に通じている屋敷──この場所は永久に暮らしを遠ざけてきたのだろうか．今日，アイルランドの私の実家に近づく見知らぬ人は，そう尋ねるかもしれない．そこは，今までに聞いたことのあるどんな場所からも相当離れている．屋敷は，山々を背にした森の裏手にある．正面には，何もない草原を見据えている．何世代もここで生活し，息を引きとってきた．しかし今は──皆いなくなってしまったのだろうか．

具体的な描写を読んで，私たちはその場所に立ち尽くしているような感覚に襲われる．屋敷を眼前にした「見知らぬ人」は，読者自身でもある．ここでは現在完了形時制が続いており，“has life forever turned aside from this place?”（この場所は永久に暮らしを遠ざけてきたのだろうか．）と，“Generations have lived out their lives and died here.”（何世代もここで生活し，息を引きとってきた．）という2つの文は，アングロ・アイリッシュの支配の隆盛と衰退を経てきた屋敷の運命を表している．“It is miles from anywhere you have ever heard of”（そこは，今までに聞いたことのあるどんな場所からも相当離れている．）という文では，“miles” が「かなりの距離」を意味しており，屋敷の建っている場所がこれまでの経験の中でもとりわけ隔絶したところであることを示している．上掲した引用の最後の問いに続くのが以下の文章である．

> No: not quite. A low wing runs out at the back of the house, and from its chimney you see, winter and summer, a plume of wood-smoke rising against the trees. And through one window, as dusk falls, the glow of firelight welcomes you. This fire never goes out; it is Sarah Barry's—or was Sarah Barry's until last spring, when she died. Since then, her son Paddy keeps it alight: he sits beside it in his chair, looking across at hers. (p. 254)
>
> ---
>
> いや，すっかりいなくなったわけではない．屋敷の裏に低い翼壁が伸びていて，その煙突からは，冬も夏も薪を焚く煙が木々を背に立ち上っているのが見える．そしてある窓からは，夕闇の迫るころ，明かりの輝きが出迎えてくれる．この灯火が消えることはない．それはサラ・バリーのだ──つまり昨春，亡くなるまではサラ・バリーのだった．それ以来，息子のパディが明かりを灯している．パディは明かりのそばの椅子に腰掛けて，向かいのサラの椅子を見つめている．

この引用の時制が，現在であることに着目しよう．サラのいなくなったボウエンズ・コートに，今ささやかな息吹を注いでいるのはパディである．父の死でボウエン家最後の当主となったボウエンは，1959 年に経済的な理由からボウエンズ・コートを売却するまでその所有者であった．「私が出会った最も忘れがたい人」が発表されたのは，1944 年である．広大な屋敷の維持費は長年にわたって財政を圧迫し，第二次世界大戦後の不況も加わって，遂にボウエンはボウエンズ・コートを手放す決心をする．買い手は隣人の農場主で，母屋に居住して厩舎もそのまま利用するつもりだという話であった．しかし計画は白紙となり，売却の翌年にボウエンズ・コートは解体された．ボウエンにとってその衝撃は計り知れないものであり，心の傷が癒されることはなかった．

ボウエンは，本稿のはじめに言及した『ボウエンズ・コート』の最初の章を「ボウエンズ・コート」と題し，建物だけではなく敷地全体の様子を現在形で詳細に説明している．『ボウエンズ・コート』の初版が出版された 1943 年には，現在時制での述懐は自然な選択と言えるだろう．しかしボウエンズ・コートの解体後，1964 年に改訂版を出版するときも，ボウエンは時制を過去形にはしなかった．“I want Bowen’s Court to be taken as existing, and to be seen as clearly as possible.”（ボウエンズ・コートを存在しているものとして，できる限り鮮やかに捉えてもらいたい．）と，ボウエンは『ボウエンズ・コート』で述べているが（*Bowen’s Court & Seven Winters: Memories of a Dublin Childhood* (London: Virago, 1984, p. 32)，その初版時の願いは改訂版にも引き継がれた．

ボウエンズ・コートは，1920 年前後のアイルランド独立戦争で近隣のビッグ・ハウスが次々と焼き討ちにあった際も生き延びた．ボウエンの父は，そのころイタリアにいたボウエンに，次は自分たちの番かもしれないから覚悟しておくようにと手紙を書き送ったが，幸いこれは杞憂に終わった．その理由についてボウエンは，ボウエンの父が地元住民の間で “the reputation of being a just, as well as a gentle, man”（『ボウエンズ・コート』p. 440）（優しいだけではなく公平な人物だという定評）があったからだと伝え聞いてきたという．「公平である」という性質は，前述したボウエンの祖父とも重なる一面だが，「厳しい」祖父とは対照的に，父は「優しい」人柄であった．

2 つの世界大戦の戦火も免れたボウエンズ・コートだったが，ボウエンは数々の困難を乗り越えてきた屋敷の末路を “It was a clean end. Bowen’s Court never lived to be a ruin.”（『ボウエンズ・コート』p. 459）（きれいな結末だった．ボウエンズ・コートが廃墟になるまで生きながらえることはなかったのだ．）と簡潔に述べている．そして，次のように『ボウエンズ・コート』を締めくくっている．

Loss has not been entire. When I think of Bowen’s Court, there it is. … Knowing, as you now do, that the house is no longer there, you may wonder why I have left my opening chapter, the room-to-room description of Bowen's Court, in the present tense. I can only say that *I* saw no reason to transpose it into the past. There is a sort of perpetuity about livingness, and it is part of the character of Bowen's Court to be, in sometimes its silent way, very much alive.

(『ボウエンズ・コート』p. 459)

喪失は全体に及んだわけではない．私がボウエンズ・コートを思うとき，屋敷はそこに存在している．（中略）世間ではもうそこに屋敷がないと知られているので，私がなぜ冒頭の章でボウエンズ・コートの部屋ごとの描写を現在形のままにしたのだろうと不思議に思うかもしれない．私には，現在形を過去形に言い換える理由が見つからなかったと言うことしかできない．現存しているということには不滅のようなところがあり，ときには表立たずに生彩に満ちあふれていることが，ボウエンズ・コートの特質の要なのである．

ボウエンがこのように感じるのは，屋敷に今もサラの存在感が息づいているためであろう．最後の文の "part" は，「～の一部」ではなく「～の主要な部分」，「～に不可欠な資質」を表している．

ボウエンの心の中に永遠に生きつづけるボウエンズ・コートは，サラの人生が刻まれた大切な場所である．サラの面影が宿るボウエンズ・コートこそ，ボウエンの原点と言ってよいだろう．ボウエン一族の最後の3代が生きた証として，ボウエンズ・コートにサラの存在は不可欠なのである．サラのような芯の強い明るい働き者は，私たちの身近でも誰かを支えている．ボウエンを献身的に支えつづけたサラ・バリーは，ボウエンが生涯で最も頼りにした友人であり，最も深く理解してくれた母親のような存在であり，最も忘れがたい最愛のティペラリーの女である．あなたがこれまでに出会った中で，最も忘れがたい人は誰だろうか．

第9章

イギリス小説の今昔物語
貸本の時代から電子書籍まで

井石哲也

1. 「小説」発祥の国イギリス

現代において，もっとも身近な文学ジャンルの1つとなっている小説（フィクション）には，18世紀はじめのイギリスにおいて，この時代に登場した文芸雑誌に掲載されるエッセイとともに流行し，その後急速に発達していった歴史がある．政治，宗教，社会問題などを取り上げ，論じる手段として，詩あるいは演劇が中心であった時代から，散文が中心となる時代への移行は，当時の人々の生活環境にも変化をもたらすことになった．日常生活における読書は，その典型といえる．

本章では，はじめに18世紀における小説流行の様子とその背景をたどるために，当時の演劇作品を取り上げ，次に19世紀から現代までの膨大なイギリス小説の名作の中から，特に物語のなかに登場人物の読書（習慣）の様子が興味深い形で描かれている作品2編を中心に精読する．各作品の時代背景にも留意しながら，物語を原文の英語で読むことの楽しみを実感していただきたいと思う．

2. 18世紀イギリス小説と「貸本屋」の流行

話のはじまりは，18世紀前半のイギリス．ダニエル・デフォー（Daniel Defoe, 1660–1730）の冒険物語『ロビンソン・クルーソー』（*Robinson Crusoe*, 1719）や，ジョナサン・スウィフト（Jonathan Swift, 1667–1745）の奇想天外な航海記『ガリヴァー旅行記』（*Gulliver's Travels*, 1726）などが出版され，詩が文学の中心的存在であった時代から，散文で書かれたフィクションが流行し始めた時代のことである．商業の発達，繁栄によって豊かになっていた中流階級の人々を中心に，常識，良識，道徳が美徳とされ，「読書」が推奨されるべき趣味，たしなみとして普及し始めていた．しかし，この時代には，まだ「本」は大変高価で，貴族や上流階級以外の人々にとっては容易に入手しがたい商品であった．18世紀における小説本の値段は，巻数や装丁などにも左右されるが，たとえば，『ロビンソン・クルーソー』は5シリングで，これは当時の労働者階級の週賃金以上に相当する価格であった．

そういうわけで，1740年頃から流行した「貸本屋（circulating library）」は，大衆にとって重要な情報の流通拠点となっていた．個人での書籍の購入が難しかった時代，小説一冊が数ペンスで借りられるシステムがうけて貸本屋は急成長し，世紀末にはイギリス国内で千軒以上を数えた．これは小さな町や村にも必ず一軒は貸本屋が存在するといわれるほどの普及，定着ぶりと考えられる．また道路の舗装，運河，鉄道，馬車のスピード化などの交通網の発達が，地方の書店とロンドンの書籍商との取引を活性化し，貸本屋へ本を届ける全国規模の出版流通ネットワークが構築されたことも貸本屋発展の大きな要因である．

情報の流通拠点としての貸本屋は，18世紀後半にはヘンリー・マッケンジー（Henry Mackenzie, 1745–1831）の『感情の人』（*The Man of Feeling*, 1771）に代表される，失恋などの感傷的なエピソードを連ねる「センチメンタル小説」や，ホレス・ウォルポール（Horace Walpole, 1717–97）の『オトラント城』（*The Castle of Otranto*, 1764）のように，亡霊の出没する城，墓地，廃墟などを舞台に，空想や超自然の世界を描く「ゴシック小説」と呼ばれる一種の怪奇小説の流行を象徴的に反映した点でも興味深い．

3. 小説読書は悪徳？ ── シェリダンの劇『恋がたき』(1775)

庶民の読書を強力に後押しする貸本屋の蔵書の約3分の2が小説であったことを知れば，特に18世紀の後半期に，いかに小説というジャンルに人気が集まっていたかを容易に想像できるだろう．しかし詩や雑誌のエッセイ，道徳を説く「説教集」，あるいはシェイクスピアの劇などの古典的文学作品と比較すると，小説はしょせん，作り物（フィクション）に過ぎず，ときに非現実的にみえる大げさな事件や物語の不自然な進行は，特に若い人々の健全な教育のためには不向き，あるいは有害との見方があり，過小評価されていたことも事実であった．そのような時代性をよく反映しているのが，1775年に上演され，大ヒットとなった，アイルランド出身の作家リチャード・ブリンズリー・シェリダン（Richard Brinsley Sheridan, 1751-1816）の『恋がたき』（*The Rivals*）という喜劇である．ダブリン生まれのシェリダンは『恋がたき』を第一作として文筆生活を続けるが，やがて劇場経営や政治にも参加し，1780年には下院議員となる．温泉保養地バースで出会ったイライザ・リンリーという女性とパリへ駆け落ちし，彼自身の劇の内容さながら，彼女を狙う男と2度決闘をしている．18世紀にはまだ決闘が行われていたのであった．

『恋がたき』は18世紀に温泉都市として有名であったイングランド西部のバースという，現在はユネスコの世界遺産都市に登録されている地を舞台とする喜劇である．主人公のリディア・ラングイッシュ（Lydia Languish）は女中のルーシー（Lucy）を貸本屋に使いに出し，流行のゴシック小説を手に入れ読みふけっては，ロマンティックな恋愛に憧れ，理想の結婚を夢見る．その彼女に，ビヴァリー（Beveriey）という名の男に変装して近づく下士官ジャック（Jack）．リディアは，後見人マラプロップ夫人（Mrs Malaprop）の反対を押し切ってジャックと駆け落ちを計画しようとする．そのような状況下，ジャックの父サー・アンソニー・アブソリュート（Sir Anthony Absolute）が現れ，息子キャプテン・ジャックに縁談を持ちかけるが，その実，縁談の相手はリディアであった．このリディアをめぐって，もう1人の求婚者サー・ルシウス・オトリガー（Sir Lucius O'Trigger）というアイルランド人が，ビヴァリー（=ジャック）に決闘を申し込むことになる．劇は，これら2組の男女の恋愛模様が，当時の世相を反映した痛快な風刺とともに，コミカルに描かれる．そして紆余曲折の末に，ジャックとリディアはめでたく結婚にいたる．

当時，貸本屋を利用した読書が人々の生活に浸透していた状況は，この劇では，以下のように描かれている．劇の最初の部分，ロマンス指向の女性リディア・ラングウッシュのもとに，メイドのルーシーが貸本屋へのお使いから戻ってくる場面を読んでみよう．なお，引用する英文は，Richard Brinsley Sheridan, *The Rivals*, in *The Dramatic Works of Richard Brinsley Sheridan*. 2 vols.（Oxford: Clarendon Press, 1973）の第1巻からのもので，引用頁数を本文中に括弧付で示した．訳文は拙訳による．

Lydia. —Well, child, what have you brought me ?

Lucy. Oh! here, ma'am. [Taking books from, under her cloke, and from her pockets.] This is "*The Gordian Knot*"—and this "*Peregrine Pickle*." Here are "*The Tears of Sensibility*" and "*Humphry Clinker*." This is "*The Memoirs of a Lady of Quality*, written by herself"—and here the second volume of "*The Sentimental Journey*." (p. 80)

リディア： おまえ，今日は何を借りてきたの？

ルーシー： ほら，お嬢様．（コートの下や，ポケットから本を取り出して）これが『難題』（不詳）で，次は『ペレグリン・ピクル』（Tobias Smollett, 1751）．こちらは『感性の涙』（Baculard D'Arnaud', 英訳 1773）と『ハンフリー・クリンカー』（Smollett, 1771）です．それから，『身分あるレディ，自筆の回想録』（不詳）と，『センチメンタル・ジャーニー』（Laurence Sterne, 1768）の第2巻でございます．

The Gordian Knot（ゴルディオスの結び目）とは，フリジアの王ゴルディオス（Gordius）が作った結び目を解くことのできた者がアジアの支配者となるというので，アレクサンダー大王（Alexander the Great）はこれを解かず，剣で断ち切ったという伝説から，「難問」の意味となった語である．続く場面では，訪問者の気配を感じたリディアが，あわてて次のようにルーシーに命じる．

Lydia. Here, my dear Lucy, hide these books.—Quick, quick!—Fling *Peregrine Pickle* under the toilet—throw *Roderick Random* into the closet—put *The Innocent Adultery* into *The Whole Duty of Man*—thrust *Lord Aimworth* under the sopha—cram Ovid behind the bolster—there—put *The Man of Feeling* into your pocket—so, so, now lay *Mrs. Chapone* in sight, and leave *Fordyce's Sermons* open on the table. (p. 84)

リディア： さあルーシー，ここにある本を隠してちょうだい．早く，急いで！『ペレグリン・ピクル』は化粧台の下へ，『ロデリック・ランダム』（同左，1748）は戸棚の中に，『無垢な密通』（Paul Scarron．英訳1722）は『人間の義務』（Richard Allestree，1659）の中に挟むのよ．『エイムワース卿の生涯』（Dorinda Catsby 他，1773）はソファーの下，『恋の技法（恋愛詩）』（伝オウィディウス，紀元前40年頃の英訳）はクッションのうしろに詰め込んで，『感情の男』（Henry Mackenzie，1771）はあなたのポケットの中に入れるのよ．それがすんだら『シャポーン夫人』（不詳，1773）を目のつくところに置いて，『フォーダイスの説教集』（James Fordyce，1765）は開いてテーブルの上に置くのよ．

本を隠す場所として，toilet（古い意味・用法で「化粧台」の意味），closet（戸棚），sofa（ソファー），bolster（背もたれにするクッション）の単語が連続する．またput ~ into（挟み込む），in sight（見えるところに），leave ~ open（開いた状態で）とリディアが指示しているのが，ここでのおもしろみである．ルーシーが借りてきたのはすべて，ちまたで話題の小説であり，人の気配を感じたリディアは，すぐにそれらを隠すようにルーシーに命じている．他人の目に触れてもよいのは，若い女性のためのマナー本や，道徳的な説教集というわけである．この場面は，流行の「センチメンタル小説」や「ゴシック小説」を読んでいることをとにかく隠して，道徳的な書物を読んでいることを装う必要があったという当時の風潮を示す好例である．加えて，同じ幕場で，貸本屋は「邪悪な知識の常緑樹」（a circulating library in a town is an ever-green tree of diabolical knowledge!）（p. 85）と呼ばれ，揶揄されているが，その存在は，時代感覚を敏感にとらえるバロメーターでもあった.

またこの劇には，言語コミュニケーションの視点からみて，大変興味深い特徴を持つ人物が登場しており，作品をオリジナルの英文で読むおもしろみを提供してくれる．それが，前述のリディアの叔母，マラプロップ夫人である.

マラプロップ夫人は多分におせっかいな性格で，会話の中で，やたらと難しい言葉や気の利いた表現を使おうとする，いわゆる衒学的（pedantic）な性質の持ち主でもあるのだが，実際は，しょっちゅう言い間違いをするというお馬鹿なキャラが観客や読者を楽しませる．夫人の名前は，もともとフランス語の「不適当」や「見当違い」を意味する “mal à propos” に由来するもので，シェリダンのこの芝居が大ヒットしたため，英語に malapropism という語が取り入れられたという経緯がある．また辞書の定義としては，「言葉の滑稽な誤用，特にある言葉をほかの似ている言葉と間違えること」（OED）の意味で，文学用語としても広く知られるようになった．それでは，夫人の誤用例を取り上げて，正用は何かを考えてみよう.

まずは，マラプロップ夫人が，キャプテン・アブソリュートとの会話の中で，彼の父親であるサー・アンソニーについて，以下のようなほめ言葉を口にする.

(1) He is the very *pineapple* of politeness (p. 109)
（彼はまさに礼儀正しさのパイナップルですわ）

英語が母語でないと，こう聞いても，頭に疑問符が浮かんで首をかしげるところだろうが，ネイティブスピーカーなら，すぐに笑いに変わるはずである．正しくは，He is the very *pinnacle* of politeness（彼はまさに礼儀正しさの*極地*ですわ）と言いたかったのだと気づくからだ.

次の例は，マラプロップ夫人が，サー・アンソニーに娘の教育方針を説明している場面である（文中の she は自分の娘のこと）.

(2) But above all, Sir Anthony, she should be *mistress* of *orthodoxy*, that she might not misspell and mispronounce words so shamefully as girls usually do, and likewise that she might *reprehend* the true meaning of that she is saying. (p. 86)
（しかし，なによりもですね，アンソニーさん，うちの娘は，若い女性たちがよくやるように，つづりや発音をひどく恥ずかしい形で間違うことがないような，そしてまた，自分が言っていることの本当の意味をとがめることができるような，信念のある女性であるべきですわ.）

1行目の mistress (of) ～ には「～が大変上手な女性」の意味がある．続く orthodoxy は「正統派的信念，慣行」といった意味だが，そのあとに，「若い女性たちがよくやるように，つづりや発音をひどく恥ずかしい形で間違うことがないように」自分の娘を教育しないといけないと言っている．つまり，この部分は，「信念」の意味ではなく，orthodoxy は orthography（正字法，正当な綴り字法の意味）の言い間違いであることに気づかされるのである．さらにそのあと，reprehend（とがめる）が問題点だと気づく．これは apprehend（意味をとらえる)，あるいは comprehend（理解する）の言い間違いで，正しくは「自分が言っていることの本当の意味を理解できるように」ということになる．マラプロップ夫人がいう「正字法」の重要性が，自身の言動の現実と矛盾しているところにおかしさを覚える一節でもある．

最後の例は，夫人が，自分が大切に思っている，サー・ルシウス・オトリガーの悪口を言う，姪のリディアに向かって，こう言い放つ場面である．

(3) You have no more feeling than one of the Derbyshire *putrefactions*! (p. 137)

（あなたには，ダービシャーの腐敗くらいの感情しかないんだから）

Derbyshire（ダービシャー）は，イングランドの東ミッドランズ地方にある地域の名称．言い間違いは，「腐敗」，「堕落」を意味する putrefactions で，マラプロップ夫人が言いたかったのは petrifactions（石化物）という単語だろう．petr- は，「石」や「石油」を指す，接頭辞と呼ばれるもので（例えば，イギリス英語では petrol はガソリンの意味)，petrifactions は何かが石化するプロセス，あるいは石化して出来たものを意味する単語である．実は，18 世紀のダービーシャー地方は炭鉱や化石で有名であったという背景がある．たぶん彼女が伝えたかったのは，「あなたときたら，ダービシャーの化石くらいの感情しかないんだから」ということだろう．化石というのであれば，fossils という単語も使えたはずだが，そこは知性と教養を誇示したい夫人のこと，もっと難しい語を選択したつもりだったわけである．

シェイクスピアの劇の台詞の場合ならば，どの単語と，別の単語の音が「かけことば」になっているかに気付くのは，ネイティブスピーカーにとってもそれほど簡単ではないと思われるが，このようなマラプロップ夫人の台詞は，比較的容易に理解が可能で，18世紀の観客を大いに沸かせたと想像できる．しかも自虐ネタであり，滑稽で誤りに罪がない．事実，18世紀後期にあっては，小説が文学の主流となり，劇の台本に関する政府の検閲強化により，それまでの演劇人気が下火になりながらも，この種の劇が「風習喜劇」(Comedy of Manners) と呼ばれ，大いにもてはやされるなか，特別な人気があったのが，この『恋がたき』であった．

4. ジェイン・オースティンの小説を読む ―「有益な読書と会話」と「文学流行の時代」

今日，劇作家シェイクスピアとともに最もよく知られ，イギリス文学を代表する存在であるジェイン・オースティン (Jane Austen) は，ちょうど，先に見た『恋がたき』が上演された1775年，つまり貸本文化全盛の時代に生まれ，その影響を受けて育った小説家である．まずは，2人姉妹であった彼女が，姉のカサンドラ (Cassandra) に送った手紙の一節を読んでみたい．ここには，オースティンが「貸本屋」の会員に入会したときのことが記されている．英文の引用は，Jane Austen, *Letters of Jane Austen* (Brabourne) Wikisource, the free library (https://en.wikisource.org/wiki/Letters_of_Jane_Austen …) からである．

I have received a very civil note from Mrs. Martin, requesting my name as a subscriber to her library which opens January 14, and my name, or rather yours, is accordingly given. My mother finds the money. Mary subscribes too, which I am glad of, but hardly expected. As an inducement to subscribe, Mrs. Martin tells me that her collection is not to consist only of novels, but of every kind of literature, &c. She might have spared this pretension to our family, who are great novel-readers and not ashamed of being so; but it was necessary, I suppose, to the self-consequence of half her subscribers.

マーティン夫人から，彼女が1月14日に開業する貸本屋の会員になってくれないかという，とても丁重な手紙が来たので，そうしました．実はあなたの名前で申し込んだのですが，お母様が会費を払ってくださるそうです．メアリーも会員になるそうで，うれしいけれど，まさかと思っていました．マーティン夫人は自分のお店には小説だけではなく，あらゆる種類の文学が置いてあるなどと宣伝していました．私たちの家族に対しては見栄をはる必要もないのに．私たちは小説が大好きだし，そのことを恥じてもいませんから．でも会員の半数に対しては，自尊心をくすぐる必要があったのでしょう．

（手紙14：1798年12月18日～19日，姉カサンドラ宛）

Mrs. Martinとは，オースティンが住んでいた，故郷のイングランド東南部ハンプシャー州チョートン（Chawton）という小村の隣人で，彼女はその夫人から貸本屋の会員になってほしいという手紙を受け取ったわけである．subscriberは「購読者」の意味でもあるが，動詞形のsubscribe to ～（～を定期購読する）は，今日でもよく用いられる表現である．ここではlibraryという語が貸本屋のことで，正式にはcirculating library（直訳すると巡回図書館）と呼ばれ，通常，3ヶ月，6ヶ月，または1年の契約で会費を払う仕組みである．新しく開店するという，マーティン夫人の店については，大手貸本屋が，ロンドンのみならず，地方でもチェーン店を開設しており，夫人がこれに乗じたと考えられる．業界大手の店は経営の素人でも簡単に貸本屋業を始められるように，基本図書の選定と提供をしていた．さらに，文中の“not to consist only of novels but of every kind of literature, &c.”とあるように，小説のみならず，ほかの文学分野，歴史，宗教，哲学，科学など，幅広い品揃えを誇る店舗が多くあり，業務マニュアルまでを準備して開店を勧め，さらなるビジネス拡大を狙っていた．

「自尊心をくすぐる必要があった」(it（＝this pretension）was necessary）という部分の意味を考えてみよう．アッパー・ミドルと呼ばれる階級以上に属する人々は，会員になることが流行で，今や当然の嗜みである反面，会員の半分は「小説といった低俗な文学なんか私たちは読みません．そんな恥ずかしいことはしません」というような人たちなので，彼らの「自尊心」を傷つけないようにするためには，it（＝自分のお店には小説だけではなく，あらゆる種類の文学が置いてあるという見栄を張る）必要があるということになるだろう．この部分は，英語の it の意味をしっかりと把握するとともに，当時の人々の小説についての考え方に対する背景的知識がないと，正しい理解が難しいかもしれない．文学を読む楽しさは，当時の社会状況や人々のものの考え方も知ることができるという点にもある．

また貸本屋ビジネスを行うことは，資産拡大と，この階層の社会的ステイタスを証明し保証するものという，当時の風潮を反映するものでもあったようだ．いわゆる「フランチャイズ・システム」のようなもので，今日のコンビニ経営の形にもよく似た現象ともいえるだろう．事実，当時の貸本屋は書籍の貸し借りだけではなく，日用品や薬の販売も行い，多数の人々が訪れ，コミュニケーションをはかる社交的な空間でもあった．

また，この手紙で小説を意味する語として novel という単語が使われているが，18 世紀を通じて，フィクションである小説を意味する単語は story, romance であった．ここでオースティンが novel という語を使っていることから，もともと「新奇なもの」を意味する「ノベル」が，この時期にはすでに一般的に用いられるようになっていたことがうかがわれる．前述したように，当時は小説が軽視されていたので，この手紙においても，小説の愛読者であり，かつ執筆者であったオースティンは，これを擁護する立場をとっていることになる．

5. 文学は「婚活」のかなめ ── 読書と恋愛の相関関係

オースティンの小説にみられる特徴の 1 つに，登場人物たちの読書や読書習慣に関する描写がある．前述した小説流行の時代のさなか，オースティンの作品に登場する人物たちもまた，読書を特別な趣味あるいは習慣とするとともに，社交に際してもこの点を特に重視し，人物評価の基準としているのは興味深い．ここでは 1816 年に出版されたオースティンの『エマ』（*Emma*）の中から読書に関する箇所を取り上げ，その特徴をみてみよう．なお，引用する英文は，Jane Austen, *Emma* ed. R. Cronin and D. Mcmillan. *The Cambridge Edition of the Works of Jane Austen* (Cambridge University Press, 2005) からのものであり，引用頁数を本文中に括弧付で示した．訳文は拙訳による．

物語は，知的で美しいエマ・ウッドハウス（Emma Woodhouse）が主人公である．財産や称賛は，ときとして人を盲目にして自省の念を失わせるものである．エマも例外に漏れず，独りよがりでお節介な性格のため，私生児の友人ハリエット・スミス（Harriet Smith）を，牧師のエルトン（Elton）や，裕福でハンサムな若者フランク・チャーチル（Frank Churchill）と結婚させようと躍起になってしまう．実はハリエットの意中の人物が，ウッドハウス家の友人で地主のジョージ・ナイトリー（George Knightley）であることを知ると，今度は自分自身が以前から無意識にナイトリーに恋していることに気づき，自らの思い上がりを恥じる．そして，やがて彼からの結婚の申し込みを受け入れる結末となる．

この小説は，21 歳の若いエマを中心とする登場人物たちが，それぞれにうぬぼれや思い違いなどによっておかす数々の過ちを，ときにユーモラスに，そして厳しくいましめる，作者オースティンのすぐれた描写が際だっており，読者を楽しませて，飽きさせない魅力を持っている．そのすぐれた文章作法の一端を，登場人物の読書嗜好を描写した部分に注目して読んでみよう．以下は，農業で成功した小作人ロバート・マーティン（Robert Martin）を話題にしているエマとハリエットの会話である．

"Mr. Martin, I suppose, is not a man of information beyond the line of his own business. He does not read?"

"Oh yes!—that is, no—I do not know—but I believe he has read a good deal—but not what you would think any thing of. He reads *the Agricultural Reports* and some other books, that lay in one of the window seats—but he reads all them to himself. But sometimes of an evening, before we went to cards, he would read something aloud out of the *Elegant Extracts*—very entertaining. And I know he has read *The Vicar of Wakefield*. He never read *The Romance of the Forest*, nor *The Children of the Abbey*. He had never heard of such books before I mentioned them, but he is determined to get them now as soon as ever he can."

The next question was:

"What sort of looking man is Mr. Martin?"

"Oh! not handsome—not at all handsome. I thought him very plain at first, but I do not think him so plain now. One does not, you know, after a time. But, did you never see him? He is in Highbury every now and then, and he is sure to ride through every week in his way to Kingston. He has passed you very often."

"That may be—and I may have seen him fifty times, but without having any idea of his name. A young farmer, whether on horseback or on foot, is the very last sort of person to raise my curiosity. The yeomanry are precisely the order of people with whom I feel I can have nothing to do. A degree or two lower, and a creditable appearance might interest me; I might hope to be useful to their families in some way or other. But a farmer can need none of my help, and is therefore in one sense as much above my notice as in every other he is below it."
(p. 28)

「ミスター・マーティンって，お仕事のこと以外では，あまり知識のない方じゃないかと思うけど，本は読まないほう？」「いいえ，読みますよ．どうかしら，私はよく知らないけど，ずいぶん読んだんじゃないかと思うけど，あなたに誉められるようなものじゃないかもしれません．農事報告やなんかが窓ぎわの椅子（窓下の腰掛）に置いてありましたから，そういうのを読むんじゃないかしら．全部黙読しているんです．だけど，夜にときどき，わたしたちがトランプをする前には，『典雅文集』（ノックス編名詩文集）を朗読していたわ．あれはとても楽しかったわ．それから，彼が『ウェークフィールドの牧師』（1766年，オリヴァー・ゴールドスミスの道徳小説）を読んだことは知っています．でも，『森のロマンス』（1791年，アン・ラドクリフのゴシック小説）や『僧院の子供たち』（1798年，レッジーナ・マリア・ロッシュのゴシック小説）は読んでないの．あたしが言うまで，そんな本があるということは聞いたこともなかったそうよ．だけど，なるべく早く手に入れるつもりだって言ってました．」

エマは続いて，「ミスター・マーティンって，どんな容姿の人？」と訊いた．「そうねえ，全然ハンサムじゃないわ」．最初はすごく不細工な人だと思ったけれど，今はそんなに不細工だとは思ってません．だって，時間が経てばそんなものでしょう．でも，彼を見かけたことないんですか？ ときどきハイベリーに来ているし，毎週キングストンへ行く途中に，馬で通っているから，何度もすれ違ったことがあると思うんだけど」．

「たぶん，ええ，たぶん何回も見かけているとは思うわ．でも名前を知らなくて．若い農夫が馬に乗っていようが歩いていようが，好奇心を引かれることってまずないもの．自営農民は私とは無縁な階級の人たちだわ．1つか2つ，階級が下で信頼できそうに見える人なら興味を持つかもしれないわ．だって家族のために何かの役に立ってあげたいと思うかもしれないじゃない．でも自営農じゃあ，私の助けはいらないでしょ．ある意味では，私よりも上にいる人なのよ，他の面では下なんだけれど」．

まず，この作品はおよそ200年前に書かれたもので，現代の英語ではあまり用いられない単語と表現がしばしば現れる．マーティン氏のことを“not a man of information”と言う部分の“of information”は形容詞的に informed＝educated, enlightened, intelligent の意味で，「あまり知識のない人」となる．また，“would think any thing of”は *Pocket Oxford English Dictionary* (POD) の定義にある“have a high opinion of”と同じ意味，すなわち「あなたがほめるほどのものではない」の意．200年前の古い英文を読むためには，このように英英辞典が正しい定義を示してくれることがあるので，できる限り活用したい．続く“he reads all them to himself”とは，himself は not others, silently（ひとりで，黙って）で，読書が話題のこの文脈では「黙読する」の意となる．次の行に“read something aloud”とあるように，1人で読書することもあれば，声に出して読んでもいるというわけである．“he reads all them to himself”の意味がよくわからなくても，次の aloud という単語の意味がわかれば文脈から読み取ることができるだろう．本の朗読は，例えば，流行の小説を家族で，あるいは隣人を招いての読書会や朗読会という形で，この時代には日常的に行われていたものである．“What sort of looking man is Mr. Martin?”の looking は They look young.（あの人たちは若く見える）の look と同じ意味である．a good looking young man といえば，「かっこいい若者」となるが，その good looking に当たる部分を尋ねるのが，what sort of

(どんな，どういう) である．One does not の部分は，One does not [think him plain] と補って読む．英語ではこのように省略がよく用いられるので，文脈を追いながら英文を読む習慣をつけたい．「50 回 (fifty times)」という言い方は，large, infinite number (多数) と同じで，「何度も」の意味で使われる．"order of people" については，order の方に着目してみると，あとにくる語が「人々」であることから「階級」(＝social class or rank (COD)) という意味を推測できるだろう．同じように文脈を考えることで，a degree or two lower の部分も，degree が「階級」(＝a stage or position in the scale of dignity or rank (OED)) を意味することがわかる．そのほか，creditable＝respectable, decent「立派な」(OED)，above my notice ～ below it (＝notice) では，「上」と「下」の対をなす表現であることにも注意したい．

この一節は，エマと友人のハリエットたちが，読書癖から，ミスター・マーティンの人物像について，あれこれ詮索，想像するという場面であるが，このすぐあとを読むと，彼がいったい何を読んでいるのかということのほうが，容姿よりもずっと重要視されていることがはっきりしてくる．言及されている 3 冊の本は，18 世紀後半に大変広く読まれた道徳小説の名作と，ゴシック風の古城・寺院などを舞台に，超自然的な怪奇を描いて大流行した「ゴシック小説」である．

次に「文学」という語を作者オースティンが語る，第 1 巻 9 章の一節をみよう．当時は，読書とともに楽しむ知的たしなみとして「謎々」があった．この謎々は流行りの詩などから引用した一節をヒントに，そこから連想される答えを見つけるというゲームである．連想された答えは高価な上質紙に書き写され，それを集めるのがブームとなった．次は，その収集について書かれた部分である．

In this age of literature, such collections on a very grand scale are not uncommon. Miss Nash, head-teacher at Mrs. Goddard's, had written out at least three hundred; and Harriet, who had taken the first hint of it from her, hoped, with Miss Woodhouse's help, to get a great many more. Emma assisted with her invention, memory and taste; and as Harriet wrote a very pretty hand, it was likely to be an arrangement of the first order, in form as well as quantity.

Mr. Woodhouse was almost as much interested in the business as the girls, and tried very often to recollect something worth their putting in. "So many clever riddles as there used to be when he was young—he wondered he could not remember them! but he hoped he should in time." And it always ended in "Kitty, a fair but frozen maid."

(pp. 73-74)

今の文学流行の時代には，そうしたものを大規模に収集するのは珍しいことではなかった．ミセス・ゴダードが経営する学校のナッシュ教頭は，少なくとも300は書き写していた．彼女から初めて勧められたハリエットは，ミス・ウッドハウス（エマ）に助けてもらってもっとたくさん集めたいと思った．エマは，創意工夫の仕方や，記憶を一緒に振り返ること，作品の味わい方などを教えて，彼女を援助した．ハリエットは字がとてもきれいなので，量的にも形式的にも第一級の収集になりそうだった．

ミスター・ウッドハウスは娘たちとほとんど同じくらいにこのことに興味を持ち，彼女たちの収集に加えられるようなものを思い出そうと懸命になることがよくあった．「私の若い頃は，気の利いた謎々がたくさんあったんだ──それがどうも思い出せない！そのうちに思い出すだろうが」と彼は言って，いつも最後は，「そうそう，『キティ，美しくも心冷たき乙女よ』というのがあったよ」という具合だった．

この英文の最初に「文学の時代（age of literature）」という表現があるが，literatureという語は，オースティンの時代には，学問，学識，文学の素養やたしなみという，現在よりも広義で用いられていた．もちろん，作品世界でその中心となるのが小説という文学ジャンルである．この時代では，謎々の収集が流行していたにもかかわらず，きわめて低い地位しか与えられていない，あるいは，文学と称するに値しないものと見なされており，この箇所には，ハリエットの精神年齢の幼さについての語り手オースティンの皮肉が込められていると解釈できるだろう．"a very grand scale" を "at least three hundred" に対して用いているところ，また form と quantity には言及しているが，quality（質）には触れていないところにも，同じく作者の皮肉が感じられる．

ところで，この英文も文脈から読み取ることの大切さを示す表現や単語が使われている．“it was likely to be an arrangement of the first order” は，be likely to be が，可能性が高いという場合に使われる表現であり，ここでは謎々の出来が話題になっているので，order（名詞）は「順序，命令」ではなく，「等級，種類」の意味と推測できる，また，“Mr. Woodhouse was almost as much interested in the business” の the business とは，この一節が謎々を集める話なので，「謎々の収集」ということになる．「彼はその仕事に興味を持っていた」という日本語を頭に思い浮かべておしまいにしないで，その仕事の中身を文脈から特定してくような読み方を身につけると，英語の読みがさらに深まる．さらには，ここでも，“he hoped he should (remember them) in time” のように英語の特徴である省略が見られる．このように，文脈を抑えながら読むことは重要である．ちなみに「そのうちに（in time）」はよく使われる表現で，「定刻に，遅れずに（on time）」とともに覚えておきたい．

最後の “Kitty, a fair but frozen maid.”（「キティ，美しくも心冷たき乙女よ」）は，18 世紀最高の俳優と評価されているデイヴィッド・ギャリック（David Garrick, 1717-1779）の手になる，よく知られた謎々の一節に登場するものである．したがって，ミスター・ウッドハウス自身の，この趣味に関する知識はかなり疑わしい，ということになるわけで，結果的に自虐的な言葉となっている．

以上，オースティンの文章を原文で読んでみた．人間の言動を鋭い感性でとらえ，登場人物の心の動きを詳細に描写する彼女の小説は，シェイクスピアの詩文（台詞）とともに，散文による文学の最高傑作として実に 200 年以上にもわたって各時代の読者をひきつけてきたものである．21 世紀の現代においても不動の人気を誇り，没後 200 年にあたる 2017 年には，新しい 10 ポンド紙幣のデザインとして彼女の肖像画が採用されている．ちなみに，この紙幣の肖像画の下に書かれている “I declare after all there is no enjoyment like reading!”（「読書以上の楽しみなんてどこにもないわ！」）は，『高慢と偏見』（*Pride and Prejudice*, 1813）の第 11 章にある，チャールズ・ビングリー（Charles Bingley：物語の主人公の 1 人で，妻をほしがっている金持ちの独身男）の妹の言葉から引用されたものである．本文はこの後，“How much sooner one tires of anything than of a book!”（「本以外のものは，全部すぐに飽きてしまうの」）と続く．イギリスの人々にとって，ジェイン・オースティンという名前は，常に「読書」と同義なのかもしれない．

6. 現代の大ヒット小説 ―― 『ハリー・ポッター』シリーズの貢献

本章の最後に紹介するのは，ご存じの『ハリー・ポッター』（Harry Potter）である．一見，子供向け，つまり「児童文学」と思われる作品だが，これまでのイギリスの児童文学作品とも一線を画する内容を有している点で，まさに新時代のベストセラー小説といえるものだ．

作品の枠組みとなっているのは，イギリスの子供たちが現実世界で通っている寄宿制の私立学校「パブリック・スクール」（public school）である．11 歳から大学に進学するまでの 7 年間の寮生活の 1 年が 1 巻ずつに割り当てられ，全 7 巻の構成となっている．しかも通学するのは魔法学校という設定だから，同じ年齢層の子供たちの興味は否が応でも高まるというわけである．

第 1 巻『ハリー・ポッターと賢者の石』（*Harry Potter and the Philosopher's Stone*, 1997）の大ヒットによって，原作はすぐに映像化され，映画版『ハリー・ポッター』を観た人の数が小説の読者数を上回るという状況を生んだが，本国イギリスでは，原作の小説人気も最終巻まで衰えなかったのは驚きであり，この国の小説ジャンルの強みを感じる．

オリジナルの小説は，その全体が，作者 J. K. ローリング（J. K. Rowling, 1965- ）によって，きわめて綿密に構成されている点は特筆すべきである．第 1 巻から最終の第 7 巻までを順に読み進めるにしたがって，読者は，語数が段階的に多くなっていること（本の厚みを較べれば一目瞭然），語彙も増え，表現のレベルが次第に高度になっていることに気づくはずである．たとえば，第 1 巻の総語数は約 7 万 7 千語，異なる語彙数（単語の種類の数）は約 3800 語である．これが最終の第 7 巻になると，総語数は 19 万 8 千語，異なる語彙数も約 1 万語にまで達する．全巻を読めば，総計で約 109 万語もの長さの小説を読破したことになる．また，作者が説明する文章である「地の文」と「会話文」の比率は約 7 対 3 で，3 分の 1 ほどが会話文であるため，読者に読みやすい文章という印象を与えている．詳しくは，クリストファー・ベルトン（渡辺順子訳）『ハリー・ポッター Vol. 1 が英語で読める本』（コスモピア，2004 年，p.

129）を参照していただきたい．

この小説に想定される主な読者層は，前述した，「パブリック・スクール」に通う 11 歳から 17 歳までの間の生徒たちであろう．寄宿舎制の学校生活において学ぶべき礼儀やマナーなどを含めた彼らの成長と，言語能力の発達を意識しながら，物語の内容と文章の難易度までを考慮して執筆するという周到さは，これまでのどの児童文学の作品にも見られないものである．そして決定的な特徴は，子供向けの文学には，これまでタブーとされていた，「生と死」に関するエピソードをダイレクトに盛り込んだことである．宿敵ヴォルデモート（Voldemort）との壮絶な対決のプロセスにおいて，闘いに敗れ命を失う級友や恩師の死，そしてその悲しみが読者の心をも揺さぶる．善と悪との闘いが決して勧善懲悪では片付かない，複雑で辛い現実であることを提示している点は，脱「児童文学」ともいえる斬新さである．また作品を読むことで，イギリスの長い歴史や独自の文化を学ぶことができるという点も，教育的視点から高く評価されている理由でもある．

前置きが長くなったが，ここでは，第 1 巻の『ハリー・ポッターと賢者の石』（全 17 章）から，前述したような特徴を示す部分を読んでみたい．最初は第 7 章，ハリーたちがホグワーツ魔法魔術学校（Hogwarts School of Witchcraft and Wizardry）に到着し，寮のクラス分けの儀式にのぞむ印象的な場面である．学校の大広間では組み分け帽子（Sorting Hat）という，顔のついた帽子が子供たちの性質に応じてクラス分けを行う．賢い子はレイブンクロー組（Ravenclaw），悪知恵の働く子はスリザリン組（Slytherin）という具合であり，この組み分け帽子がハリーにもクラス分けの判定を下す．なお引用する英文は J. K. Rowling, *Harry Potter and the Philosopher's Stone* (London: Bloomsbury, 1997) からのものであり，引用頁数を本文中に括弧付で示した．訳文は拙訳による．

Harry gripped the edges of the stool and thought, 'Not Slytherin, not Slytherin.'

'Not Slytherin, eh?' said the small voice. 'Are you sure? You could be great, you know, it's all here in your head, and Slytherin will help you on the way to greatness, no doubt about that—no? Well, if you're sure—better be GRYFFINDOR!'

Harry heard the hat shout the last word to the whole Hall. He took off the hat and walked shakily towards the Gryffindor table. He was so relieved to have been chosen and not put in Slytherin, he hardly noticed that he was getting the loudest cheer yet. (p. 130)

ハリーは椅子の縁を握りしめて，「スリザリンはいやだ，スリザリンはだめ」と思い続けた．「スリザリンは嫌かね？」と小さな声が言った．「たしかかな？ 君には偉大になれる可能性があるのだ．そのすべては君の頭の中にある．スリザリンに入れば間違いなく偉大になる道が開ける．嫌なのかね？ よろしい，君がそう確信しているなら，あえて，グリフィンドール！」

ハリーは，帽子が最後の言葉を広間全体に向かって叫ぶのを聞いた．帽子を脱ぎ，ハリーはふらふらしながらグリフィンドールのテーブルに向かった．選んでもらえた，しかもスリザリンではなかったという安堵感で，ハリーは，最高の割れるような歓声もほとんど耳に入らなかったほどだった …

この物語を読んだことのない読者は “He heard the hat shout the last word to the whole Hall.” の「帽子が叫ぶ」というのが理解できないかもしれないが，これはハリーが帽子をかぶっていて，その帽子がハリーに語りかけるという場面である．その英文の the last word はその前の文の GRYFFINDOR という語を指している．この the last word も文脈を踏まえて読むことの大切さを示す例である．

次の “You could be great.” の部分では，can の過去形 could が使われているが，これは「～であった」という「直説法過去」の意味ではなく，可能性を表す「仮定法過去」であることに注意したい．したがって，「君には偉大になれる可能性があるのだよ，もしスリザリンに入ればね．」(You could be great, if you were in Slytherin.) という仮定法の if 以下が文脈から理解できるために省略されている．これを，例えば，“Be in Slytherin, because you can be great.” という文と比較してみるとどうだろうか．仮定法では「なれる可能性があるのに，いいのかな？」といった控えめな忠告となっていることがわかるだろう．また副詞 hardly があるので，この部分は「ほとんど～ない」の意味だが，翻訳本（松岡佑子訳）では，「まったく気づかなかった」となっている．正確には，ハリーは「(緊張と興奮で) ほとんど耳に入らなかった」くらいだろうか．

では続いて，グリフィンドールのテーブルについた後のハリーの様子を読んでみよう．

He could see the High Table properly now. At the end nearest him sat Hagrid, who caught his eye and gave him the thumbs-up. Harry grinned back. And there, in the centre of the High Table, in a large gold chair, sat Albus Dumbledore …

And now there were only three people left to be sorted. ‘Turpin, Lisa’ became a Ravenclaw and then it was Ron’s turn. He was pale green by now. Harry crossed his fingers under the table and a second later the hat had shouted, ‘GRYFFINDOR!’

Harry clapped loudly with the rest as Ron collapsed into the chair next to him.

‘Well done, Ron, excellent,’ said Percy Weasley pompously across Harry as ‘Zabini, Blaise’ was made a Slytherin. Professor McGonagall rolled up her scroll and took the Sorting Hat away. (pp. 130–131)

ハリーは初めて一段高いところにある教員席を見ることができた．ハリーに近い方の端にハグリッドが座っていて，ハリーと目が合うと親指を上げて「よかったな」という合図をした．ハリーもにこやかに笑ってこたえた．教員席の真ん中の，大きな金色の椅子にアルバス・ダンブルドアが座っていた．

まだ組分けが残っているのは，あと 3 人だけになった．「ターピン，リサ」はレイブンクローになり，そして次はロンの番だ．ロンはとても青ざめていた．ハリーはテーブルの下で指を重ねて幸運を祈った．帽子はすぐさま「グリフィンドール！」と叫んだ．ハリーはみんなと一緒に大きな拍手をすると，ロンはハリーの隣の椅子にどさっと崩れるように座った．

「ロン，よくやった．えらいぞ」，ザビニ，ブレーズがスリザリンに決まると，ハリーの横から，パーシー・ウィーズリーが仰々しく声をかけた．マクゴナガル先生は巻紙を丸めて，組分け帽子を片づけた．」

この英文は欧米の文化的な知識やボディ・ランゲージを学ぶよい例である．最初に出る High Table は，大食堂の一段高いところに置かれた，教師が座るテーブルである．また，ハグリッドがハリーに送ったボディ・ランゲージの thumbs-up は，同意や喜びを表現するもので，片手あるいは両手の親指を突き立てて，胸の高さで，こぶしを少し動かす仕草である．ホッとしたハリーが，今度はロンのために cross his fingers の動作をしているが，これは中指を人差し指に重ねて，十字の形を作るもので，ここ一番，事がうまくいくようにと念じておこなう，まじないである．「成功を祈る！」という感じで，イギリスでも，日常たびたび見る機会がある．

さて読書に関連するエピソードは，この物語の中ではどのような形で描かれているだろうか．ホグワーツの生徒たちの中でも，とびきりの勉強家で読書好きはハーマイオニー・グレンジャー（Hermione Granger）である．そして彼らの知識のよりどころは，やはり図書館である．ここでは第 12 章「みぞの鏡」（The Mirror of Erised）において，賢者の石の秘密に関係する重要人物で，実在の錬金術師であったニコラス・フラメル（Nicolas Flamel）の名前を聞いたハリー及びロンと彼女が図書館に急ぐ場面をみてみよう．文中に出てくるスネイプ（Snape）はホグワーツ校の教師である．

They had indeed been searching books for Flamer's name ever since Hagrid had let it slip, because how else were they going to find out what Snape was trying to steal? The trouble was, it was very hard to know where to begin, not knowing what Flamer might have done to get himself into a book. He wasn't in *Great Wizards of the Twentieth Century*, or *Notable Magical Names of Our Time*; he was missing, too, from important *Modern Magical Discoveries*, and *A Study of Recent Developments in Wizardry*. And then, of course, there was the sheer size of the library; tens of thousands of books; thousands of shelves;

hundreds of narrow rows. (p. 212)

ハグリッドがうっかりフラメルの名前を漏らして以来，3人は本気でフラメルの名前が載っている本を探し続けていた．なぜならば，スネイプが何を盗もうとしているかを知るのに，外に何の方法があるというのか．問題は，フラメルが何を言って本に載ったのか，その理由がわからないので，どこから探しはじめていいかわからないことだった．『20世紀の偉大な魔法使い』にも載っていなかったし，『現代の著名な魔法使い』にも，『近代魔法界の重要な発見』，『魔法界における最近の進歩の研究』にも載っていなかった．図書館が大規模なのも問題だった．何万冊もの蔵書，何千もの書棚，何百もの細い通路があった．

この一節では本を見つけ出す困難さがうまく表現されている．まず，“how else were they going to find out ...?” は「スネイプが何を盗もうとしているかを知るのに，ほかに何の方法があるというのか」，つまり「本以外には知る方法はない」ことを強調した言い方になっている．単に “They couldn't find out what Snape was trying to steal, except searching books for Flamer's name” という表現と比較してみるとおわかりいただけるだろう．このような文を「修辞疑問」(rhetorical question) という．また，“what Flamer might have done to get himself into a book.” は「彼が本に載っているとすれば，何をしたから載ったのか」という意味で，不定詞句の to get himself into a book は “if he got himself into book”（彼が本に載っているとすれば）という条件を表している．もし，「彼が何をやったのかがわかっていれば，どのような本を見ればいいかがわかるのに」ということを仮定法を用いて表現しているわけである．仮定法は直接的な言及を避けて，婉曲的に表現することを特徴とするので，ここにもハリーたちのもどかしさが表されていることになる．

この場面での，彼らのフラメル情報の探し方だが，ハーマイオニーは見当をつけた本を計画的に探し始め，ロンは片っ端から (at random) 本を抜き出し，ハリーは閲覧禁止のセクションに狙いを定めるという具合にさまざまで，三者三様の性格を表す表現となっていて興味深い．そして同じ図書館であっても，現代の生徒たちが，インターネット（オンライン）検索で目当てのものを探し出すのとは異なるという点，年輩の読者には，昔，経験した本探しの苦労という意味で懐かしさを，若い読者にはじれったいという違和感を与えるかもしれない．ホグワーツの図書館は基本的に「開架図書」方式なのである．

次の英文は，図書館で用いられる表現が登場する．

Hermione took out a list of subjects and titles she had decided to search while Ron strode off down a row of books and started pulling them off the shelves at random. Harry wandered over to the Restricted Section. He had been wondering for a while if Flamel wasn't somewhere in there. Unfortunately, you needed a specially signed note from one of the teachers to look in any of the restricted books and he knew he'd never get one. These were the books containing powerful Dark Magic never taught at Hogwarts and only read by older students studying advanced Defence Against the Dark Arts. (p. 212)

ハーマイオニーは調べる予定の内容と表題のリストを取り出し，ロンは通路を大股に歩きながら，並べてある本を書棚から手当たり次第に引っ張り出した．ハリーは「閲覧禁止」の書棚になんとなく近づいた．このところずっと，フラメル（の名前）はこの中にあるんじゃないかとハリーは考えていたのだった．ただ残念なことに，閲覧禁止の本を見るには，だれか１人，先生のサインのある許可証が必要だったし，絶対にそれはもらえないとわかっていた．その中には，ホグワーツでは決して教えてもらえない，強力な「闇の魔法」に関する本があり，それらは，上級クラスの「闇の魔術防衛術」を勉強する上級生だけに読まれるのだった．

ここでは，特に図書館という場所が，知識を得るための巨大な知恵袋であることが強調されており（先の引用文中の thousands of の繰り返しや，続く hundreds of の表現に注目），「閲覧禁止」(the Restricted Section) や「指定図書」(the restricted books) の区分を表す英語もここで学んでおきたい．勤勉で読書好きなハーマイオニーの博学ぶりは，物語全体を通じて，たいへん印象的な彼女の個性となっている．

以上のように，この小説は大変読みやすく，また英語という言語の特徴や興味深い表現，さらにはイギリスの文化的背景について知識を得ることができるという特徴を備えている．英語の読解力を試すつもりで，第 1 巻から順に読み進み，最終の第 7 巻までを読破するという，登山にも似た気分と充実感を味わってみるのもよい．

本章では，イギリス 18 世紀の貸本屋の流行という文化的背景とも絡めながら，古今の名作をオリジナルの英語で読んでみた．そこには，日本語訳だけでは理解しにくい部分が存在し，そうした部分にこそ，その時代に生まれた小説ならではの特徴があることもおわかりいただけたのではないかと思う．特にオースティンのように，200 年以上も前に流行した作品が現代においても人気を誇り，人々の読書の愉しみとなっていることは，小説発祥の国イギリスらしい文化的特質といえることを強調しておきたい．18 世紀の貸本屋利用による読書の時代から 3 世紀近くを経た現代は，出版・映像・音楽などのコンテンツが容易に入手可能なマルチ・メディアの時代である．紙装本の多くが電子書籍（e-book）としても出版されるようになり，タブレット端末等で持ち出せば，いつ，どこででも読むことができる．本章で紹介した作品もすべて，無料あるいは安価な電子版で入手できる．時代のメリットを活かし，古今のイギリス小説の名作を原文で読むことにもぜひチャレンジしていただきたいと願っている．

参考文献

Emma. Vol. 1. With an Introduction and Notes. 関西大学ジェイン・オースティン研究会編関西大学出版部，1994 年

新井潤美編訳『ジェイン・オースティンの手紙』岩波文庫，2004 年

コリンズ，A.S. 青木健・榎本洋訳『十八世紀イギリス出版文化史　作家・パトロン・書籍商・読者』彩流社，1994 年

第10章

恢復としての文学

大江健三郎とマーガレット・ドラブルの小説における 'rejoice' をめぐって

青山加奈

1. 死の思索

人間の「死すべきもの」として運命づけられた「生」ということを考えるとき，「生」もその「生」のもたらす喜びも虚無の闇の中に沈む．また「生」を楽しもうとすればするほど，自らの「生」のどこかに待ち受けている「死」の存在そのものが計り知れない恐怖となって重くのしかかってくる．死は常に初めから生と共にあるものであり，よって死を生と対立するものとして意識の外側に置くことによっては一時的にしか死の恐怖から逃れることはできない．また，死に対して積極的な意味を見出すことによってはじめて，生きることの意味を見出せるのではないか．

大江健三郎（1935- ）はその作品『燃えあがる緑の木』*A Flaming Green Tree*（新潮社，1994）において，主人公である隆，通称「ギー兄さん」の生き方を通し，この生と死の問題を見据えている．生と死の関係を問うことは，元来宗教の仕事であったが，大江はキリスト教の神の到来や救済の思想に魅かれながらも，あくまで「信仰を持たない者」として，つまり「神」による救済を持ち出さずに，世界文学という〈大いなる遺産〉をとおして思考し，この問題に取り組んでいる．そして，死をも含めた生の全体を受け入れたうえで，死の意味と生きることの意味が重なる地平から 'Rejoice!'（「歓びを抱け」）という言葉を発して『燃えあがる緑の木』は完結する．

大江とほぼ同世代を生きるイギリスの作家マーガレット・ドラブル（Margaret Drabble, 1939– ）の *The Realms of Gold*『黄金の領域』（Weidenfeld & Nicolson, 1975）は，遺伝による鬱病に苦しむ主人公のフランシス・ウィンゲイト（Frances Wingate）――彼女も信仰を持たない女性として登場する――が，最後に「生存する機会を与えられた人間にできることは喜びを抱く（rejoice）ことである」と開眼してゆく過程を描いている．突如襲ってくる鬱病の発作と格闘しながら生きてゆくことをも含めて生を楽しむことは，苦悩の重圧に耐えながらも生を肯定することの困難さが常に彼女の人生にのしかかることを意味する．しかし，そのような困難は，多かれ少なかれ，すべての人間に共通する事柄でもある．大江とドラブル，両者が発する ‘rejoice’ とは安易な決断ではなく，強い意志とエネルギーを必要とする積極的な生の選択なのである．

大江は北欧で行ったいくつかの講演の中で，大江自身が子供のころに読み，「人間とはこのように生きるものなのか」という規範を示してくれたというスウェーデンの作家セルマ・ラーゲルレーヴ（Selma Lagerlof）の作品 *Nils Holgerssons underbara resa genom Sverige*（『ニルス・ホーゲルソンの素晴らしいスウェーデンの旅』）（1906）に触れている．性格の歪んだニルス少年が，友だちになった雁の群れを救うために，死をかけた戦いを決意する．その経験をとおして，ニルスの魂は，「浄められ」‘purified’「高められ」‘uplifted’ る．その少年の成長を一読者として共にした少年時代の大江の〈喜び〉こそ，彼を作家の道へと方向づけたものであったという．そして，文学の在り方は，〈様々な魂の傷を恢復させる〉ために役立つものでなければならないとノーベル賞受賞講演（1994）の中で次のように述べている．

…I wish my work as a novelist to help both those who express themselves in words and their readers to overcome their own sufferings and the sufferings of their time, and to cure their souls of their wounds.
(*JAPAN, THE AMBIGUOUS, AND MYSELF*, translated by Hisaaki Yamanouchi, Kodansha p. 127)

小説家である自分の仕事が，言葉によって表現する者と，その受容者とを，個人の，また時代の痛苦からともに恢復させ，それぞれの魂の傷を

癒すものとなることをねがっています.

(『あいまいな日本の私』大江健三郎，岩波新書，p. 16)

自分の命を捨てることになっても友だちを救いたいというニルス少年の純粋な気持ちと，その経験に続くニルスの魂の恢復は，ときを隔て，大江の『燃え上がる緑の木』のギー兄さんが「他者の命のほうが自分の命よりも大切」と認識できたときに魂が救われてゆく過程をみるとき（本書 203 頁参照）継承されていることを我々読者は感じとるだろう.

本章では，マーガレット・ドラブルの『黄金の領域』と大江健三郎の『燃えあがる緑の木』の 2 作品がそれぞれ人の死という受難からいかに主人公たちの魂を〈恢復〉させていったかを辿ってみたい．なぜなら，この両作品は共に呼応するかのように ‘rejoice’ という言葉を作品の結末に置き，相通ずるメッセージを伝えていると思われるからである.

2. 『黄金の領域』オレレンショー一族の死と生（Death and Life in the Ollerenshaw Family）

『黄金の領域』の主人公はフランシス・ウィンゲイトという 30 代半ばの考古学者である．遺跡の発見と発掘が高く評価されたことにより，ヨーロッパやアフリカの各地を講演のために旅をする多忙な日々を送っているタレント教授でもある．一方，彼女は夫と離婚して 4 人の子供を 1 人で育てる母親なのだが，その子供たちも次第に彼女の手を離れて，母親としての役割は終わりつつある．学者として成功をおさめた彼女にとって過去は満ち足りた充実したものであったが，40 代を間近にして，衰えゆく肉体を意識しつつ，自らの存在価値に不安を覚える．また，7 年間，離婚後の彼女の心の支えでもあった恋人カレル・シュミッツ（Karel Schmidt）── 彼は一族のほとんどをナチスの強制収容所で失った ── との別れ（それは一時的なものとなるのであるが）も不安をより一層加速させる要因となっている.

さらに，フランシスには絶望の淵へと追い込まれる要因があった．それは，幼いころから定期的に彼女を襲う鬱病の発作である．これは死の衝動を伴う．この病は単にフランシスだけのものではなく，彼女の父方の家系であるオレレンショー一族が共有する遺伝病 'family illness' として描かれている．父は自らの内に閉じこもり，兄は躁病，妹は自殺，甥は自分の子供を連れて心中，大叔母は人との付き合いを断った孤立した生活の中で餓死していく．ドラブルは，この遺伝病によって崩壊してゆく人物とそれと闘いながら生きてゆく人物を描き分けているのであるが，それは，オレレンショー一族の血の中を流れる死の兆候を通して，生の意味を問う作業として捉えることができる．

◇ 死への欲求 — スティーヴンの死（The Need to Die — The Death of Stephen）

フランシスの甥にあたるスティーヴンはフランシスの分身ともいえる存在として描かれている．学生結婚をし，妻との間に既に子供を1人もうけているが，その妻は拒食症を患い，出産後入院したままの状態である．彼は娘を溺愛しているが，子供を育てる過程で，最終的に死にゆくのに，なぜ人間が多大な努力をしながら生き延びていこうとするのか疑問を抱き始める．妻の病気と育児の困難さがスティーヴンに与えた精神的負担は想像以上に大きなものであり，夫として，父親としての責任を重く感じすぎるあまり，泣いている我が子を見ながら，彼の忍耐は限界にくる．その様子は以下のように簡潔に示される．日本語は拙訳である．

This little creature inspired him with such pity and such terror ...

(*The Realms of Gold*, Margaret Drabble, Weidenfeld and Nicolson, 1975, p. 188)

この小さな生き物が彼に大きな憐憫と恐怖を起こした．

'pity'（憐憫）とは直接的には泣いている子供に対する気持ちであるが，苦しい想いをしながらも生き延びてゆかなければならない子供の，そして人間存在の在り方に対する感情でもある．'terror'（恐怖）とは，自分の未熟な育児によって，最愛の存在を失ってしまうのではないかとう強迫観念から生じている．この恐怖心は，妻の病気について医学書を調べるうちに，人間にふりかかる病気の多さに衝撃を受けて以来次第に強くなってゆく．この死への恐怖は，スティーヴンの中で生きることへの疑惑へと屈折してゆくことになる．それはフロイトの影響によるところが大きい．

Freud had said that we are all balanced between conflicting needs: the need to live, and the need to die. (*The Realms of Gold*, p. 190)

フロイトによれば，私たちは皆が，相反する2つの欲求，生の欲求と死の欲求との間でバランスを保っているという．

私たちは，天秤の両端のそれぞれの皿に ‘the need to live’「生の欲求」と ‘the need to die’「死の欲求」を置き，‘are balanced’「均衡を保っている」，というフロイトの説がここで述べられている．

もともと自殺衝動があったスティーヴンは，麻薬によって死への恐怖からの逃避を試みたこともあった．生き難い生にしがみつくようにして生きてゆくこと自体が卑しい行為なのではないか．生きることよりも死を選ぶほうが自然ではないかとスティーヴンは思い詰めていくが，この後，彼の天秤 ‘balance’ は死の欲求のほうに重く傾くことになる．

… he dedicated himself to mortality, decay, the corruption of flesh, disease. The end of all things. (*The Realms of Gold*, p. 317)

彼は死すべき運命，肉体の衰微，肉体の死滅，病禍について深く思索した．あらゆるものの最期を．

スティーヴンは，‘mortality’（死すべき運命），‘dccay’（肉体の衰微），‘the corruption of flesh’（肉体の死滅），‘disease’（病禍），‘the end of all things’（あらゆるものの最期）について考え抜いた末，死を選択する．これらの死をイメージさせる言葉の連続は，死への抵抗のむなしさ，命のはかなさを強調し，結局人間だけではなく，すべてのものが土にかえるのであるからこの運命に逆らって少しでも長く生き延びようとする行為は虚しいというニヒリズムが表明されている．ただスティーヴンの自殺の特異性は，死を生よりも価値あるものとして積極的に選択しているところにある．ドラブルはスティーヴンの死を，一族に固有の精神障がいによるものではなく，ニヒリズムという生き方を選択した結果の死として位置づけている．それは，一族の血を支配する遺伝病に対する彼なりの抵抗であったのかもしれない．彼は自分の精神が破壊される前に自ら生を切断する決意をしてゆく．

There was something overwhelmingly disgusting about man's efforts, against all the odds, to stay alive. One spent one's life in inoculating oneself, swallowing medicaments, trying to destroy disease, and all to no end, for the end was death. How sickly, how pitiable, how contemptible. Eating corpses in extremis, like those cannibals in the Andes. Condemned to a life of soul-destroying fear, one died in the end anyway, the soul destroyed and rotted by terror.

(*The Realms of Gold,* p. 318)

生き続けるためにはあらゆる困難を物ともしない人間の努力には，ぞっとするようなおぞましさがある．予防接種をしたり，薬をのみながら，病気を破壊しようとするが，すべては無駄に終わる．なぜなら人生の目的は死だからである．なんて不快な，憐れむべき，卑しきことか．苦境に立てば，アンデス山中で共喰いをした人々のように，死骸だって食べる．魂が破壊されるほど恐ろしい人生を宣告され，人間はいつか死に，魂は恐怖のあまり破壊され朽ちてゆく．

ここにある 'in extremis'（苦境に立った）状態は，フランシスの大叔母コンスタンス・オレレンショーが後に経験する苦境への伏線となっている．この文章は次につながる．

Whereas if one left now, if one leapt now, unsubdued, into the flames, one would be freed, one would have conquered flesh and death, one would have departed whole, intact, undestroyed.

(*The Realms of Gold,* p. 318)

しかし今ここを去り，今，炎に向かって思い切って飛べば，自由を得る

だろう．（あのとき飛んでいたらすでに）肉体と死を克服し，破壊されないそのままの完全な姿でこの世を去っていたはずだ．

ここのスティーヴンの感情は，「仮定法」で描かれている．‘if one left now, if one leapt now, unsubdued, into the flames, one would be freed’ までは，典型的な仮定法過去の文だが，ここから時制に変化があらわれ，‘one would have departed whole, intact, undestroyed.’ と仮定法過去完了の形をとる．時制の変化の中に，スティーヴンのあのとき，飛んでおけばよかったのではという〈心の揺れ〉を見ることができる．そして，この後，彼は「仮定」ではなく，「現実」に死を選択するのである．彼が望んだ ‘whole, intact, undestroyed’（完全な，そのままの，無傷の）死を選択した経緯をフランシスに書き送った遺書には，彼が意図したとおり，混濁した精神ではなく，明晰な精神の営みを認めることができる．

それまでにスティーヴンは，生前フランシスに形而上学的と思われる悩みを何度も繰り返していた．

‘How can you possibly imagine,’ he would say, again, returning to the same theme, ‘that the things you do are worth doing?’

‘I don’t know,’ she would say, helplessly, attacked, not knowing. ‘I like them, that’s all.’

‘You mean you enjoy them.’

‘Yes, yes. I enjoy them.’

And he would gaze at her in wonder … (*The Realms of Gold,* p. 77)

「どうして」と彼は言っては再び，同じテーマに戻したものだ．「自分のしていることに価値があるとわかるのですか」．

「わかんないけど」とフランシスは答えたのだ．どうすることもできず，攻められて，分からないままに．「好きなの．それだけよ．」

「つまり楽しんでいると」

「そうよ，そうなの，楽しんでいるのね」

すると彼は驚きの表情で，フランシスを見つめたのだった．

この英文の最初の “How can you imagine,” は，…「考えることができるか？できないでしょう？」という反語表現で，彼の強い苦悩を表している．ここで繰り返し使われている ‘would’ は，過去の習慣を〈回想〉するときに使われる助動詞で，いかに 2 人が，このテーマについて「再三」「同じテーマに戻り」語り合っていたかを表している．

スティーヴンはここでは表面上はフランシスの仕事に対する考え方を質問している．彼はフランシスの考古学者としての仕事ぶりを尊敬しているのであるが，同時にそうした彼女のエネルギーがどこからもたらされるのかに疑問を抱く．こうした疑問は，生きることの意味はどこにあるのかという疑問へとつながり，“… the things you do are worth doing” と人生で価値のあることをやっていると（フランシス自身が）考えているのかと問う．それに対して，フランシスは，“I like them.” と答えて，スティーヴンの「価値があるかどうか」という問いには正面から答えない．スティーヴンはさらに真意を聞こうと，“You mean you enjoy them.” と述べる．英文自体は疑問文とはなっていないが，“You mean ~” は相手の真意を聞くときによく使われる表現であり，フランシスは，“Yes, yes. I enjoy them.” と Yes を繰り返して，スティーヴンに同意する．ここに，答に窮したフランシスの様子が感じられる．つまり，フランシス自身も，なぜ自分が考古学を専門とし，過去を知ろうと発掘までして調べているのか自問しながら仕事をしているのであり，生きることの意味をつかんでいるわけではない．しかし，彼女はここで，とりあえず ‘I enjoy them.’ と答えた．この答えは，彼女がスティーヴンとコンスタンスの死を受け入れたあとに到達する〈生の意味〉，すなわち，‘rejoice’ して生きることを先取りしたものである．

このように生きることへの疑念と向き合ったスティーヴンは，結局は我が子を連れて心中する．スティーヴンの死は，朽ち果てる肉体と浅ましい生の終着点としての死の克服にある．つまり彼は死を選ぶという生き方を選択したのである．しかし，なぜ彼は人間の生の虚しさを受け入れることができなかったのか．精神と肉体の「破壊されないそのままの完全な姿」を望んだからであろう．死の恐怖から「自由」になり――あるいは，死の恐怖によって精神が破壊されることを許せず――老いによる肉体の衰微，死による肉体の不朽を克服するための彼の死は，耽美的な死といってよいのかもしれない．

◇ 生の欲求 — フランシスの生 (The Need to Live — The Life of Frances)

フランシスはこの小説の中で3人の身内の死に立ち会う．妹は大学生のときにガス自殺を図っているが，妹の死に関する詳しい記述はない．大叔母コンスタンスが餓死したまま数か月後に発見された事件はマスコミから怠慢な親類の責任を追及されるが，フランシスもこの怠慢な親類の1人に属するわけである．そしてもう1人，甥スティーヴンの死に関しては既に述べたとおりである．フランシスはこれら親類の死に立ち会い，血統を支配する死の影について認識を新たにしなければならなかったに違いない．ここではスティーヴンとコンスタンスの死をフランシスがどのように受け止め，それが彼女の生とどのようにかかわったのかを見ていきたい．

フランシスは大叔母のコンスタンスの死後，彼女が生前1人で住み，遺体となって発見されたメイズ・コテッジを訪れる．

… Frances approached it (=Mays Cottage) without fear. Even a corpse would not have alarmed her. She was used to corpses; human bones were her familiars. She walked up to the front door, through the long swathes of grass, her feet wet with mud and dew: Oh so different, so beautifully different from the parched red mud of Adra, from the glaring altitudes of rocky, weathered Tizouk. England.

(*The Realms of Gold,* p. 274)

… フランシスは恐れることなくその家に近づいていった．死骸があったとしてもフランシスは驚きはしなかったであろう．死骸には慣れていた．人骨も彼女にはなじみのものだった．フランシスは表の戸口まで歩いた．長い草むらを通り抜け，足が泥と露でぬれた．ああ，まるでちがう．見事に違っている，アドラのあの干上がった赤土，ぎらぎらと太陽の照りつける高地にある岩でごつごつした，風化したティゾウクの遺跡とくらべると．イングランドだ．

この場面は，彼女が長年旅をして，発掘調査してきたアドラやティゾウクの遺跡の中ではなく，幼少期から苦しみ続けた鬱病という血統を生み出したオレレンショー一族の死と生が融合した土地の中で，過去の自分に対峙するシーンである．

'Even a corpse would not have alarmed her' は，仮定法であり，実際には 'corpse'（死骸）はなかったが，仮にあったとしても，驚くことはなかっただろう，となる．なぜ驚かないのか，その理由が，'She was used to corpses'（死骸に慣れていた）ということだが，考古学者である彼女は発掘の際に様々な骨を見てきたからであることがうかがえる．フランシスは表の戸口まで歩いていくが，そこに至るまでに 'the long swathes of grass' とあるので，長い間その辺りに人が足を踏み入れなかったことがわかり，その草むらを歩いた結果，足が 'wet with mud and dew'（泥と露で濡れた）状況となり，コンスタンスの住居メイズ・コテッジに入ろうと，ひたすら奮闘して歩いたことがわかる．しかし，その住まいは予想されたほどの荒廃を示してはいない．屋敷は極度の静寂の中に，サンザシや木苺に埋もれて堂々と建っている．フランシスは遺跡を発掘するように丹念に部屋の中を調べ，そこに残された痕跡から，生前のコンスタンスの人生を辿るのである．

コンスタンスは傷んだ階段から足を踏み外し動けなくなり，餓死していたところを発見されていた．死後，彼女の胃からは新聞紙が発見される．彼女は動けない体で，手近にある紙までも食べて生き延びようとしていたのである．しかし，フランシスは，自然に囲まれ，ひっそりと生きたコンスタンスの生き方を「本物」'The Real Thing'（p. 275）であると感じる．そして，意識を失う直前まで，生きようとする強い意志を持ち続けた大叔母の最期を尊いと感じるのである．

It did not seem to her too bad, the way that Constance Ollerenshaw, her great-aunt, had lived and died. And the cottage felt all right. It even had a feeling of home. (*The Realms of Gold,* p. 276)

大叔母コンスタンス・オレレンショーの生き方も死に方も，それほどひどいものとは思えなかった．それにこの家は心地よかった．家庭の雰囲気もあった．

ここでフランシスがコンスタンスの生き方も死に方も，'not ～ too bad' と感じたその理由は，the cottage 以下に語られる．建物としての 'cottage'（イギリス人が愛するコテッジはこじんまりとした藁ぶき屋根で石造りとされる）は申し分なく快適であり，'home' の雰囲気さえある．イギリス人にとって 'home' は，「家庭」であり，「城」でもある．そして暖炉に小枝をくべながら，フランシスはここに自分が住み，コンスタンスが遺していったものを引き継いでもいいのではないかと感じる．メイズ・コテッジはコンスタンスの生への強い欲求の痕跡をフランシスに伝えたのである．

一方，コンスタンスの葬儀の後に伝えられた〈スティーヴンの死〉を乗り越えることは，当然，フランシスにとって容易なことではなかった．しかし，ここでもフランシスは，〈恢復〉を経験する．フランシスは，スティーヴンの葬儀から何か月も経過したあと，彼の死を次のように考える．

Reperusing his last words, in a tearless calm, months later, it occurred to Frances that perhaps it was not so bad. Perhaps, in some way, it was all right. With a certain admirable determination, he had faced his own nature, and the terms of life and death, and seen what to do. He had had the revelation she had always been denied, which she had glimpsed so often in the distance. (*The Realms of Gold,* p. 321)

何か月か過ぎ，涙なしに冷静に，スティーヴンの最後の手紙を読み返しながら，フランシスは，あれはそれほどひどい出来事ではなかったのかもしれないという気持ちになった．ある意味では，おそらくあれでよかったのだ．尊敬に値する決意で彼は自分の性格と，生と死の条件を正面に見据え，どうすべきかを知ったのだ．彼はフランシスがしばしば遠くにかいま見ながらも，自分には与えられることのなかった啓示を受けたのだ．

何か月もの涙が枯れるほどの長い苦しみのあとに，泣き足りたフランシスの心に湧き起こってきたもの 'it occurred to Frances' は，スティーヴンの決断はそれほど悪いものではなかったのではないかという感情であった．'he had faced ...' 以降，時制は過去形から，1 つ時間をさかのぼり，過去完了形によって，スティーヴンが死を決断する前の〈意識の流れ〉をフランシスの視点で辿っている．フランシスが何度も遠くに「かいま見」(glimpse) ていながらも，与えられることのなかった「啓示」(revelation) を，スティーヴンは真正面から逃げることなく見据えた上で，死を選択するという「尊敬に値する決断」(a certain admirable determination) をしたのではないか，とフランシスは考えるのである．

フランシスは，スティーヴンに対して，楽しんで生きるという生き方を示した．それは彼の生き方とは対極にあったが，彼は驚きながらも彼女を愛し尊敬していた．だからこそ彼は彼女に最後の手紙を託したのである．誰もがスティーヴンのように人間のおぞましさを否定して生きる必要はないし，誰もがフランシスのような成功者として生きられるわけではない．しかし，フランシスは人生の成功者であるが故に，生きる楽しみを味わっていられるわけではない．楽しんで生きるということは 1 つの「決意」である．

… perishing and fading it was true, but who cared, who cared, if one can salvage one moment from the sentence of death let us do so, let us catch at it, for we owe it to the dead, to the others, and it is all the living and the lucky can do for the dead, all they can do, given the chance, is to rejoice … (*The Realms of Gold,* p. 322)

… 人は滅び，消えゆく，それは本当だった．しかし，誰が気にしただろうか，誰が気にするか．死の宣告から一瞬でも逃れられるなら，逃れよう．そんな瞬間をつかもう，なぜなら，それが死者に対して，他者に対してすべきことなのだから．それが，生きている者たちの，そして幸運な者たちが死者に対してできるただ 1 つのことなのだ．そして生きる機会を与えられたとしてできることは，喜ぶことだけである．

この文の 1 行目に出る who cared は，nobody cared（誰も気にしなかった）の強い表現であり，それが繰り返し用いられているところに，フランシスの生への執着が表れている．また catch it ではなく，catch at it と at が使われているところに〈その一瞬をつかみ取るのだ〉という強い意識が表れている．さらには the dead や the living や the lucky のように「the＋形容詞」という固い表現が用いられていることにも，この文の重みが感じられる．そして，最後の to rejoice を強調するために，「all 主語 can do ...」という，「やれることと言えば ... だけ」といった強い意味を表す構文がここにも用いられている．すなわち，いつか滅びよう（perishing）とも，消えゆこう（fading）とも，この一瞬をつかんで，私は生きていくのだという決意がここにある．フランシスはコンスタンスとスティーヴンの死を受け入れて自分は生き続けることを決意する．老女コンスタンスは，生前，古い乳母車を押して夕食のかたつむりを集めていた姿や，鳥のために枝に食べ物を刺す姿などが目撃されている．そして1人，死を目前にしては，あがき苦しんだはずである．紙を食べてまで生にすがりつこうとした．スティーヴンにとってそれは人間の浅ましさであるが，フランシスはその浅ましさの背後にある生きようとする強い意志を継承することを決意したのである．

次は，大江健三郎（1935-）の『燃えあがる緑の木』を見てみよう．

3. 死と再生の神話（Mythology about life and death）

『燃えあがる緑の木』は，1987年に出版された『懐かしい年への手紙』（講談社）の後日譚という形で，1993年から95年にかけて刊行された三部構成，原稿用紙二千ページもの大江作品の中で最も長い小説である．主題は〈魂の救済〉（作品の中ではしばしば「魂のこと」と記述される）を求めて新しい「祈り」の形を模索する「ギー兄さん」の死と再生の物語として読むことができる．大江は，この物語を「既成宗教の基盤のない国で魂の物語を解決するには，自分たちで宗教のようなものを作るしかないと考える人たちの話」と語っており，『懐かしい年への手紙』に付けられている「付録」に信仰と祈りについて講談社のインタビューに次のように答えている．

> このところ僕がずっといだいているのは，今日の核時代において，人類が二十一世紀へ生き延びうるとすれば，それはキリスト教徒，ユダヤ教徒，イスラムの人たち，それに仏教徒らという，信仰を持つ人たちと，宗教を持たぬ人間とが，なんとか協同して，1つの祈りをおこなうこと

があってはじめてじゃないか，という思いです．無信仰の者も祈る，そしてそのためにダンテは励ましてくれる．そのようにも僕は考えています．自分の小説にも，そのような祈りが──僕としては，ある大きな「懐かしさ」へのそれが──あらわれていれば幸いです．（1987年10月12日）

さて，ここで主人公の「ギー兄さん」が誰なのかを説明する必要がある．ギー兄さんは，『懐かしい年への手紙』の中で創り出された人物であり，大江作品の中では少なくとも4作に「ギー」「先のギー兄さん」「ギー兄さん」「ギージュニア」といった名前で呼ばれる人物が登場し，作品ごとに生まれかわっていく．これは大江自身が言及しているように，大江自身の「理想像」が投影されている人物といえる．

『燃えあがる緑の木』でのギー兄さんは，四国の森の谷間の村の総領事の息子として登場する．『懐かしい年への手紙』におけるギー兄さんは，作品の最後に遺体で発見されるのだが，その後10年の歳月が経過した時点で，『燃えあがる緑の木』の作品世界は始まる．最初から主人公はギー兄さんと呼ばれていたわけではなくて，本名は「隆」である．彼は外交官であった父の仕事の関係上，少年時代を外国で過ごしたが，高校二年の春帰国し，東京の大学に入学する．そこで彼は学生運動の内ゲバ事件に巻き込まれ，対立する党派の1人を撲殺することに加担してしまう．このときの経験が，隆に「魂のこと」即ち，自己の魂の問題について考えたいと決意するきっかけを与えることになる．隆は大学中退後に勤めていた出版社を辞めて，「魂のこと」をやるために故郷の谷間の村に住む．隆は，K伯父さん（作家大江を連想させる）の勧めで故郷四国の森の中の谷間の村で魂のことを考えていく過程で，村の長老オーバーの指名により，先のギー兄さんの後継者とされ，いつのまにか「ギー兄さん」とか「救い主」と呼ばれるようになっていくのである．そして，彼を中心とした教会〈燃え上がる緑の木教会〉が設立される．この話は，その設立から瓦解に至るまでを，両性具有のサッチャンにより語られるという形をとる．

さて，この土地でギー兄さんは，「オーバー」と呼ばれる長老が語る村の伝承に関心を示し，よい聞き手となるのだが，オーバーの物語の核心にあるものは死後の魂に関する伝承であると考える．ある日，ギー兄さんは，病床に伏したオーバーが臨死体験をしたと思われる状況に直面する．臨死体験とはまさにオーバーの魂がその身体から離れる瞬間の体験であるはずであるから，それが彼女の語った神話のとおりであるかを確認したいと望む．

> オーバーの迎えようとしている死が，大きい循環のひとコマの実現か，そうでなくて，たんなる終りとしての死か？　それを最後の授業として示してもらいたいんだよ．
> （『燃えあがる緑の木 第一部』p. 33）

死が「大きい循環」の過程で生じる１つの現象にすぎないのか，あるいはそれが「終わり」を意味するのかということは，ギー兄さんにとって極めて重要な問題である．なぜならば，彼が「魂のこと」をしたいと思うようになった一番の動機は「死の恐怖を逃れること」であったからだ（『燃えあがる緑の木 第二部』p. 46）．死が単なる生の終わりではなく，より大きな生の循環の一契機であるならば，そこには当然再生ということが考えられ，１つの生命の死が新たな生命の始まりとして位置づけられ，死を「恐怖」から切り離して生の一部として相対化して考察できるはずである．その場合，１人の人間の生と死がより大きな生命の円環の一部を構成するわけであるから，死の意味について考えることは生の意味について考えることと重なる．一方，死が終わりであるならば，死への恐怖とは，平坦ではない生を生き抜いた最後に虚無の暗がりが口を開けて待っていることの虚しさではないか．この疑問は，先に述べた『黄金の領域』におけるスティーヴンの疑問と類似している．人間はこの死への恐怖から逃れるために生と死に関する様々な物語を創り出してきたのではなかったか．ギー兄さんがその決定的な確証を得たいと望んだオーバーの物語とは次のようなものである．

> 私らが自分の魂をみがいたならば，ひとりひとりのいのちでありながら，懐かしいひとつのもののうちにあって，みちたりた思いのする，「森のフシギ」のなかへ帰って行けるのでしょうが！　樹木の根方から谷間や「在」に降りて生まれたり，また森の高みに登ったりの，行ったり来たりをしている間にも，魂をみがいてさえおったならば，いつかは「森のフシギ」のうちに帰って行けると，私は思いますが！
> （『燃えあがる緑の木 第一部』pp. 37-38）

オーバーの語るこの死と再生の物語は，死による身体からの魂の離脱と上昇，魂の下降と身体との結合による生という基本構造を持ち，生命世界を「谷間」と「森の高み」との間の魂の循環として捉える．そして研鑽を積んだ魂だけが「森のフシギ」という満ち足りた世界へと回帰することが許される．また，「森のフシギ」の中へ「帰って行ける」とか「懐かしい」という表現には，「森のフシギ」が魂の不死性や輪廻転生を説く神話や宗教の世界観のなかに数多く見ることができる．魂の究極の到達点としての満ち足りた理想の世界である「森のフシギ」は，古代ギリシアの密儀宗教であるオルフェウス教における「至福の島」，プラトンの「イデア界」，キリスト教における「天上世界」，仏教における「極楽浄土」などと対応している．しかし，これらがいずれも現世を超越した世界として位置づけられ，その背後にやはり超越的な神の存在を前提としているのに対して，「森のフシギ」という言葉からイメージされるものは超越性というよりもむしろ，より現実の世界に近いというところにオーバーの物語の特徴がある．そこには「信仰を持たない者」を自称し，この小説の中でも「神」という言葉を使うことに極めて慎重な態度をとる作者自身の神や宗教に対する独自のスタンスが反映されている．

魂の救済（The Salvation of the Soul）

オーバーは臨死体験については語ることなく息を引き取る．オーバーの葬儀の日に村人たちが見守るなか，火葬場の上空を旋回していた一羽の鷲がギー兄さんをめがけて急降下するという出来事が起きる．村人たちはその様子を見て，オーバーの魂をくわえた鷲がそれをギー兄さんに手渡したのだと解釈し，奇跡が起きたと騒ぎ立てる．

また，心臓病の子供を手で擦って励ましたところ恢復したことから，ギー兄さんには不思議な治癒能力があるという話が広まり，彼は「救い主」と呼ばれるようになる．しかしそれは彼にとっては偶然の出来事で，自分に治癒能力があるなどとは思いもよらないことであった．奇跡を信じて彼を訪ねる人々に戸惑いながらも，診療活動を続けるうちに，小児癌の子供を治せず死なせてしまう．そのことで彼は村人たちから激しく糾弾される．ギー兄さんはこの糾弾をきっかけに，「無定形」であやふやであった自分の気持ちにかたちを与えることを決意する．「魂のこと」をする基盤としての「燃えあがる緑の木の教会」の設立である．この教会の名称はアイルランドの詩人であり，大江自身深く傾倒してきたイエーツ（William Butler Yeats, 1865-1939）の詩「揺れ動く」（Vacillation, 1932）から引用されたものであり，片方は緑が，もう片方は炎が燃え盛るという相反するものとの共存（昼と夜，永遠と瞬間，男と女，生と死といった一般的に両極と考えられる傾向にあるものの融合）を有すメタファーとなっている．

「救い主」に祭り上げられ，病気に苦しむ人々の期待に応えようとして自らに備わっているかもしれない不思議な力にすがるように治療活動をすることは，ギー兄さんがかかわるべき「魂のこと」とは違った種類のものであった．たとえば，指先から発せられる不思議な力によって肉体が病から恢復するとき，その不思議な力の背後に神の存在を認識するというような宗教的な奇跡物語の構図は否定されている．「魂のこと」はこうした肉体レベルでの救済とは別の次元で成立する活動である．肉体が病むということが，それまで漠然としていた死に至るまでの距離が突然明確に意識され，それによって恐怖をおぼえるということであるならば，病気からの恢復は死までの距離が再び広がることである．しかしそれは，一時的に死への恐怖から遠ざかることであって，死への恐怖から完全に解放されるわけではない．肉体の救済によってもまだ救済されずに残るものがある．だからといって，肉体の救済ではなく魂の救済が必要だというほど事は単純ではない．ギー兄さんはオーバーによって語られた魂の再生の物語に深い関心を寄せたが，それによって救済されたわけではない．たとえ自らの魂が永遠に不滅であるという確信を得たとしても，それによっても人間はやはり救われないであろう．なぜならば，人間の生は肉体を生きることだからである．生きることの意味を見出すことは人間に生きがいを与えるが，それによって死への恐怖から救われるわけではない．死の意味を問うことが，生きることの意味を問うことと重なる地平において自らの死を捉えることができるとき，肉体を生きる魂としての人間は救済されるのである．

ギー兄さんは死への恐怖に衝き動かされて「魂のこと」を始めたわけであるが，その活動は前述のごとく思わぬ方向に展開し，結局のところ糾弾された．しかし，彼が糾弾されている場所が「さきのギー兄さん」（『懐かしい年への手紙』に登場したギー兄さん）が撲殺された人造湖の堰堤であるということが彼に1つの考えをもたらす．

> それならば自分が当の人造湖を望む堰堤で，新しいギー兄さんとして殴り殺されるに到るとして，それには意味がある．つまりはさらに新しいギー兄さんを準備することになるから，そしてそのさらに新しいギー兄さんは，あるいは本当に「救い主」なのではないか？ その考えがしだいに強くなって行って，私はもう恐怖は感じず，むしろ勇気凛々としていたと思います． (『燃えあがる緑の木 第二部』p. 46)

ギー兄さんは糾弾されながら，自分の死が無意味なものではないことを確信する．さきのギー兄さんの死が自分を準備したように，自分の死が新しいギー兄さんを準備することになるなら，そしてその彼が「救い主」であるならば，自分が今ここで死ぬことには意味がある．ギー兄さんは自らの死にこのような意味を見出すことによって，死への恐怖から解放されるのである．そして，ギー兄さんは，自らを，本当の「救い主」を準備する，仮の「救い主」役として自覚し，教会を主宰することを決意する．つまりここで，彼が自分の死に対して見出した意味が，彼が生きることの意味と重なるのである．

オーバーによって語られた死と再生の物語は，過去のギー兄さんから未来のギー兄さんへ，そして最終的には「救い主」へとつながる連鎖として再現されることになる．それぞれのギー兄さんと未来のギー兄さんの死は新しいギー兄さん（あるいは「救い主」）を準備する前触れとしての意味を持ち，それぞれのギー兄さんの生は過去のギー兄さんと未来のそれをつなぐ橋，すなわち「救い主」を準備する橋としての意味を持つ．ギー兄さんは「死」の意味を問うことによって，自らの「生」の意味を獲得したのである．

4. 大江とドラブルの Rejoice!

大江が使う‘Rejoice’という言葉は，イエーツの詩『螺旋』‘The Gyres’から引用されたものである．小説の中では，ギー兄さんの農場で働くために大学を休学してやってきた伊能三兄弟が，働きながらこの言葉を含むイエーツの詩を朗唱したのがはじまりで，やがてギー兄さんの教会に集う若者たちのあいだで挨拶がわりにこの‘Rejoice’という言葉が交わされるようになる．また，大江はこの長編を締めくくる言葉としても‘Rejoice’を選んでいるが，‘Rejoice’

によって指し示される主題とは何か.

ギー兄さんが，教会で作る福音書の中に入れる言葉として K 伯父さんがかつてエッセイに引用しているルーマニア出身の宗教学者ミルチャ・エリアーデ (Mircea Eliade 1907-1986) の言葉をとりなす発言をする.

> 私は，伊能三兄弟が挨拶するようにいう，やはり英語の “Rejoice” ね. あれを聞くと，こう感じることがあるよ. 伊能三兄弟は，人間存在の破壊されえないことをかれら式に確かめて，なにはともあれ，‘Rejoice’ と呼びかけあっているんじゃないか… (『燃えあがる緑の木 第二部』, p. 120)

ここでは,「人間存在の破壊されえないこと」と ‘Rejoice’ が関連づけられている. まず,「人間存在の破壊されえないこと」という言葉を大江はエリアーデから引いてきているが，当然魂の不死性や死と再生，あるいは輪廻・転生についての考えは，既に古代ギリシアのオルフェウス教の教説の中に見出すことができる. 肉体の死によっても魂は滅びることなく，再び甦るとするならば，それは「人間存在の破壊されえないこと」を示している. その際，肉体の死は生命の終結を意味するのではなく，あらたな生命の始まりとして捉えられ，魂は死と生の円環の中を循環する不滅の存在となる. 大江はこの魂の円環運動をオーバーの語る村の伝承として提示していた. 村の総領事の死についての以下の記述はより具体的なイメージを喚起するものである.

> いま総領事の魂は右廻りの道をとって森に昇り，古くからかれのために選ばれていた樹木の根方に鎮まりました. その魂はやがてまた右廻りの道を辿って谷間に降り，新しい生命として生き始めることでしょう.
>
> (『燃えあがる緑の木 第二部』, p. 262)

肉体を離れた魂が森に帰り，樹木の根方に鎮まるというイメージは，ドラブルの作品において，精神と肉体の「破壊されない完全な姿」を望んだスティーヴンが死ぬ場所としてやはり森の樹木の根方にある洞を選び，そこで赤ん坊と共に睡眠薬によって眠るように死んでゆくという描写と共通していて興味深い.

They were lying in a hollow in a wood, under tree roots, wrapped up in the sleeping bag together. (*The Realms of Gold,* p. 319)

ふたりは森の洞の，樹木の根方に，寝袋に共にくるまり横たわっていた．

生を否定したスティーヴンが森の力による再生を望んでいたとは思えないが，彼の死もまたフランシスにとっては，単なる終結，無意味な切断ではなかった．彼女はスティーヴン，そしてコンスタンスの死を受け入れることで，自分が死ぬまでのつかの間の時間を生きることを，喜びとともに生きることを決意したのであった．

『黄金の領域』のラストシーンで，フランシスは，恋人のカレルと共にカレルの故郷を訪れる．そこには叔母が年老いて，以前と同様に，貧しく，一間の部屋で，暮らしている．カレルの両親は，幼いカレルを生き延びさせたくこの叔母に託し，逃れさせた．そして，逃れることをしなかった両親，カレルの兄と姉は，ユダヤ人強制収容所で亡くなっている．フランシスは，その夜，彼女の肩に顔をうずめて泣くカレルを抱きしめて横たわっている．

Karel, she said, don't cry, Karel, don't, please don't—though she did not mind, for to have him there was more than she, ambitious as she was, had ever hoped … (*The Realms of Gold,* p. 322)

カレル，フランシスは言った，泣かないで，カレル，お願い泣かないでと．でも，フランシスは彼が泣くことが嫌なわけではなかった．というのは，野心のあるフランシスではあるけれど，そこに彼と共にいることは，彼女が今までに望んでいたこと以上のことだったのだから．

さらにこの文章は次に続く．

... his tears, and the sight of his teeth hanging on the door-knob of the wardrobe, and the thought of his lonely aunt, and his dead mother and brother and sister and father and dead Stephen dust and ashes rising from a crematorium chimney, were all part of a salvation so unexpected, that she lay there with him ... (*The Realms of Gold,* p. 322)

カレルの涙，ワードローブの取っ手に掛けた彼の歯，彼の孤独な叔母への想い，彼の亡くなった母，兄，姉，父，死んだスティーヴンの火葬場の煙突からあがっていった塵と灰，それら全てが，本当に思いがけない救いの一部になり，結果，フランシスはこうしてカレルと共に横たわっていることになったのだ．

ここの主部は his tears ～ chimney までと長い主部を嫌う傾向にある英語にしては長い．通常，名詞を連結する際は A, B, C and D のように並立されるが，ここでは，「カレルの流す涙」「ワードローブの取っ手にカレルの（抜けた）歯が掛かっている光景」「カレルの孤独な伯母への想い」，「亡くなった母」，「兄」，「姉」，「父」，「スティーヴンを火葬しているときに煙突から出ていた塵と灰」が 1 つひとつ 'and' で連結されている．これは，前後の名詞が強い繋がりを持っていること，その 1 つひとつ，1 人ひとりが〈分かち難い絆〉で繋がれていることを示している．

スティーヴンの 'dust and ashes'（塵と灰）は，人は神が地の塵から形作られたという創世記 2:7 に由来しており，葬儀では 'We therefore commit his body to the ground; earth to earth, ashes to ashes, dust to dust'（それゆえ遺体を地にゆだねる．土は土に，灰は灰に，塵は塵に）といった言葉と共に棺に土をかける．

また，ここの 'teeth'（歯）は，唐突にでているのではなく，この小説における大切なモチーフ（motif）となっている語で，「モチーフ」とは，物語の中でシンボル化されたものを指す．この小説の冒頭近く，すでにカレルに関して，次のような記述がある．

She and Karel had planned, once, to visit Pilsen, but they hadn't made it. He had not been there since he was a small child. Most of his family had perished in concentration camps. He alone of his generation had escaped. Teeth and bones. Profanely she cherished his fragment. (*The Realms of Gold,* p. 20)

フランシスとカレルは，あるとき，ピルゼンを訪ねようと計画を立てたことがあったが，実現しなかった．カレルは子供のころ以来一度もそこを訪れたことはなかった．カレルの一族のほとんどが収容所で亡くなっていた．彼の世代でカレルだけが逃れたのだ．歯と骨だけになって．世俗的だけれど，フランシスは彼のかけらを愛していたのだ．

'Teeth and bones' だけの姿で逃げてきたというカレルの抜けた歯を，すなわち 'his fragment'「彼のかけら」を，フランシスはネックレスにし，ワードローブの取っ手に引っ掛けているのである．小説の冒頭で実現していなかったピルゼンへの旅は，この小説のラストにおいて，遂にこのような形で実現されたことを読者は知らされる．

また，フランシスが行き着いた 'joy'（喜び）と魂の 'salvation'（救い）とは，カレルの苦悶も含めカレルのすべてを受容しているという自分を認識し，自己が他者の存在のために存在することの意義を知った喜びにある．これは，『燃えあがる緑の木』においては，ギー兄さんが，「他者の命のほうが自分の命よりも大切」であると認識するに至ることで，自己の魂を恢復させてゆくことと似ている．そして，スティーヴンの死も，コンスタンスの死も，フランシスの生き方を決定づける契機として，彼女の生の中に継承されてゆく．他者（死者も生者も）と自分が共に存在することにより，愛と死が溶け合った地点で，死の恐怖から自由になり，意義深く生き抜くことが可能となるのである．そして，彼女の生き方を象徴する言葉が 'rejoice' という言葉に表される．

一族の死を継承する生というドラブルの構想は，大江においては，「死者と主に生きよ」というギー兄さんの説教として示される．

> 私たちはいまこの森のなかの土地の呼吸にあわせて，息を吸い，息を吐いているのではないでしょうか？〈〈死者と共に生きよ.〉〉の教えにしたがうために，もっともふさわしい環境を私たちはあたえられているのです．死者は，私たちと共にありながら，つねに旅している存在ですし，死者はまた，その土地の自然の呼吸そのものでもあります．
>
> (『燃えあがる緑の木 第二部』，p. 257)

「人間存在の破壊されえないこと」は「死者と共に生きよ」(live together with the dead) という言葉と密接に関係していることがわかる．死者は，それを継承した人間の中で破壊されずに生き続けているのである．それは，神話的なレベルでいえば，先に述べたような魂の不死，輪廻・転生ということになるが，大江はより具体的なレベルでも死者と共に生きるということを語っている．たとえば，村の総領事は死後に教会の建設資金を残したが，それは教会とともに彼の意志が生き続けることであるし，また，彼が生前に取り組んでいた「魂の問題」は，ギー兄さんをはじめとした教会に集う人々によって受け継がれてゆくことで，総領事がそれを継承する人々のなかに生き続け，一方，それを継承した人々は死者である総領事と「共に生きる」ことになる．

さて，総領事の「魂の課題」，それはこの小説の主題とも重なるが，簡潔にいえば死の意味を問うことであった．彼はこの課題の一端を，ワーグナー (Richard Wagner, 1813-1883) の『トリスタンとイゾルデ』(*Tristan and Iseult*) 終幕のイゾルデのアリアを引き合いに出して，それは「人間が死を受止める態度の一番明るいイメージ化」(the brightest image on the human attitude to accept death,) (第二部，p. 117) であるとして，以下のように語る．

> … さて，私はこのおしまいの方の，des Welt-Atems という言葉が好きでね，世界の息というか … トリスタンは死んでしまったけれども，その生命の息吹がイゾルデのなかに入ってきて，また彼女の周囲に波立つように広がって，すべてがその世界の息のただなかにある．そのなかに沈み込むことで，意識を超えた最上の快楽へと自分は向かう，というわけで，そこには愛と死が溶け合っている．
>
> (『燃えあがる緑の木 第二部』，p. 119)

ここに語られる「世界の息」とは，先に引用したギー兄さんの説教の中の「死者はまた，その土地の自然の呼吸そのものであります」という言葉と呼応している．そして，このように〈死者が自然と一体となり，世界を充たす〉という考え方は，ドラブルにおいてもみられる．ドラブルはスティーヴンが火葬にふされる場面の描写で，「自然と 1 つ黒い灰と化した」（... made one with nature, transformed to black ash）（p. 320）と記述している．また，コンスタンスの死後に残された彼女の住居が，サンザシやイバラで覆われ自然と一体となる様子を描写している．コンスタンスの死後，フランシスはその家を買い取り，そのまさに彼女が残した「世界の息」に充たされた空間の中で，その中に「沈み込むように」して生活を始める．フランシスにとってそれは死者コンスタンスと「共に生きる」ことであったはずだ．

ここで，先のギー兄さんの説教に戻るが，そこでは，総領事の死と共に「カジ」という 14 歳という若さで小児癌でなくなった少年のことが語られる．カジ少年は，自分の死後にも世界は存続し，時間は永遠に続いてゆき，しかも，その世界に自分が戻ることができないと思うとき，いたたまれない寂しさを感じるという．

> ただ僕が怖いのは，自分が死んだ後でも，この世界で時間が続いていくことです．しかも自分はおらんのやと思うと，本当に死ぬことが厭です．
> （『燃えあがる緑の木 第一部』，p. 146）

それに対してギー兄さんは，たとえ人間が永遠に近い時間を生きたとしても，死ななければならないとわかったとき，やはり，死ぬのは厭だ，もっと生きたいと思うのではないか，と応じる．そして，生きることにおいては，永遠に近いほど長い時間が問題なのではなく，一瞬こそが問題になるのではないかと問う．

> 永遠と対抗しうるのは，じつは瞬間じゃないか？ ほとんど永遠にちかいほど永い時に対してさ，限られた生命の私らが対抗しようとすれば，自分が深く経験した，一瞬よりはいくらか長く続く間の光景を頼りにするほかないのじゃないか？
> （『燃えあがる緑の木 第一部』，p. 151）

永遠の生においても――そうしたものがあるとして――有限の生においても，深い洞察を経験する「一瞬よりはいくらか長く続く間」こそが価値を有するのである．言いかえれば，そうした瞬間にわれわれは永遠を捉えているのである．そして，大江によれば，深い洞察を獲得したこの瞬間こそが「喜び」なのである．

> ある一瞬，永遠をとらえたという確信が，つまり喜び（リジョイス）なんだね．
>
> （『燃えあがる緑の木 第二部』，p. 228）

大江において‘Rejoice’とは，永遠と測りあえるほど価値ある洞察を獲得する瞬間の経験なのである．「人間存在の破壊されえないこと」を保障していたものは，1つの生命の死を新たな生命の誕生として捉える神話的レベルでの魂の輪廻・転生であったが，それを‘Rejoice’とのかかわりにおいてみるならば，そこで問題にされているのは，単なる魂の循環ではなく，魂を介して生命から生命へと受け継がれる永遠を捉えた瞬間の経験であり，その「喜び」なのだ．「死者と共に生きる」とはこの喜びを継承し，共有することである．

ドラブルにおいていえば，コンスタンスの自然と共に生きる「本当の生き方」，スティーヴンの決然とした生の否定，それらは大江のいう「深い経験に根差していた」からこそ，フランシスのなかで生き続けることができたのではないか．生命を超えて，時間を超えて継承されるものとは，一瞬よりはいくらか長く続く間に経験された生に対する深い洞察であり，死すべき生を虚無の海に沈めることなく保持するものは，この瞬間の喜びとしての‘rejoice’である．

5. 文学という光の力を信じて

〈イギリスの知性〉とも〈イギリス文学の伝統の継承者〉とも称されるドラブルも，多くの大江と共通の文学作品を小説の展開に用いてきた．文学の力を信じる2人がたどり着いた言葉が，人間存在を肯定する‘rejoice’であったことは偶然ではないだろう．そこには「生きることに喜びを抱け」という真摯なメッセージが込められている．

人生のある恵まれた一時期を楽しむこと，あるいはその場限りの楽しみに興じることは容易である．しかし，自らの生全体――あらゆる苦悩や不幸をも含めた――を引き受けたうえで生きることを喜ぶことは決して容易なことではない．しかし，それ故に，この 2 人の作家のこれらの作品が，現代の私たちが向き合うあらゆる病から恢復していくための文学であると思える．2 人が文学を信じ，思考し，人生の苦悩を味わいながらも魂を磨いてきたからこそ，読者は 'purified and uplifted'（浄められ，高められ）る．彼らの文学こそが，'Rejoice!' と人生を謳歌できる希望の光へと導く魂の〈恢復としての文学〉であると確信するのである．

Part Ⅲ

英語の読み方・味わい方
(上級編)

言葉遊び・戯曲・詩を極める

第11章

英語で『アリス』を読めばノンセンスのなかのセンスがみえる

千森幹子

1. ルイス・キャロルの2つの『アリス』物語とノンセンス文学

ルイス・キャロル（Lewis Carroll, 1832-1898）の2つの『アリス』物語──『不思議の国のアリス』（*Alice's Adventures in Wonderland*, 1865）と『鏡の国のアリス』（*Through the Looking-Glass*, 1871）──は，出版からすでに150年近い歳月を経た現代でも，その魅力は色あせない．むしろ，現在では，当初の子どもの読者だけではなく，思春期や大人の読者，さらには，文学者のみならず言語学者や哲学者，科学者など多領域の研究者の心をも魅了し，音楽や美術，映像，さらに，サブカルチャーにインターネットサイト，ファッションやテーマパークなどの多岐にわたる一般の分野でも，その魅力は，さらに輝きを増している．

しかし，『アリス』の原文を英語で読んだ読者は，英語圏以外にどれほどいるのだろうか．一見ノンセンスで摩訶不思議なファンタジー作品が，実は，論理学者で数学者でもあるキャロルの厳密な言葉の論理に支配されていることを知れば，より一層興味は尽きないであろう．ウォルト・ディズニー（Walt Disney, 1901-1966）映画に出てくるファンシーでスウィートな水色のエプロンドレスを着たアリスを連想する現代の日本の若者も，大学で『アリス』の原文を講読すると，英語による言葉遊びに驚嘆し目を輝かせ，もっと英語のノンセンスを読みたいと願うことが多い．

日本の文学ではあまり一般に知られていなかったノンセンスが，イギリス文学で花ひらいたのは，ヴィクトリア時代．2人の傑出したノンセンス作家，エドワード・リア（Edward Lear, 1812-1888）とルイス・キャロルによってである．2人はほぼ同時期に活躍したが，画家であり詩人でもあるエドワード・リアは，1864年『ノンセンスの本』（*A Book of Nonsense*, 1864）で，5行からなるリメリックという脚韻詩に独特の挿絵を施した滑稽な詩と挿絵で一躍人気を博する．

もう1人のノンセンス詩人で作家のルイス・キャロルは，オックスフォード大学の数学の講師であるが，1865年，『不思議の国のアリス』を自費出版し，言葉遊びを駆使しセンスをノンセンス化した物語を出版し，一躍ベストセラー作家となる．こうして，19世紀半ばのイギリスに，突然ノンセンス文学が花開くこととなった．

2. ルイス・キャロル

ルイス・キャロルについてはすでに多くの読者の方はご存知なので，ここではごく簡単に略歴をまとめてみたいと思う．キャロルは教区牧師の11人の子どものなかの第3番目，長男としてチェシャー州ダーズベリーに生まれる．そして，高等教育を目指して裕福な家の子弟が通う中高一貫私立校であるパブリックスクールの1つ，ラグビー校から父と同じオックスフォード大学のクライスト・チャーチ（数あるオックスフォート大学のカレッジのなかでも最大の名門学寮）に入学する．その後，クライスト・チャーチ図書館の司書補，数学講師として生涯独身で大学のドンとしての生涯を全うするが，今でも残るこの図書館の二階の窓からは，学寮長館の内庭がのぞまれる．彼はそこから学寮長ヘンリー・リデル一家の子どもたちをはじめて見かけるのである．

そして，当時珍しかったカメラで，学寮長のチャーミングな子どもたちの写真を撮るために，学寮長館を足しげく訪れる機会に恵まれ，小さな子どもたちと親交を温めあう．そのなかには，物語の主人公となったアリス・リデルもいる．のちにリデル家の3人の子どもたちと家庭教師，友人とともに，近隣のアイシス川のボート遊びに出かけ，お茶を飲みながら，『不思議の国のアリス』のもとになるお話をしたのは，1862年7月4日のことであった．

その後，このときの即興の話をもとに，『アリスの地下の冒険』(*Alice's Adventures Under Ground*) と題した手稿本を作成し，この自らが描いた挿絵と手書きの本を後にアリス・リデルに贈る．『アリスの地下の冒険』を事前に読んだ『北風の後ろの国』(*At the Back of the North Wind*, 1871) などの児童文学作家であり友人でもあったジョージ・マクドナルド (George MacDonald, 1824-1905) とその子どもたちにすすめられ，加筆修正し，『パンチ』の主任挿絵画家であるジョン・テニエル (John Tenniel, 1820-1914) にあらたに挿絵を依頼し，1865年，マクミラン社から『不思議の国のアリス』と改題し自費出版する．

『不思議の国のアリス』の物語や挿絵，さらにそこに登場するチェシャ猫や三月ウサギ，ハートの女王などのキャラクターやエピソードはとても有名であるが，なぜかその由来は日本の読者にはあまり知られていない．おそらく，英文で物語を味わっていないからか，あるいは，英語で読んでも，英語のネイティブスピーカーではない私たち日本人は解説なしには，その言葉遊びや文化的背景が，すぐにはぴんとこないからかもしれない．そこで本章では，ノンセンス文学『不思議の国のアリス』を英語で読む醍醐味の一端を，言葉遊びや文化的時代的背景も交えながら紹介してみたいと思う．

3. 英文で味わうノンセンス文学

本章では，2つの『アリス』物語のうち，一般によく知られた『不思議の国のアリス』を中心に取り上げることにする．では，まず，『不思議の国』のなかにでてくる奇妙なキャラクターの由来について，具体的に解説してみたい．なお，引用する英文は Lewis Carroll, Alexander Woollcott (intro.), *The Complete Works of Lewis Carroll* (London: The Nonesuch Press, 1989) からのもので，本文中に引用頁と，日本語訳の訳者と引用頁を示した．ただ本文中で言及する英文テキストの日本語訳は引用したそれぞれの翻訳者の翻訳の表記とは必ずしも一致しない場合があるので，あらかじめご承知おきいただきたい．また，引用の翻訳に関しては，できる限り忠実なわかりやすい翻訳を選んだ．多数出版されている邦訳のなかには，日本語の言葉遊びに変更した名訳も多く出版されているが，本章では元の英語がわかりやすい翻訳を引用箇所に合わせて各種使用している．

さて，『アリス』のなかでも有名な「チェシャ猫」（'Cheshire Cat'）は，ディズニーのアニメではピンクと紫の縞模様とにやにや笑う白い歯が印象的な人気のキャラクターである．しかし，チェシャ猫という種類はむろん現実には存在しない．では，キャロルはなぜチェシャ猫と名づけ，一般には人間と類人猿しか笑わないという動物の生態に反して，この猫だけがにやにや笑うのだろうか．

図版1：ジョン・テニエル画『不思議の国のアリス』
（左からチェシャ猫，料理人，公爵夫人と赤ん坊，アリス）

チェシャ猫がはじめて登場するのは，第6章「ブタとコショウ」（'Pig and Pepper'）．チェシャ猫は，コショウが立ち込めた台所のなかで次のように紹介される．少し長くなるがテキストを引用してみよう．（図版1）

There was certainly too much of it in the *air*. Even the Duchess sneezed occasionally; and as for the baby, it was sneezing and howling alternately without a moment's pause. The only two creatures in the kitchen, that did *not* sneeze, were the cook, and a large cat, which was lying on the hearth and grinning from ear to ear.

"Please would you tell me", said Alice, a little timidly, for she was not quite sure whether it was good manners for her to speak first, "why your cat grins like that?"

"It's a Cheshire-Cat", said the Duchess ....

"I didn't know that Cheshire-Cats always grinned; in fact, I didn't know that cats *could* grin."

"They all can," said the Duchess; "and most of 'em do."

"I don't know of any that do," Alice said very politely, feeling quite pleased to have got into a conversation.

"You don't know much," said the Duchess; "and that's a fact."

(p. 60, 下線筆者)

確かに，そこいらじゅう胡椒がふわふわ飛んでいる．公爵夫人ですら，ときどきくしゃんとやっていた．赤ん坊はといえば，くしゃみと泣きわめきを交互に，それを一瞬も休まない．台所でくしゃみをしないのは，料理女と，それに大きな猫だけだった．猫は暖炉の上にすわって，口から両の耳までにたにた笑っている．

「あのう，教えてください」アリスはちょっぴりためらいつつ尋ねた．自分のほうから先に口をきくのが礼儀にかなっているのかどうか，よくわからなかったのだ．「どうしてあの猫さんはあんなふうに笑うのですか？」

「あれはチェシャ猫よ」公爵夫人はいった．…

「チェシャ猫がいつもにたにたするなんて，知りませんでした．ほんというと，猫がにたにた笑えるってことも知りませんでした」

「猫はみんな，にたにた笑えるさ」公爵夫人はいった．「だから，たいていの猫はそうするね」

「そんな猫がいるなんて，知りませんでした」アリスはていねいにいい，会話になってきたのが嬉しかった．

「あんたがものを知らないだけよ」公爵夫人はいった．「でも事実は事実」

(『不思議の国のアリス』(ちくま文庫) 柳瀬尚紀訳 (筑摩書房，1987 年) 80–82 頁)

アリスも述べるように，なぜ現実には存在しないチェシャ猫がこの物語に登場し，ニヤニヤ笑うことができるのか，それが下線部にあるようになぜ 'that's a fact'（「事実は事実」）なのだろうか．

もともと，「笑い」は喜怒哀楽のなかでも，人間と，一部チンパンジーなどの霊長類に備わった最も高度な感情表現である．そういう意味で，猫が笑うこと，まして，ニヤニヤ笑うのは，ふつうはありえない．

まず，チェシャ猫の名称とこの猫がニヤニヤ笑うことができる理由は，'to grin like a Cheshire cat' という「わけもなくニヤニヤ笑う」という英語の成句からきている．つまり，直訳すると「チェシャ猫のようにニヤニヤ笑う」という成句から，実在しないチェシャ猫というキャラクターをキャロルが創作し，その猫は私たちが住む世界の普通の猫とは異なり，成句どおりに，にやにやと笑うのである．そういう意味で，『不思議の国』では「猫がにたにた笑える」ことが，公爵夫人が言うように，事実なのである．

図版 2：ジョン・テニエル画『不思議の国のアリス』
（ニヤニヤ笑いだけを残し消えていくチェシャ猫）

ではなぜ，チェシャ猫は，以下の引用のように，シッポの端から消えはじめ，最後にニヤニヤ笑いだけを残し，消えていくことができるのだろうか？（図版 2）

… "and I wish you wouldn't keep appearing and vanishing so suddenly: and you make one quite giddy."

"All right," said the Cat; and this time it vanished quite slowly, beginning with the end of the tail, and ending with the grin, which remained some time after the rest of it had gone. (pp. 66–67)

「だけどあなた，そんなに急に出たりひっこんだりしないでよ．目がまわっちゃうわ」

「しょうちしました」ネコはそういうと，こんどはゆっくりゆっくり消えうせてね．つまり，しっぽのさきから消えはじめて，にんまり笑いで終ったわけだけれど，からだのほかの部分はすっかり消えてからも，そのにんまりだけは，しばらくあとにのこっていた．

（『不思議の国のアリス』（新潮文庫）矢川澄子訳　金子國義絵（新潮社，1994 年）91 頁）

このシーンは，チェシャ猫の光った歯だけが，最後に闇のなかに残るディズニーの映像でも，印象的であるが，なぜそんな消え方をするのか．その答えは，このチェシャ猫の消え方を見た，アリスの次のような感想から類推できる．

"Well! I've often seen <u>a cat without a grin</u> ... but <u>a grin without a cat</u>! It's the most curious thing I ever saw in all my life!'

（p. 67，下線筆者）

「へえ！ にんまりしないネコなら，いくらも見たことがあるけれど，ネコなしでにんまりだけだなんて！　こんなへんてこなもの，いままで見たことありゃしない！」（矢川澄子訳 91 頁）

つまり，アリスを含む私たちが住む「センス」世界では，ニヤニヤ笑いのない猫（a cat without a grin）が普通であるが，いろんなことが逆転する「ノンセンス」世界である不思議の国では，'without' の前後の 'a cat' と 'a grin' が逆転し，'a grin without a cat'（「猫のいないニヤニヤ笑い」）になるという論理なのである．

では次に，第 7 章「マッド・ティー・パーティ」（'A Mad Tea-Party'）に登場する「マッド・ハッター」（'Mad Hatter'）と「三月ウサギ」（'March Hare'）が，なぜチェシャ猫が言うように 'mad' なのか考えてみたい．（図版 3）

図版 3：ジョン・テニエル画『不思議の国のアリス』
（マッド・ティー・パーティ）

この章のお茶会では，おかしなキャラクターが集まってハチャメチャなことが起こる．大きなテーブルの片側に集まって座っているため，席があるにもかかわらず，アリスには席がないという．負けずに，一方的に，大きな肘掛椅子に座るアリスに，テーブルにはないワインを勧めたり，答えのないなぞなぞをたずねたりするのである．

まず，このお茶会に登場する三月ウサギが，なぜマッドなのかについて，考えてみたい．そのヒントは，前の章で，チェシャ猫から "They are both mad"（「どっちも狂っている」，矢川澄子訳 89 頁）という言葉を聞いたにもかかわらず，それでも会いに行こうと考えたアリス自身が口にする次の言葉からもうかがえる．

"I've seen hatters before," she said to herself: "the March Hare will be much the most interesting, and perhaps, as this is May, it wo'n't be raving mad—at least not so mad as it was in March." (p. 66，下線筆者)

「帽子屋さんになら会ったことがあるし」と，彼女はつぶやいた．「三月兎さんって，だんぜん面白そう．それにいまは五月だから，むちゃむちゃに狂ってはいないでしょう ── 少なくとも，三月ほどには狂ってはいないはず」 （柳瀬訳 91 頁）

このアリスの独り言を聞けば，3月はウサギの発情期ということで，三月ウサギは発情期のウサギで，'mad' なのだという理由がわかる．

さらに，『アリス』作品の注釈書として有名で日本語の翻訳も出ている *The Annotated Alice*（『詳注アリス』）の注釈者マーチン・ガードナーによると，「とてもおかしい」という意味で，'mad as a March hare' という成句がキャロルの時代に使われていたことから，こうした成句からおかしな三月ウサギというキャラクターをキャロルが作り出したという (Lewis Carroll, Martin Gardner (ed.), *The Annotated Alice: 150th Anniversary Deluxe Edition* (New York and London: W.W. Norton, 2015)，p. 79．以下ガードナーと記す)．もしキャロルのテキストを英語で読もうとする読者には，このガードナーの注釈書は，とても役に立つので，関心のある方は上記を参考にされたい．

また，初版出版時に著者キャロルと画家テニエルは互いに絵と本文を相談しながら制作したため，挿絵を見ればすぐに理解できる箇所は，テキストではあまり詳しい描写をしなかったが，テニエルは『アリス』以前の挿絵でも，キャラクターの頭につけた麦わらで狂気と暗示しているケースがあり（さらに興味のある方は，Michael Hancher, *The Tenniel Illustrations to the "Alice" Books* (Columbus: Ohio State University Press, 1985), p. 46 を参照されたい)，図像学的にも三月ウサギについた麦わらをみれば，そこからも三月ウサギの狂気が推測できるのである．

では，なぜ，帽子屋が 'mad' かというと，「とてもおかしい」という意味で，'mad as a hatter' という成句がキャロルの時代に一般に使われており，キャロルがこの成句をもとに，マッド・ハッターというキャラクターを作り出しただけではなく，そのころ帽子屋はフェルトをカットする水銀で中毒となり精神に異常をきたしたという事実にも起因するそうである（ガードナー 79-80 頁)．とてもおかしなお茶会の主催者2人が 'mad' なのも，なるほどと納得できるのである．

図版4：テニエル画（左からグリフォン，アリス，偽ウミガメ）

第9章「偽ウミガメの話」（'The Mock Turtle's Story'）では，「偽ウミガメ」（'Mock Turtle'）という実在しないキャラクターが登場し，テニエルの挿絵では身体が亀で頭が牛で描かれていることはすでに一般に知られている．（図版4）'mock' はもともと「偽の」あるいは「まがいの」という意味であるが，この「偽ウミガメ」を知らないというアリスに対して，"It's the thing Mock Turtle Soup is made from" (p. 90)（「海亀風スープというのがあるじゃろ，その材料にする海亀フーじゃ」柳瀬尚紀訳130頁）と女王が暗示をかけるのに対して，アリスは "I never saw one, or heard of one" (p. 90)（「会ったこともありませんし，聞いたこともありません」柳瀬訳130頁）と答える．当時，偽ウミガメスープというものがあり，それは子牛からつくられたアオウミガメスープ（green turtle soup）のまがい物で，そのためにテニエルは顔と後ろの蹄と尻尾を子牛に描いたという（ガードナー111頁）．ある日本のイラストレーターが偽ウミガメの顔を豚に描いたケースもあったが，おそらくこんな由来を知らなかったのであろう．

さらに，言葉遊びのなかでも，同音異義語を使った言葉遊びは，ふんだんにみられる．例えば，第3章「コーカスレースと長い話」（'A Caucus-Race and a Long Tale'）の章の題になった 'a long tale' はアリスが泣いた涙の池でずぶ濡れになったみんなの身体を乾かすためにネズミが話す話である．ネズミの話が，曲がりくねったしっぽの形に段組みされていることからも，ネズミのしっぽだとわかるが，なぜ「話」が「しっぽ」の形なのか，英文テキストをチェックしてみたい．

“Mine is a long and sad tale!” said the Mouse, turning to Alice, and sighing.

“It *is* a long tail, certainly,” said Alice, looking down with wonder at the Mouse’s tail … (p. 34，下線筆者)

「私の身の上話は長い悲しい話（テール）です」と鼠はアリスの方に向きなおり，ため息をつきながらいいました．

「もちろん長い尾（テール）にはちがいないでしょうけど」と，鼠の尾っぽを不思議そうに見ながらアリスはいいました．

（『不思議の国のアリス』（角川文庫）福島正美訳（角川書店，1975 年）34-35 頁）

下線部をみれば，お話の ‘tale’ としっぽの ‘tail’ が同じ発音だが，スペルと意味の異なる同音異義語だということがすぐにわかる．かくしてネズミの話は，ネズミの尾（テール）の形をした長い話（テール）となるのである．

図版 5：テニエル画（アリス達に話をするネズミ）

第 9 章「偽ウミガメの話」は，『不思議の国』の言葉遊びが集まった宝庫であるが，ここからも，同音異義語を使った言葉遊びを，二例ほど紹介したい．

まずは，海の学校の先生の名前から．

"When we were little", the Mock Turtle went on at last, more calmly, though still sobbing a little now and then, "we went to school in the sea. The master was an old Turtle—we used to call him Tortoise—"

"Why did you call him Tortoise, if he wasn't one?" Alice asked.

"We call him Tortoise because he taught us," said the Mock Turtle angrily. "Really you are very dull!" (p. 93，下線筆者)

「わたしたちが，小さなころは，海のなかの学校に行きました．先生は年とったウミガメで──わたしたちは，その先生のことを，トータス（陸にいるカメのこと）とよんでいたが──」

「なぜ，ウミガメなのにトータスとよんだのですか」

と，アリスが言いました．

「その先生が，わたしたちを教えたのだから」

と，カメがじゃけんに言いました．

（『不思議の国のアリス』（世界文学の玉手箱 6）吉田健一訳　長野まゆみ解説（河出書房新社，1993 年）170 頁）

ここで，気をつけないといけないのは，ウミガメ（turtle）とリクガメ（tortoise）の区別である．日本語ではカメに「海」と「陸」をつけて区別するが，英語では全く異なった単語である．この章は海の学校の話であるから，偽ウミガメもそうであるように，先生はウミガメ（Turtle）でないといけないのに，なぜリクガメ（Tortoise）先生と呼んだのか？その理由はもし聞いていたら，すぐにわかるだろう．つまり，「教える」（taught us）という発音が，実は「リクガメ」（tortoise）と同じ，同音異義語なのである．

もちろん，英語の発音はイギリスでも様々で，出身地や階級，受けた教育により大きく異なっている．例えば，先に引用した吉田健一の翻訳では，「わたしたちを教えた」と「トート・アス」とルビを振っているように，外国人である私たち日本人風な英語の発音では，「教える」（taught us）と「リクガメ」（tortoise）の発音は同じにはならない．以前，ケンブリッジ大学のクレア・ホール学寮で一年客員フェローをしていたときに，スコットランド生まれのある先生が，'Queen's English' あるいは 'Oxford English' と呼ばれ，公共放送

BBCで使用される典型的な英語では，この2つの発音は全く同じになるとおっしゃって，適任の若いフェローに‘taught us’と‘tortoise’の発音をするように頼み，同じだろうとおっしゃったことがあった．これは，ジョージ・バーナード・ショー（Gorge Bernard Shaw，1856-1950）の戯曲『ピグマリオン』（*Pygmalion*）を映画化した『マイ・フェア・レディ』で言語学者ヒギンズ先生が貧しいロンドンなまりのイライザの発音を辛抱強く教育する場面でもみられるように，階級や教育，出身地が個人の英語の発音に大きな影響を与えるイギリス社会の現実をほんの少し垣間みる経験であった．そういう意味で，もし私たちがイギリス英語を習いたいと思うときには，指導者について，少し考える必要があるかもしれないが，アリスが属していた社会では同じ発音だったのである．

2つ目の同音異義語の言葉遊びは，同じ海の学校の時間割に話が及んだときのことである．子どもたちにとって授業時間数は特に大切である．なぜなら，授業より遊びのほうがはるかに楽しいからである．アリスが，この海の学校の時間割についてたずねたときの偽ウミガメとグリフォンの答えは，次のような子どもたちが大喜びするものであった．

"And how many hours a day did you do lessons?" said Alice, in a hurry to change the subject.

"Ten hours the first day," said the Mock Turtle: "nine the next, and so on."

"What a curious plan!" exclaimed Alice.

"That's the reason they're called lessons," the Gryphon remarked: "because they lessen from day to day."

This was quite a new idea to Alice, and she thought it over a little before she made her next remark. "Then the eleventh day must have a holiday?"

"Of course it was," said the Mock Turtle.

"And how did you manage on the twelfth?" Alice went on eagerly.

"That's enough about lessons," the Gryphon interrupted in a very decided tone.

(p. 95，下線筆者)

「そして，一日に何時間，勉強なさったのですか」
と，アリスはほかの話をして，カメたちの気をまぎらせるために，急いで言いました．
「最初の日は十時間，そのつぎの日は九時間と，そういうふうな勉強のしかただった」
と，カメが言いました．
「なんて変わったやりかたでしょう」
「だから勉強（レッスン）というのだ．毎日，減少（レッスン）するから」
と，グリフォンが言いました．
こんなことは，アリスはまだ聞いたことがなかったことなので，そのことですこし考えこんでから言いました．
「それじゃ十一日めはお休みだったのですか」
「もちろん，お休みだ」
と，カメが言いました．
「それで，十二日めには，どうなさったのですか」
と，アリスは，それはぜひとも知っておかなければならないと思って，急いでききました．
「勉強の話は，このくらいでたくさんだ」　　（吉田訳 175-176 頁）

この言葉遊びも，読むよりも聞く方がわかりやすい．大学の学生に読み聞かせると，かなりな学生がすぐに理解できる．つまり「授業」である‘lesson’と同音異義語の「減る」‘lessen’とをかけた言葉遊びなのである．授業よりも遊びが好きな子どもたちは，毎日レッスンが減っていくというこの言葉遊びに，レッスンを忘れて歓声を上げること請け合いである．

キャロルのノンセンスには，子どもたちの喜びそうな慣用表現を使った言葉遊びが随所にちりばめられている．例えば，第 1 章ですぐ近くを走っていった白ウサギが，最初は “Oh dear! Oh dear! I shall be too late!” (p. 16) と独り言を言うが，この ‘Oh dear!’ という慣用表現は，‘Oh my God!’ と同じく，「大変だ」という意味で，大切な ‘dear’ や ‘God’ を ‘Oh’ の後につける．そのためか，同じ第 1 章の後半で，アリスが白ウサギを追ってウサギの穴に落ちた後，通路を急いでいくウサギが角を曲がるときに，アリスが耳にしたのは，"Oh my ears and whiskers, how late it's getting!"（p. 18）と叫ぶウサギの声である．この 'Oh my ears and whiskers' を「あれッ，私の耳と髭はどうしたんだろう，遅いこと」(Lewis Carroll, *Alice's Adventures in Wonderland*『愛ちゃんの夢物語』丸山英観（薄夜）訳（内外出版会，1910 年）7 頁）と，1910 年日本最初の『不思議の国のアリス』の翻訳者丸山英観は翻訳し，「なんて私の耳や髭は感が鈍くなつちまつたんだろう」（レイズ・カアロル原著『アリスの不思議國めぐり』望月幸三訳（紅玉堂書店，1923 年）3-4 頁）と，大正末の 1923 年望月幸三は邦訳した．しかし，ここはしゃれで，ウサギにとって大切なものは，象徴的な耳とひげなので，'dear' や 'God' を 'ears and whiskers' に置き換えたキャロルが考えた言葉遊びである．意味はもちろん「ああ大変だ，なんて遅れてしまったんだろう」ということになるが，これも慣用表現を使った言葉遊びの一例である．

慣用表現をそのまま文字どおりに解釈することによって生じる意味の齟齬をあつかう言葉遊びにも面白いものがある．例えば第 7 章ではお茶会はいつも 6 時のまま．なぜなのか？ アリスと三月ウサギとマッド・ハッターの会話から，その理由を推測してみたい．

"I think you might do something better with the time", she said, "than wasting it asking riddles that have no answers."

"If you knew Time as well as I do," said the Hatter, "you wouldn't talk about wasting *it*. It's *him*."　（p. 71，下線筆者）

「こたえのないなぞなぞなんかでひまつぶすより，もっと時間をだいじにすればいいのに」

「あんた，おれくらい時間君を知っていたら，そんなふうに呼びすてにしやしまいな．くんなんだぞ」　（矢川訳 98-99 頁）

答えを考えていないなぞなぞを出したマッド・ハッターと三月ウサギに，アリスは時間の無駄だというが，アリスは，そのとき，時間は抽象名詞であるため文法的には正しい代名詞 'it' で受ける．一方，マッド・ハッターは，時間を大文字の 'Time' で表し，人称代名詞の 'him' で受け，擬人化する．その意味がわからないアリスに対し，マッド・ハッターは時間との間でなぜ不和が起こったのか，次のような説明を続ける．

"I don't know what you mean," said Alice.

"Of course you don't!" the Hatter said, tossing his head contemptuously. "I dare say you never even spoke to Time!"

"Perhaps not," Alice cautiously replied; "but I know I have to beat time when I learn music."

"Ah! That accounts for it," said the Hatter. "He wo'n't stand beating. Now, if you only kept on good terms with him, he'd do almost anything you liked with the clock ...." (p. 71，下線筆者)

「なんだか，よくわかんないわ」アリスがいうと，帽子屋はさもばかにしたように，ふんぞりかえり，

「わかってたまるかよ．時間くんと口きいたこともないくせして」

「そりゃそうかもね」とアリスはへまをいわないように用心しいしい，「でも音楽のクラスでは，タクトにあわせて時間きざむでしょう」

「あはん，それで合点だ．きざまれるなんてまっぴらなんだ，時間くんは．いいかね，ふだんから時間くんとなかよくしていさえすりゃ，時計だってあんたのすきなように動かしてくれらあな．…」 (矢川訳 99 頁)

アリスが音楽を習うときには拍子をとらないといけないという，この「拍子をとる」（'beat time'）というイディオムを文字どおり「時間を打つ」と解釈し，擬人化された時間はぶたれることに我慢ができないのだと，擬人化された時間との関係や不和の経緯を次のように続ける．

"Well, I'd hardly finished the first verse", said the Hatter, "when the Queen bawled out 'He's murdering the time! Off with his head!'"

"How dreadfully savage!" exclaimed Alice.

"And ever since that", the Hatter went on in a mournful tone, "he wo'n't do a thing I ask! It's always six o'clock now."

A bright idea came in Alice's head. "Is that the reason so many tea-things are put out here?" she asked.

"Yes, that's it," said the Hatter with a sigh: "it's always tea-time, and we've no time to wash the things between whiles." (pp. 72–73, 下線筆者)

「でね，おれが一番だけうたったところでさ」帽子屋がつづける.「いきなり女王さまがわめきだしたんだよ.〈こいつ時間つぶしじゃのう，首を切れい！〉って」

「うわあ，やばんねぇ！」アリスが思わずさけぶと，帽子屋は沈んだ声で，

「で，それからってものは，時間くん，いくらたのんでもだめでね．いつだって六時のまんまよ」

そういわれて，アリスはぱっとひらめいたんだ.「なあんだ，それでこうやってお茶の道具，だしっぱなしで？」

「そうなんだ」帽子屋はためいきして，「いつだってお茶の時間で，あいまに茶わんあらうひまもありゃしない」 (矢川訳 101 頁)

時間が止まったのは，赤の女王の "He's murdering the time! Off with his head!" という言葉による.「ひまつぶしをする」という意味の慣用表現 'kill time' を，'kill' にかえて 'murder' に，さらに 'time' の前に定冠詞の 'the' をいれた 'murdering the time' と言い換えているが，そのもともとの意味は 'mangling the song's meter'（ガードナー 90 頁），つまり，「歌の拍子を台無しにする」である．しかし，不思議の国では時間は「もの」（'it'）ではなく「人」（'him'）であるので，擬人化された「時間」は，文字どおり殺されたことになり，もう希望どおりには動いてくれず，いまではお茶の時間はいつも 6 時のまま，おかげで食器を洗う暇もない有様となる．

それですべてのなぞが解ける．なぜ時間が 'him' で，なぜお茶会がいつも 6 時のままなのか，抽象名詞を擬人化させ，さらに慣用表現を文字どおりの意味に解釈する不思議の国のノンセンス論理が解明されるのである．

お茶はいまでもイギリスでは大切な時間といえる．正式な食事より簡単に人を招きやすく，夏なら庭先に広げたテーブルで，ミントとクリームチーズの

入ったキュウリのサンドイッチとお茶で，夏の長い日差しをゆったりと楽しむイギリス人の生活は現在でも変わらない．ここしばらく，新型コロナウイルスの影響で，特に感染率の高いイングランドでは状況に合わせて政府が罰則規定を策定し，ほかの所帯を訪問する人数や形態などもめまぐるしく変わったが，日本でもすでに一般的な表現となったロックダウンが解除された 2020 年の初夏には，ほかの家族と屋外の庭などでの集会を認めたこともあった．知り合いのイギリス人夫妻は近所の友人を久しぶりにお茶に招いたと嬉しそうに言っておられたが，当時イギリスにいた神経質な私は，庭でのお茶に招待されたにもかかわらず，もっとお話ししてとアリスに請われたキャロルのように，「次回に」（'next time'）とあいまいな返答をしたままになってしまった．私はすでに 9 月には日本に帰国してしまい，この原稿を推敲している 11 月には，英首相が苦渋の選択として第 2 波のロックダウンを決定し，規則は再び厳しくなり別所帯が庭で会うことは再度禁じられていると聞きおよんでいる．それでなくともイギリスの日没は早く気温も低い．もう，外でのお茶は不可能である．「次回」はいったいいつになるのか，アフターコロナは世界中でまったく未知数である．

現在のエピソードへと，脱線してしまったが，『アリス』物語の背景にはイギリスの生活文化が色濃く反映されており，19 世紀半ばのヴィクトリア時代の文化を知ることもよりいっそう不可欠であるといえる．

4. 文化的背景とノンセンス

『不思議の国のアリス』のノンセンスを理解するためには，アリスやキャロルが生きたイギリスそしてヴィクトリア時代の文化理解が不可欠であるとすでに述べたが，文化背景としては，とりわけ子どもたちが強いられていた教育，教訓やマナーなどのセンス，社会規範を知ることが大切である．そうでなければ，こうした規範を転覆させノンセンス化するために機能するパロディの効果も理解しがたいであろう．また，現代でも英語圏で広く伝承し，ほとんどのイギリス人に親しまれているマザーグースへの理解も重要といえよう．

ではここで，当時のイギリスの文化やマザーグースの詩と関連したパロディを紹介したい．「二つの『アリス』の本のなかの詩のほとんどはキャロルの同時代の読者がよく知っている詩や流行歌のパロディである」(ガードナー 26 頁) ということはすでに日本の読者も聞いたことはあるかもしれないが，このパロディも英語で味わった方が，はるかにわかりやすい．例えば，白ウサギの後を追って，ウサギの穴に落ちたアリスは，美しい庭に続くドアを通り抜けるために「お飲みなさい」というラベルのついた瓶の中身を飲み干し身体が小さくなるかと思うと，また，ケーキを食べて身体がとても大きくなってしまう．急激な変化で，いったい自分が誰なのか不安になったアリスは，あまり物知りではないメイベルになったのではないかと不安に思い，自分の知識を試そうとして，九九や地理，そして普段からよく知っている “How doth the little—” の歌を暗唱する．この元の歌は，当時の子どもたちがよく暗唱したアイザック・ワッツ (Issac Watts, 1674-1748) という牧師の教訓歌——『子どもたちのための聖歌』(*Divine Songs for Children*, 1715) のなかにある詩「怠慢と危害に備えて」(“Against Idleness and Mischief”) ——である．ところがアリスが歌ったのは，元の歌とは全く異なったパロディであった．『アリス』のなかでは，結構有名な替え歌だが，元のワットの詩とキャロルの替え歌を英語で引用してみたい．まず，ワッツの教訓歌から．

How doth the little busy bee
　Improve each shining hour,
And gather honey all the day
　From every opening flower!

How skillfully she builds her cell!
　How neat she spreads the wax!
And labours hard to store it well
　With the sweet food she makes.　(ガードナー 26-27 頁，下線筆者)

ごらんかわいい蜜蜂が
輝く時間を善用し
日がな一日甘い蜜を
花から花へと集めてる！
ごらんしっかり巣を作り

きれいな蜜蠟をひろげてる
おいしい食糧を貯めようと
いっしょうけんめい働いている！
（ルイス・キャロル『ルイス・キャロル詩集　不思議の国の言葉たち』高橋康也沢崎順之助訳（筑摩書房，1977 年）高橋訳 190 頁）

この教訓歌が，キャロルの手になると，次のような，小さなワニのコミカルな詩に変貌してしまう．

"How doth the little <u>crocodile</u>
Improve his shining <u>tail</u>,
And <u>pour the waters of the Nile</u>
On every <u>golden scale</u>!

"How <u>cheerfully he seems to grin</u>,
How <u>neatly</u> spreads <u>his claws</u>,
And <u>welcomes little fishes in</u>,
With <u>gently smiling jaws</u>!

（p. 26，下線筆者）

ごらんかわいい鰐さんが
尻尾をピカピカ磨いてる
ナイルの水をザブザブと
金のうろこに浴びせてる！

ごらんニタリと楽しそう
きれいな爪をひろげてる
ニッコリ優しく顎あけて
ちいちゃな魚を迎えてる！

（高橋康也訳 190 頁）

元の英語と比較して異なる英語の語句にそれぞれアンダーラインを引き，すでに翻訳を添えているので，詳しい解説はあまり必要ではないだろう．ワッツの詩は，怠惰と危害を戒めるために，忙しく蜜を集め貯蔵する「働きバチ」にたとえて，勤勉を勧めているが，それが優しく微笑んで小魚を丸呑みする小さな「ワニさん」に，パロディ化されることによって，元の教訓は消えてしまい，あっという間に少し残酷だがコミカルで可愛いエキゾチックな南国のワニの詩に変貌する．ワニはオックスフォード大学付属の自然史博物館でアリス・リデルも剥製を見たことだろうし，遠い南国にいる興味いっぱいの動物であるが，おそらく，元の教訓詩を教えられ暗唱することの多かった子どもたちは，センスをノンセンス化するキャロルの仕掛けに，あっと驚きこのパロディ詩を喜んで大きな声で暗唱したことであろう．

また，キャロルは教訓歌だけではなく，英語圏で広く知られているナーサリーライム，別名マザーグースの詩もパロディに変えてしまう．例えば，先に引用したマッド・ティー・パーティで，お茶に参加するというより，マッド・ハッターと三月ウサギに挟まれてほとんど眠っているヤマネが，突然次の歌を歌い出す．

Twinkle, twinkle, little bat!
How I wonder what you're at!
Up above the world you fly,
Like a tea-tray in the sky.　　(p. 72，下線筆者)

きらきら　光れ　小さな蝙蝠よ
いったいおまえはなにしてる！
この世をはるかに下に見て
お空を飛んでく盆のように　　(高橋訳 204 頁)

ヤマネが歌いだしたこの歌は，マザーグースの "Twinkle, twinkle, little star!" のパロディである．この元の歌をすでに知っている日本の読者も多いことと思うが，この歌を知っているだろうと聞かれたアリスは，元の歌を知っていたので，「似たようなのなら聞いたことがあります」(柳瀬訳 100 頁) ("I've heard something like it" p. 72) と答えるが，ヤマネが歌うパロディの元歌は，空に輝く星を歌ったジェイン・テイラー (Jane Taylor, 1783-1824) が書いた著名な「星」("The Star") で，マザーグースのなかに収録されている次のような歌詞である.

Twinkle, twinkle, little star,
How I wonder what you are!
Up above the world so high,
Like a diamond in the sky. (ガードナー 89 頁，下線筆者)

きらきら　光れ　小さな星よ
いったいあなたは何でしょう！
この世をはるか下に見て
お空のダイアモンドのように (高橋訳 204 頁)

英文の下線で示したように，変更はわずかであるが，「星」が「こうもり」に，たとえの「空に輝くダイアモンド」が「空をとぶお茶の盆」に変わるだけで，空に輝くロマンチックな星が，空を飛ぶ茶盆のようなこうもりのコミカルな詩に変貌する．この歌を聞いた気の短い赤の女王が先に引用したように，「ひまつぶしをする」と「時間を殺してしまう」という 2 つの意味に解釈できる ‘murdering the time’ と叫んだために，時間が言うことを聞いてくれなくなるのは，このパロディを契機としていた．

そのほかマザーグースとの関連は，『不思議の国』の第 11 章「誰がパイを盗んだのか」(‘Who Stole the Tarts?’) における裁判のエピソードにもみられる．『アリス』のこの裁判も，マザーグースの詩と同じ内容，つまり，ハートの女王が作ったタルトをハートのジャックが盗んだというエピソードをベースにしているが，この詩の一節は『不思議の国』のなかではパロディ化されず，そのまま引用されている (図版 6).

The Queen of Hearts, she made some tarts,
　All on a summer day:
The Knave of Hearts, he stole those tarts
　And took them quite away! (p. 106)

ハートの女王がパイつくり
　夏の日いちにちかかってさ
ハートのジャックがパイとった
　そっくりくすねてどろんした　（矢川訳 154 頁）

図版 6：テニエル画（法廷でタルトを調べる王と女王）

『不思議の国』のなかでは，この詩は白ウサギが読みあげる告訴状となり，陪審員による評決より先に判決を言い渡そうとするノンセンスな裁判にアリスも証人として証言を求められることとなる．そして，最後には「あなたたちなんて，ただのトランプじゃない！」（矢川訳 172 頁）という，アリスの言葉で，王様や女王様などのキャラクターはただのトランプの札となって舞い上がり，アリスは夢から覚め，物語は終わりを迎えるのである．

『アリス』には，すでに述べたように帽子屋や三月ウサギなどの当時のイディオム以外にも，ヴィクトリア時代の時代的文化的影響がみられた．アリスのモデルとなった実在のアリス・リデルもキャロルもミドルクラスに属する．アリスは，オックスフォード大学クライスト・チャーチの学寮長の娘でヴィクトリア女王の末の王子レオポルドとの親交もあるアッパーミドルクラスに属する未来の淑女であり，一方，キャロルもまたアリスの家族ほどではないが，父は教区牧師で自らもオックスフォード大学の数学の講師であった．こうしたヴィクトリア朝のミドルクラスの教育や習慣も，『アリス』作品の背後に，垣間みられる．

例えば，先に引用した第9章「偽ウミガメの話」のなかで，アリスとグリフォンと偽ウミガメがお互いに自慢しあう海の学校のシーンにも，当時の学校制度が反映されている．偽ウミガメは自分たちの学校は素晴らしかったと，次のように自慢する．

"We had the best of educations—in fact, we went to school every day—"

"*I've* been to a day-school, too," said Alice. "You needn't be so proud as all that." (p. 94)

「ぼくたち最高の教育をうけたよ．——ほんとよ，毎日学校へ通ってさ」

「あたしだって，毎日学校よ．そんなこと，ひとつもいばることないわ」

（矢川訳132頁）

ここで偽ウミガメとアリスが，自慢しあう 'a day-school' というのは，当時は，日曜学校と区別されるより高度な初等教育の学校であった．また，海の学校では，ふつうの学校で学ぶ科目が，言葉遊びによってノンセンスな科目に変更されているが，そのなかには 'Laughing and Grief'（「笑い方と悲しみ方」）という科目がある．これは，イギリスでは古典として重んじられ，高等教育機関では必修の「ラテン語とギリシア語」（'Latin and Greek'）の言葉遊びである．いわば，ヴィクトリア時代の教育制度もそんな風にさりげなく『アリス』物語のなかに，挿入されている．

また，『不思議の国のアリス』のなかで，アリスは随所で歌を暗唱するが，この空で覚えるという学習方法はヴィクトリア時代の教育では一般的であった．アリスは，いつも不思議の国のおかしな出来事に出合い，自分が誰だかわからなくなり，自分がおかしくなったのではないかと不安に思う折々に，元のヴィクトリア社会で教えられた歌や作法などの知識を確認するかのように自分を試す．例えば，先に引用した“How doth the little—”の暗唱もその一例である．アリスは，「教訓詩を暗唱するときのように膝にきちんと両手を置き，文句を唱えはじめた．しかし声はかすれていつもと違うし，言葉も前と同じようにに出てこない」（柳瀬訳 26-27 頁）と説明されているように，暗唱するときのきちんとしたしぐさに従いながらも，不安を映し出すかのように，声はかすれ暗記しているはずの言葉はパロディとなるのである．

さらに，第5章で，いままでのことが思い出せないと嘆くアリスは，芋虫に“You are old, Father William”を暗唱するように言われ，両手を組んで暗唱をはじめるが，やはり覚えていたものとは違った歌になり，パロディに変わってしまう．

そういう意味で，『不思議の国のアリス』は現在では世界中でよく知られているノンセンスファンタジーであるが，その背景にはイギリスヴィクトリア朝の教育や作法，子どもたちがよく知っていた成句や歌などがあり，こうした文化的背景や言葉遊びは，英文で講読することによってより身近に感じられるのである．

ルイス・キャロルが子どもの興味や感性など，子どもの目線に立って創作した児童文学作品『不思議の国のアリス』は，当時のミドルクラスの子どもたちの日常生活や習慣，さらには子どもたちに教えられた教訓や歌い継がれた歌や教育制度，さらに英語による成句や言葉遊びが，ふんだんに隠されている宝石箱である．ユニークなキャラクターやノンセンスの多くが英語の言葉遊びから成り立っている．そういう意味で，『アリス』を英語で味わう醍醐味は，グーグル翻訳をはじめとする多くの翻訳が輩出し，すでにエピソードやキャラクターが一般に浸透しよく知られている現在においても，色あせることはないだろう．多くの日本の翻訳者が，初期の明治期から現代にいたるまで，日本語でもわかる言葉遊びをめざし，翻訳の工夫を凝らしてきた．しかし，日本語に変更された言葉遊びは，すでにキャロルがめざした英語の言葉遊びから，日本の文化や風土言語に移植され再構築された作品である．日本語と英語の言語的文化的相違を認識しながら翻訳を味わうのも一興であろうが，やはり『アリス』の醍醐味は，ヴィクトリア文化への理解と英語による言葉遊びを通じてしか味わえない．いいかえれば，『アリス』を英語で読めばノンセンスのなかのセンス，ヴィクトリア時代のセンスがみえる．

そういう意味で，もし本章を契機として，ここでは論じることのできなかった『鏡の国のアリス』の言葉遊びやエドワード・リアのノンセンス詩を英文で読了しようという試みに挑戦すれば，さらにその面白さや奥深さを堪能することができること請け合いである．

第12章

『ピグマリオン』から『聖女ジャンヌ・ダルク』へ
バーナード・ショーの磨き上げた言葉の束

飯田敏博

1. バーナード・ショーの『ピグマリオン』と映画『マイ・フェア・レディ』

バーナード・ショー（Bernard Shaw, 1856-1950）は20世紀初頭のイギリス演劇界に新風を吹き込んだアイルランドを代表する劇作家である．ショーは文学の世界では皮肉屋のイメージが強いが，常に既成の価値観を問い直す骨太の挑戦者でもあった．

ジョージ・キューカー（George Cukor）監督，オードリ・ヘップバーン（Audrey Hepburn）とレックス・ハリスン（Rex Harrison）が主演した映画『マイ・フェア・レディ』（*My Fair Lady*, 1964）をご覧になった方も多いはず．その映画の原作はショーの戯曲『ピグマリオン』（*Pygmalion*, 改訂版1941）である．タイトルに用いられる「ピグマリオン」とはギリシア神話に出てくる王の名で，彫刻の名人である．王は現実の女性には失望することが多かったが，自分で彫刻した女性像の美しさには心奪われ，女神アフロディーテに願い出て，その象牙の彫像を生命ある女性にしてもらった．その後，2人は結婚して幸せに暮らしたとのことである．

ショーの戯曲『ピグマリオン』では，天才的な音声学者のヒギンズ（Higgins）教授が花売り娘のイライザ（Eliza）と出会う場面がある．ヒギンズ教授は英語をほんの少し聞くだけで話し手の生まれ育った場所を正確に言い当てることができる．特にロンドンの下町言葉には造詣が深く，話し手の出身地を通り1本はずさないこともあるようだ．ヒギンズ教授はその旺盛な研究心もあり，イライザの話す下町訛りにも興味を抱いたのである．ロンドンの下町訛りは「コックニー」(Cockney) と呼ばれ，「エイ」が「アイ」のように発音されることは知られている．day は「デイ」ではなく，「ダイ」のように発音される．h音が脱落するのも特徴で，“Oh, he’s your son, isn’t he?” が，「コックニー」では，「オウ，イーズ，ヤオア，サン，イズイー」のように発音され，付加疑問文の末尾の発音も通常とは異なる．

イライザの下町訛りとその言葉に興味を抱いたヒギンズ教授は自分が指導すれば，イライザは3か月で侯爵夫人並みの英語が話せるようになると断言する．イライザの方も，音声学の達人のもとで学べば，上流の言葉が身につき，よい仕事に就けるのではないかと考えた．その結果，イライザはヒギンズ教授宅に住み込み，教授から音声指導を受けることになった．特訓のお陰で，イライザは大使館の園遊会で侯爵夫人のような洗練された発音を披露することができた．それで2人が結ばれれば，ピグマリオン神話に似るのだが，ショーの戯曲ではそうはならない．イライザは思いやりのないヒギンズに愛想をつかし，フレディ (Freddy) という若者との結婚を宣言し，家を出て幕が下りる．

戯曲『ピグマリオン』では，上流の言葉と作法を身につけたイライザがもはや下町の花売り娘に戻ることができず，自分はこの先どうなるのだろうかと思い悩む場面がある．自分を見つめ直し成長するイライザが，音声学以外に興味がないヒギンズ教授とは，友情はあっても恋愛には発展しないのも無理はないところである．

この結末に関しては，アンソニー・アスキス (Anthony Asquith) とレスリー・ハワード (Leslie Howard) が共同で監督した映画『ピグマリオン』(1938) では原作の戯曲とは違い，ギリシア神話のピグマリオン風にまとめられた．(前出の映画『マイ・フェア・レディ』は映画『ピグマリオン』の結末を踏襲している．) つまり，出て行ったイライザがヒギンズ宅に戻り，満足げなヒギンズ教授を映して終わるのである．映画版ではヒギンズ教授とイライザに焦点をあてる構成に変えられ，個性派カップルの誕生となった．興行面での成功を考えた映画会社の影響力が推察される．しかし，ショーも映画『ピグマリオン』の出来には満足しており，結末について不満は述べなかったようである．

先にショーは皮肉屋だと述べたが，決して斜めから物を見るだけではなかった．戯曲『ピグマリオン』では英語の訛りを通してイギリスの階級社会の愚かさを笑うだけでなく，女性の自立の問題にも真正面から取り組んでいる．演劇の世界での「新しき女」(New Woman) の登場は，ノルウェイの劇作家イプセンの『人形の家』で主人公のノラが「何もかもが終わりました」と告げ，利己的な夫のもとから去る場面から始まる．『ピグマリオン』では，イライザが心遣いの足りないヒギンズ教授に怒り，室内用の靴を彼に投げつける場面がある．『ピグマリオン』の後半の描写は，成長する女性とそれに気づかない男の姿を舞台に乗せるという点で，『人形の家』の流れを汲むものと言えよう．

バーナード・ショーは『マイ・フェア・レディ』の原作のような同時代を扱う作品だけでなく，シーザー，クレオパトラ，ナポレオンなどの歴史上の人物を描く数々の歴史劇も生み出した．その中で，戯曲『聖女ジャンヌ・ダルク』(*Saint Joan*) はイングランドとフランスの百年戦争時にフランスを救ったとされる女性ジャンヌ・ダルクを描いた作品である．ショーはこの戯曲をフランスの裁判記録を参考にして執筆したのであるが，驚くべきことに，火あぶりにされたジャンヌの霊を舞台に登場させたのである．『聖女ジャンヌ・ダルク』創作については，執筆の 3 年前にジャンヌ・ダルクが聖人に列せられたこと，ショーの妻が夫にジャンヌ・ダルクの戯曲を書いてもらいたくて家のあちらこちらにジャンヌ・ダルク関連書を置いたことが背景にあるようだ．また，常々，友人の劇作家ウィリアム・アーチャー (William Archer) から，“shake the souls of people instead of their midriffs” (横隔膜を揺さぶるのではなく魂を揺さぶる) (William Archer to Shaw, 22 June 1921, British Library Add.MSS. 50528, vol. 21. [Brian Tyson, *The Story of Shaw's Saint Joan* (Canada: McGill-Queen's University Press, 1982) p. 4]) 偉大な戯曲を書くように言われていたのも励みになったのかもしれない．ショーは完成度の高い戯曲を生み出し，1925 年，ノーベル文学賞を受賞した．

1934 年当時，演劇関係者対象に半世紀後に古典として生き残る作品はどれか予想せよというアンケートがイギリスであった．ショーの『聖女ジャンヌ・ダルク』を選ぶ批評家，俳優，プロデューサーが圧倒的に多いことを知ったショーは，“Plays which project great personalities will survive” (偉大な個性の持ち主を描く劇は生き残る) (Dan H.Laurence (ed), *The Bodley Head Bernard Shaw: Collected Plays with their Prefaces*, vol.6. (London: Bodley Head, 1973). p. 230) ので，その半世紀後には英米の男優たちはハムレットを，女優たちはジャンヌを演じることが多くなるはずだと答えた．今や，『聖女ジャンヌ・ダルク』は舞台の重要な演目となり，そのせりふは舞台オーディションに使用されるようになった．次の節では，『聖女ジャンヌ・ダルク』の魅力をショーの英語とともに紹介することにしたい．

2. 『聖女ジャンヌ・ダルク』劇の始め方（第1場から第3場）

『聖女ジャンヌ・ダルク』は英仏百年戦争中の1429年春から1431年5月まで（第1場から第6場）のフランスでのジャンヌの成功から一転して裁判にかけられ火あぶりになるまでの場面と，ジャンヌが亡くなって25年後の1456年に老シャルル王のもとにジャンヌが霊になって現れる場面（エピローグ）を描く戯曲である．初演は1923年，ニューヨークにおいてである．

第1場から第3場まではジャンヌが起こす（あるいは，起こしているかのように見える）「奇跡」によって登場人物たちが心動かされる様子が描かれる．まずは第1場を紹介していく．なお，*Saint Joan* の日本語訳は，『バーナード・ショー名作集』（白水社，1974）「聖女ジョウン」中川龍一・小田島雄志訳と，『福田恆存翻譯全集』第8巻（文藝春秋，1993）「聖女ジャンヌ・ダルク」を参考にした．

① 第1場

第1場はフランスのムーズ河畔，ヴォクルール城内のできごとである．史実では数か月のことが数日のできごとに圧縮されている．ここではフランスの領主ロベール（Robert）がジャンヌの希望どおりに彼女を王太子シャルル（Charles）のもとに遣わすことを決心するまでが描かれる．

主役のジャンヌが登場する前に脇役の2人が手際よく状況説明をする．観客の心をつかむために，ショーは単語の始めの音をそろえる「頭韻」(alliteration) を活かし，強烈な「卵」の場面を創り出した．次にあげるのはヴォクルールの領主が，賄方に卵がないと言われて激怒する場面である．引用に使用したテキストは Brad Kent 編，George Bernard Shaw, *Pygmalion, Heartbreak House, Saint Joan* (Oxford World's Classics, 2021) である．*Saint Joan* の引用ページは英文のあとに示した．このテキストは容易に入手できるので，ぜひ原文でお読みいただきたい.

ROBERT. No eggs! No eggs!! Thousand thunders, man, what do you mean by no eggs?

STEWARD. Sir; it is not my fault. It is the act of God.

ROBERT. Blasphemy. You tell me there are no eggs; and you blame your Maker for it.

STEWARD. Sir: what can I do? I cannot lay eggs. (p. 291)

(中略)

ROBERT. Thirty thousand thunders! Fifty thousand devils! Do you mean to say that that girl, who had the impudence to ask me two days ago, and whom I told you to send back to her father with my orders that he was to give her a good hiding, is here still? (p. 293)

ロベール： 卵がない，卵がないだと？ たわけもの，卵がないとはどういうことだ？

賄方： ご主人様，私のせいではございません．神様がなさったのです．

ロベール： この罰当たりが．卵がないことを神様のせいにするのか．

賄方： 私に何ができましょう？ 私に卵は産めません．(中略)

ロベール： たわけもの！ うつけもの！ 二日前に図々しくもおれに会いたいと言ってきたあの小娘のことをお前は言っているのか？ 娘をしたたかぶんなぐれとの命令をつけて父親のもとに送り返すように言ったその娘がまだここにいると言うのか？

この英文で作者は領主のいら立ちをどのように表現しているのだろうか．“No eggs! No eggs!!” と n と e の音を繰り返し，さらに “Thousand thunders” と th の音を繰り返す．これは先に述べたように，頭韻と呼ばれる修辞法で，as cool as cucumber（とても冷静）や as busy as bees（とても忙しい）のように，英語の特徴の 1 つである．強い音の連鎖によって観客の注意を舞台に集める効果がある．“Blasphemy” や “Thirty thousand thunders! Fifty thousand devils!” という「ののしりの言葉」(swearing)（本書 71 ページ参照）の強い言葉とともに，ジャンヌが2日前から領主に面会を望んでいるがそれが果たされていないという基本情報がさりげなく観客に伝えられる．“Sir: what can I do? I cannot lay eggs.” との賄方の反論で笑いも入っている．

演劇では観客は舞台上の人物がどのような者であるかはせりふが頼りである．テレビドラマのように，出演者の下に「ロベール」あるいは「賄方」とテロップを流すわけにはいかない．でも，せりふの中に練りこまれた情報を整理できるようになると，観客も「言葉，言葉，言葉」の世界が俄然楽しくなるはずである．

次は領主ロベールが「賄方」からジャンヌのことを聞き出す場面だ．

STEWARD. …You see, sir, you are much more positive than I am. But so is she.

ROBERT. I am stronger than you are, you fool.

STEWARD. No, sir: it isnt that: it's your strong character, sir. She is weaker than we are: she is only a slip of girl; but we cannot make her go.

ROBERT. You parcel of curs: you are afraid of her.

STEWARD [*rising cautiously*] No, sir: we are afraid of you; but she puts courage into us. She really doesnt seem to be afraid of anything. Perhaps you could frighten her, sir.

ROBERT [*grimly*] Perhaps. Where is she now? (p. 293)

賄方：（前略）ご主人様は私よりずっと気が強くていらっしゃいます．しかし，あの娘も同じなのです．

ロベール： 俺は貴様より力が強いのだ，馬鹿者．

賄方： いいえ，そのことではございません．あなた様は気性が強くていらっしゃいます．あの娘は私どもより腕力の劣る，かよわい娘にすぎません．でも，私どもは娘を追い返せないのでございます．

ロベール： 野良犬どもめ，貴様たちはあの娘をこわがっているのだな．

賄方：（用心深く立ち上がりながら）いえいえ，私どもがこわがっているのはあなた様でございます．ただ，あの娘は私どもに勇気を吹き込んでくれるのです．娘には恐れるものが本当に何もないかのようです．たぶん，ご主人様なら娘を怖がらせることができましょうが．

ロベール：（むっつりと）たぶんな．その娘は今どこにいるのだ？

この英語にはロベールと賄方の関係がよく表れている．まずは，賄方は sir という上位へ敬意を示す語を用いている．この sir は相手が王であれば，Your Majesty のように，相手の身分に応じて変わることになる．ロベールは賄方に you fool あるいは cur（本来は犬の意味だが，まぬけという意味もある）といった，相手を見下す言葉を浴びせかけている．さらには，賄方は，"we cannot make her go." のように，強制的にジャンヌを追い返せないという事実を述べているが，ロベールに対しては，"you could frighten her."（あなた様であれば怖がらせる）と，仮定法を用いることによって，ロベールに遠慮がちに述べているところからも読み取りたい．

登場人物についていえば，賄方はジャンヌが好きなようだ．彼は領主ロベールに，ジャンヌが「得難い」(positive) 存在であり，「自分たちに勇気を吹き込む」(she puts courage into us.) 娘であると訴える．賄方は強壮な領主と比べると見る影もない貧相な男ではあるが，ののしりの嵐の中でも必死にジャンヌを擁護する．なお，ショーは isn't ではなく isnt を，doesn't ではなく doesnt を使用する．アポストロフィがなくても理解できる場合はできるだけ使わない傾向がある．

賄方の話を聞いた領主ロベールはジャンヌについて，憲兵司令部将校のプーランジェ (Poulengey) に意見を聞く．将校プーランジェはオルレアンで味方のフランス軍がイングランド軍に敗北濃厚な戦況を憂えて語る．このプーランジェという将校はぼんやりとした男で，話しかけられなければめったに話をしないといった男であったが，ジャンヌのこととなると熱が入る．

POLENGEY. … And I tell you that nothing can save our side now but a miracle.

ROBERT. Miracles are all right, Polly. The only difficulty about them is that they dont happen nowadays.

POULENGEY. I used to think so. I am not so sure now. [*Rising and moving ruminatively towards the window*] At all events this is not a time to leave any stone unturned. There is something about the girl.

ROBERT. Oh! You think the girl can work miracles, do you?

POULENGEY. I think the girl herself is a bit of a miracle. Anyhow, she is the last card left in our hand. Better play her than throw up the game. (p. 298)

プーランジェ： （前略）味方を救ってくれるのは奇跡のほかにはありません．

ロベール： ポリー，奇跡，大いに結構．問題なのは近頃，とんと奇跡が起きないことだ．

プーランジェ： 私もそう考えていました．でも今はその確信がありません．（立ち上がり，物憂げに窓のほうに近づく）どちらにせよ，何の手も打たないというときではありません．あの娘には何かがあります．

ロベール： おや，君はあの娘が奇跡を起こせると考えているのだな？

プーランジェ： 私はあの娘自体がちょっとした奇跡だと考えます．とにかく，娘はわれわれの手に残された切り札です．勝負を投げ出すより，あの娘にやらせてみましょう．

この英文には難しい表現や構文がいくつかある．最初のプーランジェのせりふの，but a miracle の but は「しかし」という意味ではなく，except（除いて）という意味で使われている．その次のプーランジェのせりふの，“I used to think so.” の〈used to＋動詞の原形〉は「かつてはそうであった」あるいは「かつてはよくそうしたものだった」という過去の習慣を表し，現代でもよく使われる．それに続く “I am not so sure now.” がその前のロベールのせりふを受けて，“I am not so sure that they dont happen nowadays now.”（それらが近頃はとんと起きないという確信はない）のように，省略を補って読むことができたであろうか．英語では文の流れから理解できるときには省略されることがあり，その流れを読み取ることが英語読解には必要である．プーランジェの “leave any stone unturned” は「いかなる石もひっくり返さないことはない状態にする」の前に “this is not a time” があるので，「いかなる石もひっくり返さないままにしておくときではない」，つまり，「今や，何でもやってみるときだ」という意味になる．このプーランジェのせりふの冒頭部分 “I tell you nothing can save our side now but a miracle.” から，最後の “she is the last card left in our hand.” には，もはやフランスがイングランドに勝つ見込みはないといった絶望の気持ちが感じられる．戦いがトランプのゲームに喩えられているために，card や the game が用いられており，そのことから “play her” が gambling（ばくち）をイメージして “employ herself in a game”（ゲームで彼女を使う）という意味に解釈することになる．文学作品を原文で読む楽しみはこういったところにある．

プーランジェ将校は自分が本気である証として馬の費用も出すつもりである．領主ロベールから，それは賭け (gamble) にしか見えないと言われた将校は，賭けではないと断言する．

POLENGEY. It is a certainty. Her words and her ardent faith in God have put fire into me.

ROBERT [*giving him up*] Whew! You are as mad as she is.

POULENGEY. [*obstinately*] We want a few mad people now. See where the sane ones have landed us! (pp. 298-299)

プーランジェ： それは確信なのです．あの娘の言葉と神への篤い信仰心が私の心に火をつけたのです．

ロベール：（彼に愛想をつかし）ひゃあ，君はあの娘と同じぐらい気が狂っているな．

プーランジェ：（頑固に）今は狂った人間が何人かは必要です．正気な連中がわれわれをどんな目にあわせたかをお考えください．

“Her words and her ardent faith in God have put fire into me.” そして，“See where the sane ones have landed us!” のように現在完了形で述べられていることから，ジャンヌの言葉がプーランジェの心に火をつけた状態が「ずっと」続いてきていること，また，正気な連中が「ずっと」われわれをひどい目にあわせている状態が続いていることを読み取りたい．

領主はプーランジェ将校の熱心な願いを受け入れて，ジャンヌと面会することとなる．ジャンヌは領主に対して遠慮もなく欲しいものを並べ挙げる．

JOAN [*bobbing a curtesy*] Good morning, captain squire. Captain: you are to give me a horse and armor and some soldiers, and send me to the Dauphin. Those are your orders from my Lord.

ROBERT [*outraged*] Orders from *your* lord! And who the devil may your lord be? Go back to him, and tell him that I am neither duke nor peer at his orders: I am squire of Baudricourt; and I take no orders except from the king.

JOAN [*reassuringly*] Yes, squire: that is all right. My Lord is the King of Heaven. (p. 294)

ジャンヌ：（膝を曲げてひょいと挨拶して）おはようございます，ご領主様．私に馬とよろいをください．それに兵士を何人かつけて私を王太子様のところに遣わしてください．それが私のご主人様から，あなた様へのご命令です．

ロベール：（激怒して）お前の主人からの命令だって？ お前の主人とはいったい，どこのどいつなのだ．おまえの主人のところへ戻って，俺はそやつの命令に従うような貴族たちとは違うと言ってやれ．俺様はボードリクールの領主だ．だから，王以外の者から出されるどんな命令にも従わないとな．

ジャンヌ：（安心させるように）ああ，ご領主様，それなら大丈夫です．私のご主人様は天国の王様なのですから．

あとで火あぶりが待つ悲劇のヒロインとは思えない元気な登場の仕方である．耳で聞けば大文字も小文字もないので，“Those are your orders from my Lord.” ではジャンヌは Lord を神様のつもりで話した．しかも，“you are to give me a horse and armor and some soldiers” と命令口調である．<be to> には must の意味を表す用法があることを思い出したい．しかし，領主ロベールは lord をジャンヌの雇い主の貴族だと考え，尊大な物言いに *outraged*（激怒して)「お前の主人からの命令だって？」と応じたわけである．かみ合わない会話からユーモアが生まれる．ちなみに，your は「あなたの」ではなく，「あなたへの」と考えると滑らかに読める．

領主ロベールは闘志を燃やさない部下の兵士たちに手を焼いていた．それで領主は考えた．ジャンヌが自分の部下たちにやる気を起こさせたということは，やる気と無縁との評判の王太子に対してもそれが可能ではないかと期待をふくらませ，ジャンヌを王太子のもとに遣わすことを決めた．すると今まで卵をしばらく産まなかっためんどりたちが猛烈に卵を産み出すことになった．そこで第 1 場は幕となる．では第 2 場に進もう．

② 第 2 場

第 2 場はジャンヌが王太子シャルル (Charles) に勇気を吹き込む様子が描かれる．

王太子シャルルは王太子に扮する偽者を宮廷に紛れ込ませた．ジャンヌが偽者の正体を見破り，本物の王太子を見つけられるかどうかを試したのである．宮廷の者たちもジャンヌが「天使」であるのか，そうでないのかを確かめたく，興味津々である．結局，ジャンヌは王太子に扮する男が「青髭」(Bluebeard) ことジル・ド・レイ (Gilles de Rais) という名の貴族であることを容易に見破り，本物の王太子を見つけることができた．宮廷の者たちは皆，本物の王子を見つけだしたジャンヌの行為がまさに奇跡に思えたのであった．

ジャンヌの真の奇跡はむしろ，第 2 場の最後に起きる．ジャンヌがすばやく王太子シャルルの肩に手を置き，彼に勇気を吹き込む場面だ．シャルルはジャンヌの後押しで誇りを取り戻す．その前には次のような会話があった．

JOAN. … I shall put courage into thee.

CHARLES. But I dont want to have courage put into me. I want to sleep in a comfortable bed, not live in continual terror of being killed or wounded. Put courage into the others, and let them have their bellyful of fighting; but let me alone.

JOAN. It's no use, Charlie: thou must face what God puts on thee. If thou fail to make thyself king, thoult be a beggar: what else art fit for? Come! Let me see thee sitting on the throne. I have looked forward to that.

CHARLES. What is the good of sitting on the throne when the other fellows give all the orders? However! [*he sits enthroned, a piteous figure*] here is the king for you! Look your fill at the poor devil.

(p. 316)

ジャンヌ： あなたに勇気を吹き込んであげます.

王太子： 勇気なんか吹き込んでもらいたくはないよ．心地よいベッドで眠りたいのだ．殺されるのではないか，傷を負わされるのではないかと絶え間なく恐れながら生きたくはない．勇気ならほかの連中に吹き込んでやってくれ．そいつらには思う存分に戦わせてやれ．ただ，私のことはほっといてくれ.

ジャンヌ： それはだめです，シャーリー．あなたは神様があなたにお与えになった運命に立ち向かわなければなりません．もし，王になれなければ，乞食になってしまいます．ほかにできるものがありますか？ さあ，玉座に座っておられるお姿を私に見せてください．私はその姿を見たいと待ち望んでいるのです.

王太子： 玉座に座って何の意味があるのだ？ 命令はすべて他の連中が出しているのに．（玉座に座る．哀れな姿である）これがおまえの王の姿だ！ このみじめな姿をよく見てくれ.

文頭の “I shall put courage into thee.” の shall は話し手の強い意志を表しており，ジャンヌの固い決意を読み取りたい．また，thee は you の古い形であり，2 人称単数形の古い形は，thou（＝you），thy（＝your），thee（＝you）のように変化する．その固い決意を聞いた王太子の “I dont want to have courage put into me.” は，〈have＋目的語＋過去分詞〉の形をとっており，「～してもらう」，「～される」といった一種の受け身を表す用法である．日常的にもよく用いられるので，覚えておきたい重要な構文である．この王太子の軟弱ぶりは，「心地よいベッドで眠りたい，殺されるのではないか，傷を負わされるのではないかと絶え間なく恐れながら生きたくはない」という言葉によく表れているが，その次に述べる，“Put courage into the others, and let them have their bellyful of fighting; but let me alone.” には戦にかかわりたくない無責任ぶりが感じられる．“let them have their bellyful of fighting” の〈let＋目的語＋原形〉は「～にやらせておく」，「～がするのを認める」という意味を表すので，「自分以外のものに好きなようにやらせておけばいい」という気持ちを表し，さらには “let me alone” とまるで，人の国の戦いのような心持であることがわかる．それに対して，thou という古風な英語でジャンヌは重々しく決断を迫る．ジャンヌの台詞の中にある，thoult は thou shalt＝you shall であり，“what else art fit for?” の art は art thou＝are you という古い英語であり，この疑問文は「国王か乞食のどちらかになること以外にはなりようがない」ということを強調する「修辞疑問文」という用法である．ここにも，ジャンヌの強い気持ちを読み取りたい．ちなみに，“I have looked forward to that.” と現在完了形で述べることによって，「ずっと待ち望んでいる」気持ちを強調する．“Look your fill at the poor devil” は “Look at the poor devil as much as you want.”（このみじめな姿を見たいだけ見てくれ）ということで王太子のいじけ度は半端ではない．ジャンヌも骨が折れるところである．しかし，ジャンヌはこんな意気地のない王太子シャルルを国王に変えることは，やり甲斐のある奇跡であると考え，熱心に説得する．ジャンヌは，“I come from God to tell thee to kneel in the cathedral and solemnly give thy kingdom to Him for ever and ever, and become the greatest king in the world as His steward and His bailiff, His soldier and His servant.” (p. 318)（私は神様のお使いとしてあなたに伝えにきたのです．あなたが大聖堂で膝をつき，厳粛にあなたの王国を永遠に神様に差し出し，神様の執事，代官，兵士，召使として，世界でもっとも偉大な王になるように）と，大胆にも自分は神からの使いであると言い，“Wilt be a poor little Judas, and betray me and Him that sent me?” (p. 318)（哀れなユダになって私や私をお遣わしになった神様を裏切るおつもりですか.）と，キリストを裏切ったユダを引き合いに出して，脅しにも近い言葉で決断を迫る．こういった巧みな比喩に気づくことも文学作品を読む楽しみでもある．王太子シャルルはジャンヌの熱意に押されて気分が高揚し，ついには戦いを決断することになる．

第2場にもう1つ印象的な場面がある．ジャンヌが，栄光の存在として尊敬する大司教（ARCHBISHOP）に出会い，神の祝福の言葉を欲しがる場面だ．自分を前にして感激する娘の純朴な姿に心打たれた大司教は顔を赤らめる．侍

従長に “Another miracle!”（これも奇跡ですね）と小声で皮肉を言われる場面である．次はそれに続く大司教とジャンヌのやり取りである．

THE ARCHBISHOP [*touched, putting his hand on her head*] Child: you are in love with religion.

JOAN [*startled: looking up at him*] Am I? I never thought of that. Is there any harm in it?

THE ARCHBISHOP. There is no harm in it, my child. But there is danger.

JOAN [*rising, with a sunflush of reckless happiness irradiating her face*] There is always danger, except in heaven. Oh, my lord, you have given me such strength, such courage. It must be a most wonderful thing to be Archbishop.

The Court smiles broadly: even titters a little.

THE ARCHBISHOP [*drawing himself up sensitively*] Gentlemen: your levity is rebuked by this maid's faith. I am, God help me, all unworthy; but your mirth is a deadly sin.

Their faces fall. Deadly silence. (pp. 313-314)

大司教：（感動して，ジャンヌの頭に手をのせる）子供よ，おまえは宗教に恋をしているのだ．

ジャンヌ：（びっくりして，大司教を見上げ）私が？ そんなことは思ってもみませんでした．いけないことでしょうか？

大司教： いけなくはないが危険なことだ．

ジャンヌ：（向こう見ずな歓喜の表情を浮かべて立ち上がり）危険は常にあります，天国を除いては．大司教様，あなた様は私に大きな力，大きな勇気を与えてくださいました．本当にすばらしいことなのでしょうね，大司教になられることは．

（廷臣たちが無遠慮に笑いを浮かべる．忍び笑いの声さえ聞こえる．）

大司教：（敏感にそれを感じ取り，胸を張って）ご一同，あなた方の軽佻浮薄な態度はこの娘の信仰によってとがめられるべきですぞ．いかにも，あー，神よ，私は価値のない者であるが，あなた方が浮かれ騒ぐ様は死に値する罪ですぞ.
(一同，下を向く．死のような沈黙.)

大司教はジャンヌの無垢な信仰に心動かされながらも，ジャンヌが持つ「危険性」をすでに感じ取っている．ジャンヌの大き過ぎる自信とそれにもとづく立ち振る舞いは聖職者たちから，“She acts as if she herself were the Church.” (p. 334)（あの娘はおのれが教会であるかのように行動する）と反感をもたれるようになり，大司教が第 5 場でその思いを爆発させることになる.

③ **第 3 場**

第 3 場は短い場で，イングランド軍に包囲されたフランス中央部の小都市オルレアンでの「風向きの変化」が話の軸になる.「オルレアンの私生児」(Bastard of Orleans) と呼ばれるフランス側の指揮官デュノア (Dunois) は，勇将として敵のイングランド軍にもその名が知られている．彼の槍に細長い三角旗が付けられており，その旗が強い東風を受けて西になびく．彼らはイングランド軍を船で背後から攻めるために風向きの変化を期待し，その旗を見守るのである.

勇将デュノアはジャンヌの一刻も早く敵を攻めたいという焦りを戒めるように，自分たちはジャンヌを「聖者」として迎えたのであって「軍人」として迎えたつもりはないと言う．しかし，ジャンヌの軍人としての気概については次のように評価する．文中の He は「神」を，it は「フランスの土地」を表している.

JOAN. … He gave it to us. I will take those forts.
DUNOIS. Single-handed?
JOAN. Our men will take them. I will lead them.
DUNOIS. Not a man will follow you.
JOAN. I will not look back to see whether anyone is following me.
DUNOIS [*recognizing her mettle, and clapping her heartily on the shoulder*] Good. You have the makings of a soldier in you. You are in love with war.

JOAN [*startled*] Oh! And the Archbishop said I was in love with religion. (pp. 322-323)

ジャンヌ： (前略) 神様があの土地を私たちにくださったのです．私が2つの砦を取り返します．
デュノア： 君ひとりでやるのか？
ジャンヌ： 私たちの部下が取り返すのです．私が先頭に立ちます．
デュノア： 誰も君のあとには続かないだろう．
ジャンヌ： あとに続くものがいるかどうかを見るために振り返ることはしません．
デュノア： (彼女の勇気を認め，心優しく肩をたたきながら) よし，君には軍人の素質がある．君は戦争に恋をしているな．
ジャンヌ： (びっくりして) 大司教はおっしゃいました，私が宗教に恋しているって．

ジャンヌの "Our men will take them. I will lead them." には彼女の強い意志が感じられるが，それに対するデュノアの "Not a man will follow you." という言葉は，"A man will not follow you." よりも強い否定の意味を表すので，デュノアが仲間の兵士を全く信じていないことが読み取れる．それに対するジャンヌの "I will not look back to see whether anyone is following me." には，それでも自分は後ろなど振り向かずに進んでいくという強い気持ちが表れている．このジャンヌののめりこむ気持ちを読み取れば，"You are in love with war." というデュノアの言葉にも納得がいく．しかし，ジャンヌは "the Archbishop said I was in love with religion." と，宗教にのめりこむ戒めを思い出し，戦争についても同じことを言われて驚くのである．

この後，勇将デュノアは自分と同じように「戦争に恋をしている」ジャンヌに兄のようにやさしく接することになる．

史実によるとフランスとイングランドの百年戦争では，劣勢のフランス軍はオルレアンを包囲される．半年余りの戦闘が繰り広げられ，フランスはいよいよ追い込まれる．そのときに現れたのがジャンヌ・ダルクであり，ジャンヌに鼓舞されたフランス軍は奇跡の勝利を得ることになる．このオルレアンの戦い

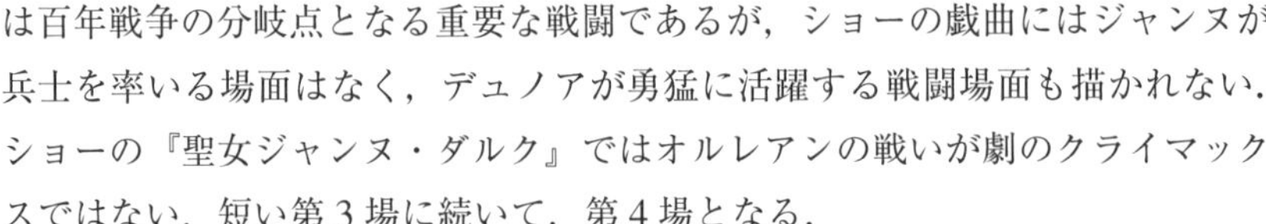

は百年戦争の分岐点となる重要な戦闘であるが，ショーの戯曲にはジャンヌが兵士を率いる場面はなく，デュノアが勇猛に活躍する戦闘場面も描かれない．ショーの『聖女ジャンヌ・ダルク』ではオルレアンの戦いが劇のクライマックスではない．短い第 3 場に続いて，第 4 場となる．

3. 劇のテーマを解説する（第 4 場）

第 4 場にジャンヌは登場しない．このあとの第 5 場，6 場，エピローグで長いせりふが続く主演女優にとっては貴重な休息の場となる．と同時に，劇の後半を前に，ショーが「ジャンヌ・ダルクはなぜに邪魔者扱いされるようになったのか」を会話体で解説するかのような場である．

幕が開くと，フランスのボーヴェイの司教コーション（Cauchon）とイングランドの伯爵ウォリック（Warwick）が登場する．コーションが「教会」を代表し，ウォリックが「貴族」を代表する．両者が，劇の背景となる，「教会とジャンヌ」，「貴族とジャンヌ」の対立の構図を明快に説明する．カトリックのコーションは，神と人民の間に教会の存在を認めない考えを「プロテスタンティズム」（Protestantism）と呼び，一方のウォリックは，神と人民の間に国王だけを置き，貴族をないがしろにする考えを「ナショナリズム」（Nationalism）と名付ける．両者は “It is the protest of the individual soul against the interference of priest or peer between the private man and his God.” (p. 337)（それは普通の人と神の間に聖職者あるいは貴族が介在することに対する一個人の抗議である）と考え，それは許しがたいということで意見が一致する．

この場にもう 1 人，イングランドの従軍司祭ド・ストガンバー（De Stogumber）が登場する．狂信的に愛国を叫ぶ彼は，穏やかに合意点を探りあうウォリックとコーションの議論に遠慮なく入り込む．

WARWICK. I am a soldier, not a churchman. As a pilgrim I saw something of the Mahometans. They were not so ill-bred as I had been led to believe. In some respects their conduct compared favorably with ours.

CAUCHON [*displeased*] I have noticed this before. Men go to the

East to convert the infidels. And the infidels pervert them. The Crusader comes back more than half a Saracen. Not to mention that all Englishmen are born heretics.

THE CHAPLAIN. Englishmen heretics!!! [*Appealing to Warwick*] My lord: must we endure this? His lordship is beside himself. How can what an Englishman believes be heresy? It is a contradiction in terms. (p. 335)

ウォリック： 私は軍人であって聖職者ではありません．巡礼者として多少はマホメット教徒を見てきました．彼らは，私が信じ込まされていたほど，育ちは悪くなかった．いくつかの点では 彼らの品行は私たちより上でした．

コーション：（不愉快な様子で）気づいていました．男たちが異教徒を改宗させに東方に行く．すると異教徒が逆に彼らを邪悪な道に陥らせる．十字軍の半分以上がイスラム教徒になって帰ってくるのです．言うまでもないことだが，イングランド人はすべて，生まれながらの異端者です．

従軍司祭： イングランド人は異端者ですと！（ウォリックに訴えて）伯爵，これを我慢しなければなりませんか？ 司教はどうにかしておられる．イングランド人が信じるものが異端のはずがありません．それこそ言葉の矛盾です．

どうであろうか．イングランド貴族の名家のウォリックはこともあろうに，「マホメット教徒の品行はイングランド人よりも上でした」と述べる．コーションは “I have noticed this before.” と，前から気づいていたと話を合わせ，さらには “Not to mention that all Englishmen are born heretics.” と言いたい放題である．愛国者の従軍司祭ド・ストガンバーは憤る．“My lord: must we endure this?” という疑問文には「耐え忍ばなければならないのか，そんなわけないだろう」という強い憤りの気持ちが含まれている．また，“How can what an Englishman believes be heresy?” は直訳すると，「いったい，どうすれば，イングランド人の信じていることが異端であり得るなどと言うことができるだろうか」となるが,「そんなことはあり得るはずがない」という強い否定を表すことになる.“It is a contradiction in terms.” と言っているが,例えば「丸い三角」と言えば,「形容詞＋名詞」で文法的には正しいが,そんなものは存在しない,矛盾していると言っている.ここでは,「イングランド人が信じているからこそ正当なキリスト教である」と言いたいわけである.こうした場面ではロンドンの劇場の観客はにこにこして笑い声をあげるはずである.バーナード・ショーの劇ではイギリス人を皮肉るせりふが多い.観客もそれを待っていたかのように楽しむ.自分たちへの皮肉を楽しめる感覚がイギリス流ユーモアの源かもしれない.

なお,上記引用では “His lordship is beside himself.” という日本人には難しい表現が出てくる.イギリス英語では代名詞が身分に応じて言い換えられることがある.ここでは,“He is beside himself. と言えばよいところを相手が司教なので敬意を表して,he ではなく his lordship と言っている.彼が国王であれば his majesty となり,女王であれば her majesty となる.

この従軍司祭ド・ストガンバーは冷静な議論に刺激を与えるだけでなく,人間の弱さ,ずるさ,身勝手さを体現することになる.それはあとのジャンヌの火あぶりの場面でより明らかになる.

4. ジャンヌの自負心と周囲の者たち(第5場)

オルレアンの戦いの勝利のあと,王太子シャルルはフランスの大聖堂での戴冠式を経て,シャルル王となった.ジャンヌのお陰である.しかし,どうも雲行きがあやしい.ジャンヌに対し,周囲の者たちは手を焼いているようである.

第5場ではジャンヌの強い自負心が問題となる.ショーは『聖女ジャンヌ・ダルク』の序文において,歴史上のジャンヌ・ダルクの自負心について言及した.

> At eighteen Joan's pretensions were beyond those of the proudest Pope or the haughtiest emperor. She claimed to be the ambassador and plenipotentiary of God, and to be, in effect, a member of the Church Triumphant whilst still in the flesh on earth. (p. 247)

18 歳のジャンヌのうぬぼれはもっとも誇り高き法王やもっとも傲慢な皇帝をしのぐものであった．彼女は自らが神の特命全権大使であると公言し，事実上，地上に生きているときも勝利の教会の一員であると主張した．

ショーの英語はいかがであろうか．pretension は「自負」の意味，those は pretensions を受けている．Pope が「ローマ法王」であることもこの機会に知っておこう．ambassador and plenipotentiary あるいは ambassador plenipotentiary は大使の中でも，条約などについてサインをする全権（full power）を任せられた「特命全権大使」を言う．whilst は while と同じ意味で，主にイギリスで用いられる．whilst still in the flesh on earth は単語 1 つひとつの意味は難しくはないが，「生きている間」という日本語が思い浮かぶだろうか．in the flesh は「肉体がある状態で」ということなので「生きている」という意味になる．whilst に続く be 動詞は省略されることがよくあり，その be 動詞を補うと，she was still in the flesh on earth. となる．Church Triumphant は宗教用語で「現世で悪との戦いに勝利して天に召されたキリスト教徒」のことである．

ショーは，ジャンヌを貫く思いは宗教者のそれと同じだと認識していた．ジャンヌを取り巻く者たちは皆，多少の差はあれ，ジャンヌに勇気を吹き込まれ前向きに生きる力を与えられたからである．しかし，ショーはジャンヌの自負心を耐え難く思う者たちの主張にも一理あると考えた．ショーの戯曲に登場する大司教はジャンヌへ警告する．

If you perish through setting your private judgement above the instructions of your spiritual directors, the Church disowns you, and leaves you to whatever fate your presumption may bring upon you. (p. 348)

もし，お前が，自分の判断を精神的指導者の教えより上だと考え，破滅するのであれば，教会はお前を見放すだろう，うぬぼれの結果，お前がいかなる運命に見舞われようと放置しておくだろう．

ここで，perish は *Oxford Advanced Learner's Dictionary* という英語学習者向けの辞典では，“to die, especially in a sudden violent way”（死ぬこと，とくに突然不自然な形で）という意味のかしこまった語であり，大司教のような立場だから使える言葉である．“your spiritual directors” つまり，「自分たち聖職者たち」の教えに従わないと，どのような運命になろうとも知らないという突き放した言い方である．

このあとも大司教はうぬぼれを捨てるように諭すが，ジャンヌは神を念頭において，「私にはあなた方よりよいお友だち，よい助言があります」と言って周囲の者をざわつかせる．そして，ジャンヌは，演劇のオーディションで使用されることが多い次の名せりふで応じる．

Do not think you can frighten me by telling me that I am alone. France is alone; and God is alone; and what is my loneliness before the loneliness of my country and my God? I see now that the loneliness of God is His strength: what would He be if He listened to your jealous little counsels? Well, my loneliness shall be my strength too; it is better to be alone with God: His friendship will not fail me, nor His counsel, nor His love. In His Strength I will dare, and dare, and dare, until I die. I will go out now to the common people, and let the love in their eyes comfort me for the hate in yours. You will all be glad to see me burnt; but if I go through the fire I shall go through it to their hearts for ever and ever. And so, God be with me! (p. 349)

私がひとりぼっちだと言って怖がらせようとしてもだめ．フランスもひとりぼっち，神様もひとりぼっち，フランスも神様もひとりぼっちなのに私がひとりぼっちであることなど何でもありはしない．今わかったわ，神様はひとりぼっちだから強いのだと言うことを．神様があなた方の嫉妬深い助言に耳を傾けていたら神様はどうなってしまうでしょう．そう，私もひとりぼっちであることを私の力にします．神様とだけ一緒にいる方がよいわ．神様の友情も，神様のご助言も，神様の愛も私を決して裏切りはしない．神様のお力をお借りして，やって，やって，やり抜いて

みせます，死ぬ日が来るまで．私は町の人たちのところに行きます．あの人たちのまなざしに宿る愛が，あなたたちが私に向ける憎しみの目を忘れさせてくれます．あなた方はみな，私が火あぶりになるのを見てお喜びになるでしょう．しかし，私はその火をくぐり抜けてあの人たちの心の中にとどまることになるでしょう．そのときは神様，私をお守りください．

この英文からジャンヌの気高さや強さ，そして神と民衆への信頼が感じられるのではないだろうか．“France is alone; and God is alone.” のあとに “what is my loneliness before the loneliness of my country and my God?” の修辞疑問文を置き，怖くないという気持ちをより強く表現する．“I am alone.” を含めた alone の繰り返しも耳に心地よい．“what would He be if He listened to your jealous little counsels?” で神を表す大文字の He を繰り返し，ジャンヌが神を身近に感じる思いを語り，“my loneliness shall be my strength too; it is better to be alone with God” の shall の使い方で loneliness を味方につけるジャンヌの意思を強調する．“His friendship will not fail me, nor His counsel, not His love.” では省略を活かして短文で大事なものを 3 つにまとめる．“your jealous counsels” より “the common people” の目にやさしさを感じ，複数回の go through と for ever and ever との組み合わせと，“dare, and dare, and dare” の繰り返しからジャンヌの固い決心を表現する．最後に May を省略する祈願文でこのせりふは締めくくられる．舞台オーディションを受けるつもりのある方もない方も，ジャンヌになりきって朗読してみてはどうだろうか．

ジャンヌが最後の言葉を残して退場したあと，ジャンヌに助けられてきた者たちや大司教はその複雑な思いを吐露する．

BLUEBEARD.　You know, the woman is quite impossible.　I dont dislike her, really; but what are you to do with such a character?

DUNOIS.　As God is my judge, if she fell into the Loire I would jump in in full armor to fish her out.　But if she plays the fool at Compiègne, and gets caught, I must leave her to her doom.

LA HIRE. Then you had better chain me up; for I could follow her to hell when the spirit rises in her like that.

THE ARCHBISHOP. She disturbs my judgment too: there is a dangerous power in her outbursts. But the pit is open at her feet; and for good or evil we cannot turn her from it.

CHARLES. If only she would keep quiet, or go home!

They follow her dispiritedly. (p. 349)

青髭： どうしようもない女ですな．あの娘のことは実際，嫌いではない．しかし，あの手の女はどのように扱えばよいのでしょうね．

デュノア： 神に誓っていいが，もしあの娘がロワールに落ちたのなら，救い出すためによろい一揃い身につけたままに川に飛び込んだだろう．だが，もし，コンピエーニュで馬鹿な真似をして捕えられたら，もうあの娘の運命に任せるほかに手はない．

ラ・イール： そのときは俺を鎖につないでくれ．あの娘があんな風に精気を取り戻すと，俺は地獄までついて行きたくなるからな．

大司教： あれは私の判断力まで迷わせる．あの激しい興奮には危険な力がある．だがあれの足元には奈落の口が開いているのだ．善かれ悪しかれ，あれを引き戻すことはできない．

シャルル： おとなしくしているか，うちに帰ってくれたならなあ．

［皆，意気消沈して，ジャンヌの後を追う．］

ここでは仮定法が効果的に用いられ，青髭ことフランスの貴族ジル・ド・レイはジャンヌのことを girl でも maid ではなく，the woman（あの女）と距離を置いた言い方をし，impossible を「不可能」ではなく，「扱いが難しい」の意味で使っている．デュノアの “if she fell into the Loire I would jump in in full armor to fish her out.” と “if she plays the fool at Compiègne and gets caught, I must leave her to her doom.” は英語学習にちょうどよい教材になる．前者は仮定法過去形なのでロワール川に落ちる可能性は低いとデュノアは考えているが，後者の「コンピエーニュで馬鹿な真似をして捕えられたら」は現在形で述べられているので，デュノアの気持ちはあると考えているのかないと考えているのかわからないが，“if she played the fool” と言っていないところから，あり得ると思っているのかもしれない．ラ・イールの “Then you had better chain me up” の had better は学校で教えられることがある「～した方がよい」の日本語よりも，「～しなければならない」という強い表現なので，先の日本語訳では「鎖につないでくれ」と命令文で訳してある．“for I could follow her” の could は，“I can follow her” の婉曲表現で，「ついて行きたくなるからな」という気持ちを表している．pit には「穴」を意味する様々な意味があるが，ここでは *Shorter Oxford English Dictionary* にある “The abode of evil spirits and lost souls; hell”（悪霊と死滅した霊のすみか．地獄）の意味で大司教は使っている．最後のシャルルの “If only she would” の if only は「現実に反する強い願望を表す」ので，このせりふから，ジャンヌの働きのおかげで王位につけたシャルルの悲痛な胸の内が感じられる．ここに登場する者たちのジャンヌとの共存の難しさを語るせりふには理想と現実の差を知る者に特有の哀愁がある．

ジャンヌの魅力と勇気を評価する点では皆，彼女のファン・クラブの会員のようだ．しかし，現実としては，彼女には付き合いきれないのである．かつての同志がジャンヌから離れていくこの場面に続いて，第 6 場ではジャンヌの裁判と火あぶりのクライマックスの場面となる．

5. 裁判と火あぶり（第 6 場）

第 6 場でジャンヌは裁判にかけられる．ただし，それは陪審員による裁判ではなく，宗教裁判であり，司教と査問官の 2 人が裁判官を務める．ジャンヌはそこで異端を宣告され，イングランド軍に引き渡されて火あぶりになるのである．裁判ではジャンヌがもたらす「勇気」が果たして本物であるかどうかの問題が持ち上がる．勇気と見えていたのは実は勇気ではなく，「悪魔の扇動」ではないのかとの疑念である．異端は初めのうちは無邪気なものに映るが，最後は人道にもとる恐ろしい悪で終わるというのである．査問官はジャンヌのような娘が持つ恐ろしさに対して，教会評議員，法学や神学の博士，ドミニコ教団の修道士などで構成される陪席裁判官たちを前に熱弁をふるう．

You are going to see before you a young girl, pious and chaste; for I must tell you, gentlemen, that the things said of her by our English friends are supported by no evidence, whilst there is abundant testimony that her excesses have been excesses of religion and charity and not of worldliness and wantonness. This girl is not one of those whose hard features are the sign of hard hearts, and whose brazen looks and lewd demeanor condemn them before they are accused. The devilish pride that has led her into her present peril has left no mark on her countenance. (p. 357)

あなた方はこれから敬虔で純潔な若い娘を迎えることになる．皆さん，私は申し上げなければならない．その娘のことで我らがイングランドの方々が口にした言葉にはいささかの証拠の裏付けもない．ところが一方，あの娘は俗事と放縦においてやり過ぎだという声はないものの，宗教と博愛においてはやり過ぎだというたくさんの証言がある．この娘はいかにも残忍な顔立ちが残忍な心を映し出すという類の娘ではないし，その厚かましい表情と下卑た態度から，告発前に有罪の判決をもらいそうな娘でもない．娘を今の危機的状況に追い込んだ悪魔的な傲慢は娘の横顔に何の形跡も残してはいない．

上記引用は査問官のせりふの約 8 分の 1 に過ぎない．査問官は被告のジャンヌが裁判の場に引き立てられる前に，陪席裁判官たちに長演説をすることによってジャンヌ有罪の空気を創り出す．ジャンヌは “a young girl, pious and chaste” であり，ジャンヌを告発したイングランド人の教会評議員たちの証言も “no evidence” であり，俗事と放縦においても問題はないことが認識されている．本来，ジャンヌが責め立てられる理由は何もないはずである．しかし，裁判官たちはそれでは困る．ジャンヌの “her excesses have been excesses of religion and charity” に焦点を当てる．そのためには理屈にならない理屈も有効である．査問官は “hard features are the sign of hard hearts” と残忍な心の持ち主は残忍な顔つきをしているのにジャンヌはそうではないことに困惑を表明し，“brazen looks and lewd demeanor condemn them” と厚かましい表情と下卑た態度なら有罪につなげられるのにジャンヌがそうではないことに憤っている．長演説は “a diabolical pride and a natural humility seated side by side in the selfsame soul” (p. 357)（悪魔の傲慢と自然の謙譲がまったく1つの魂の中に併存する）ことを指摘しつつも，ジャンヌの「悪魔の傲慢」の方に注意を傾けることを聞き手に要求している．人間以外が主語になる英語らしい表現を続けて，“The devilish pride that has led her into her present peril has left no mark on her countenance.” と表現する．これを “Because of the devilish pride, she faces her present peril, and we can't notice the pride when we look at her face.” と言い換えると迫力がなくなるので査問官の言い方は効果的ではある．

裁判の結果，ジャンヌは異端を宣告され，俗人，すなわち，イングランド軍に非公式な形で引き渡され，火あぶりになる．ジャンヌを火あぶりにせよと叫んでいたイングランド軍の従軍司祭ストガンバーは火あぶりを目にして誰よりも激しく後悔する．

ショーは査問官だけでなく，ジャンヌを裁く者たちについて，実際よりも好人物に仕上げるように心掛けた．たとえば，ジャンヌ・ダルク劇をメロドラマにしたいのであれば，フランスの司教コーションを悪漢にすべきである．しかし，ショーはそうはしなかった．ジャンヌの死の悲劇が悪人たちによるものではなく，善意の人たちによってもたらされたものであることを強調したかったからである．

6. バーナード・ショー流エンディング（エピローグ）

ショーの『聖女ジャンヌ・ダルク』がユニークであるのはエピローグ (Epilogue) にある．ショーのジャンヌ・ダルク劇では火あぶりから25年後のフランスのシャルル王のもとに，ジャンヌをはじめ，死者の霊，生きている者の霊が集まる．

幕が上がると，イングランド軍の従軍司祭ド・ストガンバーとフランスの司教コーションの霊が現れ，ジャンヌの火あぶりのことを振り返って語り合う．その場にジャンヌが1920年に聖者になったことを告げる「20世紀からの使者」もその場に加わる．すると，「ジャンヌの偉大さが今になってわかった」

と語るコーション，デュノア，大司教，ウォリック，査問官，シャルル王たちが次々に彼女に賞賛の言葉を投げかける．しかし，彼らは大事なことを忘れていた．ジャンヌはそれを思い出させる．

JOAN. Woe unto me when all men praise me! I bid you remember that I am a saint, and that saints can work miracles. And now tell me: shall I rise from the dead, and come back to you a living woman?

A sudden darkness blots out the walls of the room as they all spring to their feet in consternation. Only the figures and the bed remain visible.

JOAN. What! Must I burn again? Are none of you ready to receive me?

CAUCHON. The heretic is always better dead. And mortal eyes cannot distinguish the saint from the heretic. Spare them. [*He goes out as he came*].

DUNOIS. Forgive us, Joan: we are not yet good enough for you. I shall go to bed. [*He also goes*]. (pp. 389-390)

ジャンヌ： 空恐ろしいことだわ，皆さんが私をほめたたえるなんて．忘れないで，私は聖者だということを．聖者は奇跡を起こせます．さあ，聞かせて！ 私が死の世界から蘇って，生きた女としてあなた方のところに戻りましょうか？

（一同愕然として立ち上がると同時に，突然，暗闇が部屋の壁を見えなくしてしまう．見えるのは一同の姿と壁だけ．）

ジャンヌ： ああ！ 私はもう一度火あぶりにならなければならないの？ 誰も私を迎えてはくれないのですね？

コーション： 異端者は常に死んでいる方がよい．生きている人間の目には，異端者と聖者の区別がつかない．では，お先に．（入って来たときのように退場）

デュノア： 許してくれ，ジャンヌ．われわれはまだ，君を迎えられるほ

どよい人間にはなっていないのだ．私はもう寝に帰らなければ．（同じく退場）

このせりふにもジャンヌの気高さとコーションらの戸惑いの気持ちが読み取れる．“Woe unto me” の unto は to の古い形で，この文は woe be to me（私に災いあれ）という一種ののの しり言葉（swearing）で，ジャンヌの驚きの気持ちが表されている．“I bid you remember” の bid は古い英語の用法で，order（命じる）という意味を表し，この英文のように，「bid＋目的語＋動詞の原形」の形で用いられる．the dead のように「the＋形容詞」は dead people という意味を表し，現代英語でもよく用いられる．暗い中で叫ぶ “What! Must I burn again? Are none of you ready to receive me?” にジャンヌの正当性を求める気持ちが込められている．

霊は生きている者も死んでいる者ももといたところに順に帰っていく．ジャンヌが死力を振り絞り奮闘しても，理解できないものは常に葬ろうとする人間たちは彼女を受け入れることはできない．ショーの『聖女ジャンヌ・ダルク』には悪人がいないことが逆に深遠な課題を意識させることになる．エピローグでのジャンヌの最後の言葉 “O God that madest this beautiful earth, when will it be ready to receive Thy saints? How long, O Lord, how long?”（p. 391）（この美しい大地をお創りになった神様，いつになったら，あなたの聖者を迎える準備ができるのでしょうか？いつまで待てば，おお，主よ，いつまで待てば？）が深い余韻を残すことになる．

7. ショーの魅力

本章では主にバーナード・ショーの『聖女ジャンヌ・ダルク』の 6 つの場とエピローグを取り上げ，英文の解説を交えながら述べてきた．ショーは人間の進歩は幻想なりと言う思いに傾くときもあるが，そこで負けない強さと智恵がある．何度でも絶望の淵から舞い戻り，磨き上げた言葉の束を駆使して前向きな作品を書き続けた作家であった．読者の方々が『ピグマリオン』や『聖女ジャンヌ・ダルク』を読み，私と同じように勇気を吹き込まれ，バーナード・ショーの劇世界に一歩入り込んでいただくことを大いに期待したい．

第13章

韻律法のすすめ

英語の音の「あや」を読み解く

戸田　勉

1. 韻律法（prosody）とは

人間はコミュニケーションをとるために言葉を使う．そして，メッセージを効果的に伝えるために表現に工夫を凝らす．例えば，走る速さを強調するために「弾丸（たま）よりも速く走る」と「誇張」表現を用い，雪を表すのに「白いものが降ってきた」と「比喩」を使う．また，チューリップが咲いた喜びを伝えるため「さいた　さいた　チューリップの花が」と，主部と述部を「倒置」させ，さらに述部を「反復」させる．この言葉の「あや」を修辞法（レトリック）という．

言語は元来音声言語であるので，この音声表現の面でも修辞法（レトリック）が存在する．日本のCMのキャッチフレーズを例に挙げれば，「おーい，お茶」や「プッチンプリン」では同じ音で語の頭をそろえる「頭韻」と呼ばれる技法が使われている．「セブン・イレブン・イイキブン」「ラーメン・ツケメン・ボクイケメン」のように語尾を合わせる方法を「脚韻」という．英語の頭韻（下線部で表示）の典型的な例としては，Mickey Mouse, Minnie Mouse, Donald Duck などのディズニーのキャラクター名や，Coka Cola, World Wide Web など商品名を挙げることができるだろう．また，大手半導体メーカー，インテルのキャッチフレーズである Intel Inside には頭韻が用いられているのだが，この日本語バージョンでは「インテル・ハイッテル」として頭韻を脚韻に見事に変換させている．

言葉には，この音をそろえる「韻」とは別に音のリズムを利用した修辞技法がある．日本語では，和歌や俳句の五七調や七五調のように一定の音数の言葉の組み合わせを規則的に繰り返して口調をよくする技巧が古くから存在する．英語では，音数の数ではなく，強弱の音節を組み合わせることによってリズムを作る．例えば，上で挙げたディズニーのキャラクター名はすべて強弱強のリズムで作られている．強く読む部分を太字にして表記すると，**Mick**ey **Mouse**，**Min**nie **Mouse**，**Don**ald **Duck** という強弱強のリズムになるのがわかるだろう．このほかに **Pe**ter **Pan** や **Tin**ker **Bell** など強弱強のリズムで読まれるキャラクターは多い．英語の早口言葉（tongue twister）の Peter Piper picked a peck of pickled peppers（笛吹きピーターは漬けた唐辛子 1 ペック分選び取った）は，**Pe**ter **Pi**per **picked** a **peck** of **pick**led **pep**pers という強弱が連続するリズム構造となっている．したがって，このリズム感を体得しないと早口で発話するのは難しい．また，この早口言葉には，ためた息を吐き出して音を出す破裂音の [p] の頭韻が連続しているのでよりリズミカルになる．このように韻とリズムは英語の基本的な特性であり，これを生かした英語表現は私たちの身近なところに数多くある．だが，意識しないとなかなか気づけないことが多いようだ．

「韻律法」（prosody）とは，この韻とリズムが織りなす音の「あや」を分析する方法である．これは詩の音韻構造を解明するための理論として知られる．伝統的な英語詩にはこの韻とリズムの基本的なパターンが存在し，詩人は弱強調や強弱調といった法則に則って詩を創作した．19 世紀以降，英語詩ではこのような定型詩は徐々に廃れていったが，その韻律（韻とリズム）の文化は英語表現の中に深く染み込んでいる．この英語表現の音声面での特質を意識し，その感覚を身につけることが英語を上達させる上で欠かせないものであることは言うまでもない．そして，英語らしい発音を身につけることにもつながる．そこで本章では，英語の韻律に関する基本的な概念を整理し，英語表現の裏にある音の「あや」を浮かび上がらせる方法を解説する．そして最終的には，有名な英語詩の分析に挑戦したい．音の「あや」は，文学はもちろんのこと，商品やキャラクターのネーミング，標語，ことわざ，ナーサリー・ライム，歌の歌詞など日常のいたるところに存在している．その「あや」を見抜く眼力を身につけ，英語の感覚を磨いてほしい．

2. 韻（rhyme）を踏む

まず,「韻」(rhyme) の理解からはじめる. 基本的な概念としては, 韻には「頭韻」(alliteration) と「脚韻」(end rhyme) がある. 後に具体的な例を示すが, 同じ音や似たような音が文末で繰り返される場合を脚韻と呼び, 文頭で繰り返される場合を頭韻と呼ぶ. そして, この同一音で語を揃えることを「韻を踏む」や「押韻」と呼ぶ. 本章では, あまり専門的な説明を避けたいので, 韻についてさらに詳しく学びたい読者には, 志子田光雄の『英詩理解の基礎知識』(金星堂, 2017 年) や荒木一夫監修, 窪薗晴夫・溝越彰『英語学入門講座・第 7 巻－英語の発音と英詩の韻律』(英潮社, 2000 年) などをお読みいただきたい.

では具体的に例を挙げてみよう. 次の "Jack and Jill" は頭韻と脚韻が全体に散りばめられているわかりやすいナーサリー・ライムの例である (以下, 脚韻の発音を [ ] 内で表す. 発音記号は『オックスフォード現代英英辞典』[第 10 版] (オックスフォード大学出版局) の表記による). 英文は Iona and Peter Opie ed., *The Oxford Dictionary of Nursery Rhymes* (Oxford: Oxford UP, 1997) からのもので, 日本語訳は, 藤野紀男・夏目康子『マザーグーズ・コレクション 100』(ミネルヴァ書房, 2004 年) からのものである. それぞれ引用頁を本文中に括弧付で示した.

Jack and Jill went up the hill [ɪl]	ジャックとジルが　丘の上
To fetch a pail of water; [ə]	バケツ一杯の　水を汲みにいった
Jack fell down and broke his crown, [aʊn]	ジャックがころんで　頭をすりむき
And Jill came tumbling after. [ə] (p. 265)	ジルも　後ろから　ころがった. (p. 254)

まず気づくのは, 名前の頭韻 (Jack and Jill) である. そして, この Jill の [ɪl] は 1 行目の行末の hill と響き合う. この同一行内の押韻パターンは, 3 行目の down と crown の [aʊn] に引き継がれる. 脚韻としては, 2 行目の water と

after の押韻（[ə]）が読み取れるだろう．

次に，日本でも「きらきら星」としてよく知られるナーサリー・ライム "Twinkle, Twinkle, Little Star"（以下，"Twinkle, Twinkle" と略記する）はどうだろうか．その最初の 4 行を例にとって押韻パターンについて考えたい．

Twinkle, twinkle, little star	[ɑː]	キラキラ光れ　小さな星よ
How I wonder what you are!	[ɑː]	あなたはいったい　何だろう
Up above the world so high,	[aɪ]	世界の上を　はるかに高く
Like a diamond in the sky.	[aɪ]	空に浮かんだ　ダイヤのように．
(pp. 474–475)		(p. 281)

このナーサリー・ライムは 4 行単位のまとまり（「スタンザ（stanza）」「連」と呼ぶ）が 5 つ集まって構成されている．その第 1 スタンザの行末は，1，2 行目が [ɑː]，3，4 行目が [aɪ] という音で揃えられている．一般に押韻形式を論じるときには，行末の韻の型に合わせて，行ごとに上から順番にアルファベットで表記してゆく．この場合，[ɑː] で終わる 1，2 行目を a 型，[aɪ] で終わる 3, 4 行目を b 型として表記するので，このスタンザ全体の「押韻形式」（rhyme scheme）は aabb となる．英語の童謡が「ナーサリー・ライム」（nursery rhyme）と呼ばれるのは，このような定形的な押韻構成があるためである．

頭韻による形式の統一は押韻の典型的な技法である．イギリスを代表する 16 世紀の劇作家のウィリアム・シェイクスピア（William Shakespeare）の *Love's Labour's Lost*（『恋の骨折り損』1598 年）や同じくイギリス 18–19 世紀の人気女流作家のジェーン・オースティン（Jane Austen）の *Pride and Prejudice*（『高慢と偏見』1813 年）など，文学作品のタイトルにはこの頭韻が古くから使われてきた．同様に，この押韻はことわざ，モットー，慣用表現などにも深く浸透している．Haste makes waste.（急いては事を仕損じる）や A friend in need is a friend indeed.（困っているときの友が真の友），などのことわざは誰でも一度は聞いたことがあるだろう．また，イギリスの紳士精神を表す Manners Maketh Man.（礼儀は人を育てる）ということわざは，イギリス最古のパブリック・スクールであるウィンチェスター・カレッジ（Winchester College）の校訓に由来する．ちなみに maketh は古い英語の形で，現代英語では makes となるところである．また，ハロウィンの合言葉である trick or treat にも頭韻が使われている．

この押韻の文化は今日にも引き継がれ，歌や映画のタイトル，商品のネーミングや CM のキャッチフレーズなどに幅広く用いられている．例えば，先にも触れたが，Mickey Mouse や Donald Duck など，ディズニーのキャラクターの名前はすべて頭韻が用いられている．ロックやポップスの楽曲のタイトルに使われることも珍しくはない．エルビス・プレスリーの "Heartbreak Hotel"（「ハートブレイク・ホテル」1956 年），ビートルズの "Mean Mister Mustard"（「ミーン・ミスター・マスタード」1969 年），マイケル・ジャクソンの "Dirty Diana"（「ダーティ・ダイアナ」1988 年）など，その例は枚挙にいとまがない．映画の題名では，*Beauty and the Beast*（邦題『美女と野獣』ワーナー・ブラザーズ配給，1991 年公開），*The Fast and the Furious*（邦題『ワイルド・スピード』ユニバーサル・ピクチャー配給，2001 年公開．以降のシリーズではタイトルの the は削除されている），*Batman Begins*（邦題『バットマンビギンズ』ワーナー・ブラザーズ配給，2005 年公開）など多様である．また，組織や商品のネーミングでは，上で挙げた以外にも Fire Fox，Tik Tok，Krispy Cream，Final Fantasy など，例に事欠かない．

この押韻の技法が言葉の選択や語順に影響を与えることも見逃せない．慣用表現で「頭のてっぺんからつま先まで」が from head to toe ではなく，from head to heel となり，「無事に」が safe and sound と表現される理由には押韻が関係する．また，詩で倒置などの語の並びに変化がある場合，押韻による操作の可能性がある．例えば，先ほどの "Twinkle, Twinkle" の 3 行目の "Up above the world so high" の語順は，文法的には，"so high up above the world" が正しいはずである．しかし，4 行目の "sky" と脚韻を踏むために語順の倒置が起きている．

同じように，韻を踏むために表現を変化させた例をもう 1 つ挙げたい．ビートルズの "Ob-La-Di, Ob La-Da"（1968 年）である．押韻形式は以下のように abab となる．

Desmond has a barrow		デズモンドは市場で
in the market place	[eɪs]	屋台を出している

Molly is the singer in a band	[ænd]	モリーはバンドのシンガーだ
Desmond says to Molly,		デズモンドはモリーに言った
'Girl, I like your face.'	[eɪs]	"僕の好みの顔だ"
And Molly says this as		するとモリーは
she takes him by the hand	[ænd]	彼の手をとってこう言った

(『ビートルズ詩集（改訂版）』内田久美子訳（ソニー・ミュージックパブリッシング，2000 年，276-277 頁）

歌詞のストーリーは，デズモンドがモリーに惚れ，愛を告白し，指輪を買いに行くというものである．ここで注目して欲しいのは 5 行目である．この文は愛情表現にあたるので，本来であれば，"I love you" や "Will you marry me?" といった，もう少し熱のこもった表現が求められるはずであるが，歌詞では 'Girl, I like your face.'（「僕の好みの顔だ」）という淡白で，しかも，容姿だけしか評価しない，誤解を招くような表現である．しかし，この違和感も 2 行目の "place" と韻を踏むための操作と考えれば納得がゆくだろう．意味的に，あるいは文法的に腑に落ちない英語表現に出会ったときに，この韻（さらには，次のセクションで詳述するリズム）による影響を頭に入れておけばすんなりと理解できることが多い．

韻の解説のまとめとして，イギリスのロマン派の先駆けとなった詩人ウィリアム・ブレイク（William Blake, 1757-1827）の詩に挑戦したい．ブレイクには *Songs of Innocence*（『無垢の歌』1789 年）という有名な詩集がある．これは 1794 年に *Songs of Experience*（『経験の歌』）と合本され，*Songs of Innocence and Experience*（『無垢と経験の歌』）として出版された．ブレイクの世界観では，「無垢」と「経験」は相反する人間の魂の状態を表す．「無垢」は生まれたときの純粋で穢れのない状態で，人間は社会の中での「経験」によって無垢を失う．*Songs of Innocence* の中に収められた "The Lamb" という詩では，穢れを知らない，毛のふわふわした子羊の可愛らしさとその創造主である神への賛美が子供の視点から歌われる．以下はその第 1 スタンザである．英文は William Blake, *The Complete Poems* (London: Penguin Classics, 2004)，106 頁からのもので，日本語訳は『対訳ブレイク詩集』松島正一編（岩波文庫，2004 年）31 頁からのものである．

Little Lamb who made *thee	[iː]	子羊よ，だれがおまえをつくったの．
**Dost thou know who made thee	[iː]	だれがおまえをつくったのか知っているの．
Gave thee life & bid thee feed.	[iːd]	おまえに生命(いのち)を与え，川のそばや
By the stream & o'er the mead;	[iːd]	牧場で，おまえに草を食べさせ，
Gave thee clothing of delight,	[aɪt]	喜びの着物，ふわふわして輝く
Softest clothing wooly bright;	[aɪt]	いちばん柔らかな着物を与え，
Gave thee such a tender voice,	[ɔɪs]	どの谷間をも喜びで満たす
Making all the vales rejoice:	[ɔɪs]	そんなやさしい声をおまえにくれた方を．
Little Lamb who made thee	[iː]	子羊よ，だれがおまえをつくったの
Dost thou know who made thee	[iː]	だれがおまえをつくったのか知っているの．

*thee = you **Dost thou = Do you（古い英語表現）

この詩のイメージは，旧約聖書の「詩篇」の「主は羊飼い，わたしには何も欠けることがない．主はわたしを青草の原に休ませ，憩いの水のほとりに伴い，魂を生き返らせてくださる」（23章1-3節『聖書　新共同訳』）の世界を想起させる．スタンザの押韻形式は，aabbccddcc となり，連続した2行が脚韻を踏む対句（couplet）となっている．まず，冒頭と結末の "thee"（「おまえを」）による対句が被創造物としての子羊を強調する．次の対句である "feed"（「草を食べさせ」）と "mead"（「牧場」）の押韻では，創造主の加護による平和で幸福な世界が提示される．そして，"delight"（「喜び」）と "bright"（「輝く」）の脚韻では，羊毛の輝きとそれを身にまとう喜びが表現され，"voice"（「声」）と "rejoice"（「喜びで満たす」）の共鳴によって，その歓喜の声が谷間にこだまするイメージが増幅される．このように押韻は単なる語呂合わせではなく，言葉と言葉を結びつけ，モチーフを重層化させる効果がある．

次に，同じくブレイクの詩で有名な "Tyger"（「虎」）を紹介したい．これは

Songs of Experience に収録されており，無垢を象徴する “The Lamb” とは対となる作品である．この神秘的で幻想的な詩は，全体で 4 行スタンザが 6 節続く構成であるが，第 1 スタンザとエンディングの第 6 スタンザは 1 語を除いて同じ詩句である（下線部で表示）．そして，この詩では，無垢な子羊を造った愛情深い創造主と獰猛で恐ろしい虎を造り上げた無慈悲な創造主の二面性に対する疑問が投げかけられている．以下，第 1 スタンザと第 6 スタンザを並べる．引用英文は上掲書 125-126 頁による．日本語訳は上掲書 115-117 頁を参考にした．

図 1：ブレイクによる “The Lamb” の版画．子羊の群れに幼子が描かれている．

《第 1 スタンザ》

Tyger! Tyger! Burning bright	[aɪt]	虎よ！ 虎よ！ 輝き燃える
In the forests of the night,	[aɪt]	夜の森のなかで，
What immortal hand or eye	[aɪ]	いかなる不滅の手，あるいは眼が
Could frame thy fearful symmetry?	[i/aɪ]	おまえの恐ろしいシンメトリーを形作り得たのか．

《第 6 スタンザ》

Tyger! Tyger! Burning bright	虎よ！ 虎よ！ 輝き燃える
In the forests of the night,	夜の森のなかで，
What immortal hand or eye	いかなる不滅の手，あるいは眼が
Dare frame thy fearful symmetry?	おまえの恐ろしいシンメトリーをあえて形作ったのか．

まず，この詩の韻の構成が非常に技巧的であることに注目したい．ポイントは脚韻にある．1 行目と 2 行目の行末は “bright” と “night” が [aɪt] という韻を踏んでいるが，3 行目の “eye” [aɪ] と 4 行目の “symmetry” [i] は韻が整わず，不完全な押韻形式に見える．このような場合，[i] と発音される語尾の綴りが -y であり，さらに前後に [aɪ] と発音される語があればその押韻を認める「古体韻」(obsolete rhyme) と呼ばれるルールが存在するので，それを適用して aabb という押韻構成と解釈するのが慣例である．しかし，このような例外的な規則を援用せずとも，なぜブレイクはあえてスタンザの終わりに不完全な押韻を持ってきたのか，その意図を考えることによってこの音の転換を説明することができる．ここにブレイクの技巧の妙味が隠されているのだが，そのヒントは “symmetry” にある．

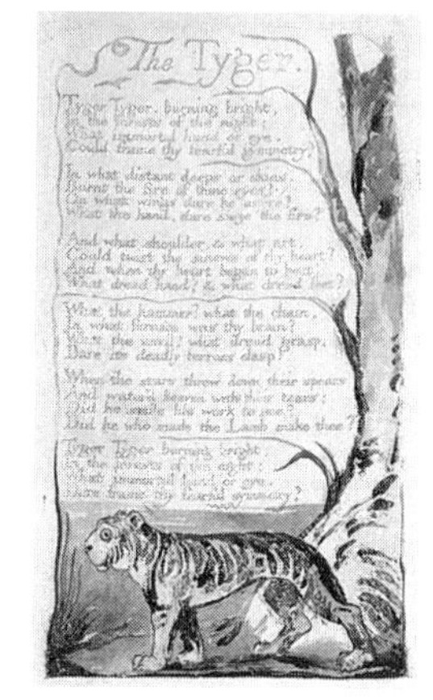

図 2：ブレイクによる “Tyger” の版画

symmetry は，「釣り合いのとれた」を表すギリシア語に由来し，「対称性，総称性」という元来の意味と，そこから派生した「均整（美），調和（美）」という意味を持つ．この symmetry にはこの 2 つの意味が重ねられている．詩のテーマとのかかわりからみても，虎の縞模様の対称性と全体の均整美が重ねられている．したがって，日本語訳もあえて「均整」「対称」を使わずそのまま「シンメトリー」とした．

この「シンメトリー」という観点から改めて詩を眺めると，作品全体に散りばめられた対称性に気づくだろう．まず，第 1 スタンザと最終スタンザが 1 語を除いて同じ詩句で書かれていることによって，詩全体に対称的な構成が維持されていることがわかる．次に，第 1 スタンザに目を落とすと，出だしから “Tyger! Tyger!” という頭韻を踏んだ呼びかけが始まり，いきなり対称関係が意識される．そして，“Burning bright” という 2 つの頭韻が続く．1 行の中に 2 つの頭韻を大胆に使う方法は，“Tyger” のインパクトを強める．さらに，最後の “bright” にはブレイク特有のからくりが隠されていると，モダニズム文学や英詩の韻律法の研究者として著名な，ヨーク大学教授デレク・アトリッジ (Derek Attridge) は，2012 年 5 月に専修大学で行われた日本英文学会での特

別講演 “Sound and Sense in Lyric Poetry” で指摘している．彼の解説によれば，最後の “bright” を逆から見ると，t(h)gir(b) が鏡文字のように映し出されて tiger が浮かび上がる．そして 3 行目の行末の “eye” [aɪ] が，上の行の “night” と “bright” の [aɪ] と響きあい，最終的に “Tyger” の [aɪ] と結びついてゆく．このような対称性を意識させる重層的な押韻の技巧を読み解くことができれば，4 行目の “symmetry” の y を eye と押韻させることはさして難しくないはずである．

ブレイクがなぜ古い英語の名残を残す tyger という綴りを用いたのか理由は定かではないが，この eye との関係性はその謎を説く 1 つの鍵となるだろう．平井正穂はその著『イギリス名詩選』（岩波文庫，1990 年）の中で「この古い形の方が『虎』の激しさ，場合によっては破壊的な猛威をふるう力，を暗示している」（p.144）と解説しているが，eye が “Tyger” の中に組み込まれているとするならば，この y は闇夜の森の中で輝く虎の獰猛な目を暗示しているのかもしれない．eye という語は，文字の並び自体が対称的であるのだが，それがこのスタンザのそれぞれの行と響きあい，シンメトリーを浮かび上がらせる．版画家でもあったブレイクが，自分の作品を版画で表現していたことは有名である（図 1，2 参照）．視覚芸術家としてのブレイクには目に見える現実よりも想像力で捉えた世界がより現実的であったにちがいない．幻視者ブレイクの目には，“Tyger” の y と “symmetry” の y に eye が見えていたとしても不思議ではないだろう．

このように “Tyger” の韻は聴覚的な効果だけでなく，視覚的な意味作用も喚起する．そして，第 1 スタンザとその写し鏡となる最終スタンザは，意味的には虎の体躯や体の縞模様の均整（シンメトリー）を歌うが，同時に，この詩の全体の対称的な構成に対して自己言及する働きを担っている．つまり，テーマとしての虎の均整（シンメトリー）と詩の構成としての対称性（シンメトリー）が同時に語られていると考えられるのである．この構造こそが「恐ろしいシンメトリー」（“fearful symmetry”）に他ならない．一見不完全な押韻に見える “symmetry” には詩人の巧妙な技が隠されていたのである．

3. 韻律（rhythm）を読む

この節では「韻律」の「律」に当たるリズムについて述べ，英語らしい発音の特徴を学んでいただこう．リズムの概念を理解するには，まず，「強く読むところ＝強勢（ストレス）のある音節」という認識が土台となる．英米人が「トウキョウ」や「ヨコハマ」を発音するときに，日本人のようにフラットな発音ではなく，「**トウ**・キョウ」（強・弱）や「ヨ・コ・**ハー**・マ」（弱・弱・強・弱）というように，太字部分を強く，少しのばして発音するときのイメージを浮かべてほしい．このイメージを広げて，文単位のレベルで強弱をつけゆくのだが，具体的に，“We live in Tokyo.” という英文を例に挙げてみよう．普通に発音すれば，We **live** in **To**kyo.（弱強弱強弱）というリズム構成になる．このリズムを見抜く手順を段階的に説明してゆくのがこのセクションの目的である．ここで誤解を招かないように断っておくが，「弱」といっても，意識して弱く読むのではなく，あくまで強勢（ストレス）が置かれないという意味である．

強弱のリズムには文と単語のレベルがある．その強弱の判断法の説明に入る前に，英語のリズムを理解する際に最も重要な概念である音節について整理をしておく．音節とは「母音を中心とする音の集まり」のことで，「1つの母音か，あるいは1つの母音と1つ以上の子音の組み合わせ」を1音節という．例えば，a（1つの）は1字の音節であり，ago（～前に）となると，母音が2つあるので a-go の2音節になる．strong（強い）は綴りは長いが，母音が1つだけしかないので1音節である．そして，2音節以上の語はどちらかの母音を強く読まなければならないという大前提がある．ago の場合は **ago** となり弱強のリズムで読む．Japan は2音節の Ja-pan，Japanese は3音節の Jap-a-nese に分解され，それぞれ強勢の位置は Ja-**pan**，Jap-a-**nese** となる．ただし，3音節以上の語には第2強勢（ときには第3強勢）がある場合もあるので注意しなければならない．例えば，dictionary（辞書）は，dic-tio-nar-y の4音節から成り，第1音節の dic に第1強勢があり，第3音節の nar に第2強勢があるので強弱強弱リズムで読まなければならない．多音節語に遭遇した際には常にどこに強勢（ストレス）があるか常に考える習慣を身につけておくことが何よりも大切である．音節数や強勢（ストレス）の位置がわからない場合は辞書を引いて確認するとよいだろう．

音節の概念を正しく理解するには，いくつかの基本的な音韻論や音声学的な知識が必要となる（以降の専門的な概念の詳しい説明は，前掲書の『英語学入門講座・第 7 巻—英語の発音と英詩の韻律』を参考にするとよいだろう）．1 つは，日本人が陥りやすい誤った音節の考え方である．英語の長母音はもちろんのこと，二重母音，三重母音も 1 つの母音単位とみなすので，音節分けをする際に途中で区切ってはならない．もう 1 つの日本人が犯しやすい間違いは，英語を日本語の五十音表記に落とし込んでしまい，音節数が増えることである．例えば，desk は英語では 1 音節であるが，「デ・ス・ク」とすると 3 音節になってしまう．

この音節の基本的な概念を通して単語レベルでの強勢のつけ方が理解できたならば，次に文のレベルから見た強弱のつけ方を身につけよう．例えば，“What did you get?”（何を買ったの？）を普通に発音した場合，What と get を強く長めに，文字どおりに「ストレス」をかけて，読むことになる．これは What と get の方が did と you よりも意味内容が重いからである．このように文に用いられる語には，意味情報の高い「内容語」(content word) と意味情報の低い「機能語」(function word) に分けることができる．「内容語」とは，名詞，動詞，形容詞，副詞などの品詞を指す．一方「機能語」は，冠詞，代名詞，接続詞，助動詞，be 動詞，前置詞など，文中での文法関係や指示関係を表す語である．文強勢では，内容語は強く発音し，機能語は弱く発音することになっているが，これによって文の持つ基本的なリズムが生まれる．前で例に挙げた “What did you get?” では，What（疑問を表す代名詞）と get（動詞）が内容語にあたり，did（助動詞）と you（代名詞）が機能語に分類されるので，“**What** did you **get**?” という強弱弱強のリズムで発話される．さらに，“What did you get at the market?” では，market（名詞）は多音節語であるので音節に分け，強勢の位置を確認し，**mar**-ket という強弱のリズムを確認する．そして，これを文全体のリズムに当てはめると，“**What** did you **get** at the **market**?” という強弱弱強弱弱強弱のリズムを読み取ることができるだろう．これが韻律分析のファースト・ステップである．

次のステップとして，強勢のある語（内容語）が連続した場合に衝突が起こらないように回避するという規則を覚えておくとよい．この衝突回避のメカニズムには 2 つのパターンがある．連続した語が 1 つの語としてまとまる場合と内容語が連続して句を形成する場合である．連続した語が 1 つの語としてまとまる場合を複合語（compound）と呼び，基本的に「強弱」という発音となる．例えば，「アメリカ大統領官邸」の **White** House や「温室」の **green**house などである．これに対し，内容語が連続して句を形成する場合は，後ろの語により大きな強勢（ストレス）を置いて発音することが原則となり，通常以下のようなパターンに大別できる．

形容詞＋名詞：good **boy**
主語＋動詞：Ben **called**
動詞＋目的語：play **cards**
動詞＋副詞：study **hard**

このように自分が言いたい語が複合語か名詞句かをしっかりと区別し，それに応じた衝突回避メカニズムを正しく理解しておかないと，「アメリカ大統領官邸」のつもりで white **house** と発音すると，「白い家」と勘違いされたり，**green**house（温室）が green **house**（緑の家）のように誤解されてしまうことになる可能性がある．

以上のような音節，語強勢，文強勢，衝突回避メカニズムの概念を理解すれば，英語表現の基本的なリズムを読み取ることができる．このリズムの構造に先述した押韻の知識を加えれば，英語の音の「あや」を読み解く韻律構造の基礎が理解できたことになる．この理解を基に先に挙げた早口言葉 Peter Piper のリズム構造を段階的に分析してみよう．

第 1 段階：　まず，文全体を音節に分解し，音節数を確認する．pickled の led には母音がないが 1 音節とみなす．この詩行の音節数は 12 である．

Pe-ter Pi-per picked a peck of pick-led pep-pers.

第 2 段階：（語強勢による分析）多音節語に強弱をつける．わからない場合は辞書を利用．

Pe-ter **Pi**-per picked a peck of **pick**-led **pep**-pers.

第 3 段階：（文強勢による分析）残りの語を機能語と内容語に分けて強弱をつける．慣れてくると第 2 段階と第 3 段階の作業は同時にできるようになる．

Pe-ter **Pi**-per **picked** a **peck** of **pick**-led **pep**-pers.
（動詞）（冠詞）（名詞）（前置詞）
内容語　機能語 内容語 機能語

第４段階：（衝突回避メカニズムの適用）強勢音節の連続がある場合，衝突回避メカニズムによって処理する．この文には強音節の連続はないのでそのまま読むことができる．最後に，文全体の強弱の構造（リズム）を読み取る．すると，強弱のパターンが６回連続するリズム構成であることがわかる．

Peter | **Pi**per | **picked** a | **peck** of | **pick**led | **pep**pers.

この強弱のリズムが理解できたら，強の部分を強く少し長めに読み，弱の部分を流して読んでリズムを確認するとよいだろう．**picked** a と **peck** of は強弱のリズムなので強と弱の間にポーズを入れずに続けることがポイントとなる．うまくゆかない場合は，強の部分で手拍子をとるなどして体の動きに合わせて読むことも大切である．また，今ではインターネットのいろいろな動画でこの早口言葉がアップされているのでそれを聞いて真似てみるのもよいアイデアである．

以上，押韻と英語のリズムの基本的な知識を眺めてきたが，この音の修辞法（レトリック）は，各種のネーミングや標語などの日常的な表現に効果的に用いられている．先にも触れた **Mi**ckey **Mouse**，**Do**nald **Duck**，**Pe**ter **Pan** などのキャラクター名はどれも頭韻を使い，強弱強のリズムで名付けられている．また，**Co**ca **Co**la，**Doc**tor **Pep**per，**Pe**ter **Rab**bit などもどれも強弱形である．それに対して，ことわざの，A **friend** in **need** is a **friend** in**deed** は，文頭の a は機能語なので，先にも述べたとおり弱く発音され，friend は内容語なので強く発音されるので，弱強弱強弱弱強弱強という弱強型となる．

この強弱や弱強のパターンを頭に入れておけば，常套表現の **bread** and **butter**（バター付きパン：強弱強弱）や **cup** and **sau**cer（カップと受け皿：強弱強弱），あるいは **lad**ies and **gen**tleman（みなさま：強弱弱強弱弱）などの並びが逆にならない理由も想像がつくだろう．以上の例をぜひ声に出して読んでみていただきたい．

4. 韻律分析（scansion）によって詩をより深く味わう

次に，これまで述べてきた英語の韻やリズムについての基礎的な知識を基にして，英語詩の音の「あや」の分析に挑戦したい．これからまた専門的な用語がいくつかでてくるが，詩の韻律分析には欠かせないものなのでこの機会に覚えていただきたい．まず，英語の詩行の韻律を分析するときに最も重要な概念は，「詩脚」（foot）と「歩格」（meter）である．「詩脚」というのは，音楽の小節のように，詩行を弱強や強弱などのリズム・パターンで区切り，その一区切りを表す用語である．代表的なものは以下の4種類である．

（1） 弱強格　iambus（iambic meter）
（2） 強弱格　trochee（trochaic meter）
（3） 弱弱強　anapest（anapestic meter）
（4） 強弱弱格　dactyl（dactylic meter）

「歩格」というのは，これらの詩脚が1行にいくつあるか，その数を歩数のように表記することである．1行あたりの詩脚の数に応じて数詞をつけて，1歩格（monometer），2歩格（dimeter），3歩格（trimeter），4歩格（tetrameter），5歩格（pentameter），6歩格（hexameter）というように数え，1行に強弱格が3個あれば「強弱3歩格」（trochaic trimeter），また弱強格が4個あれば「弱強4歩格」（iambic tetrameter）と呼ぶ．このルールに従えば，**Pe**ter | **Pi**per | **picked** a | **peck** of | **pick**led | **pep**pers. は，「強弱6歩格」（trochaic hexameter）となる．英語詩の詩行の強弱のリズムをこの「詩脚」と「歩格」のパターンによって解明することを韻律分析（scansion）と呼ぶ．韻律分析の専門的な解説は石井白村『英詩韻律法概説』（篠崎書林，1978年）を参考にしていただきたい．

では，以上のことを踏まえ，イギリスの教養人であれば知らない人はいない17世紀のイギリスの詩人ジョン・ミルトン（John Milton, 1608-74）の *Paradise Lost*（『失楽園』1667年）という詩のエンディングを見てみよう．この詩は旧約聖書の『創世記』を題材に，禁断の木の実を食べて楽園を追放されるアダムとイヴを描いた叙事詩である．楽園を追われる2人の姿は次のように見事に整った「弱強5歩格」（iambic pentameter）で書かれている．引用する英文並びに日本語訳は John Milton, *Paradise Lost* (London: Penguin Books, 1989) 481 頁と平井正穂訳『失楽園（下）』（岩波文庫，1982 年）308–309 頁である．

The **World** | was **all** | be**fore** | them, **where** | to **choose** |
*Thir **place** | of **rest**, | and **Pro** | vi**dence** | thir **guide:** |
They **hand** | in **hand** | with **wan** | dring **steps** | and **slow,** |
Through ***E*** | *den* **took** | *thir **so** | li**tar** | ie **way**. |

世界が，──そうだ，安住の地を求め選ぶ世界が，今や
彼らの眼前に広々と横たわっていた．そして，摂理が彼らの
導き手であった．2 人は手（て）に手をとって，漂泊（さすらい）の足取りも
緩（ゆる）やかに，エデンを通って 2 人だけの寂しい路を辿（たど）っていった．
*Thir = their

弱強格（iambus）は基本的に英語の発話に近いリズムであるので落ち着いた自然な印象を与える．また，「弱強 5 歩格」は英語詩を代表する詩行で，叙事詩や詩劇にも用いられることが多い．人類の始祖であるアダムとイヴの転落の物語を描いたこの壮大な叙事詩には，まさにこの韻律が適していると言えよう．ウィリアム・シェイクスピアの劇作品もこの「弱強 5 歩格」をベースとして書かれていることも知っておくと英語でシェイクスピアの芝居を音声面でも楽しむことができるだろう．

しかし，上の *Paradise Lost* の詩行のように，実際の韻律分析において，これまでに説明してきた概念をそのまま単純に当てはめて韻律パターンがすっきりと映し出される例は少ない．言語は詩のために作られてものではないので，詩人の立場に立てば，人間や人生を自由に表現しつつ，それを韻律法の一定の形式の中に完全に収めることが至難の技であることは容易に想像がつくだろう．そこには当然ルールからの逸脱が生まれる．しかし，英語詩の韻律法ではその逸脱を正当化するルールも存在する．そこで，韻律分析の最後の学びのステップとして，その逸脱の処理の仕方を説明したい．

理解しやすい例として “Twinkle, Twinkle” をもう一度取り上げよう．このナーサリー・ライムの押韻形式は aabb 型である．これを先ほどの早口言葉を

分析した手順 (276-277 ページ参照) に従って強弱をつけてみたい.

Twinkle, **twin**kle, **lit**tle **star**	強弱強弱強弱強
How I **won**der **what** you are!	強弱強弱強弱弱
Up above the **world** **so** **high**,	強弱強弱強強強
Like a **dia**mond in the **sky**.	弱弱強弱弱弱強

第 1 段階の音節への分解では，各行の音節数は 7 と統一されていることがわかる．次に，第 2 段階の語強勢と第 3 段階の文強勢による強弱分けを行うと，上の引用のようなリズムが読み取れるだろう．しかし，3 行目では，"**world so high**" のところで内容語が 3 つ連続するので，ここに第 4 段階目の衝突回避メカニズムを適用する．そうすると，"**so high**" 前の音節である so を弱く後ろの音節の high を強音節化する．この結果，1 行目と 3 行目が強弱強弱強弱強というリズムで揃えられていることになる．

しかし，問題は強弱の詩脚に整えられていない 2 行目と 4 行目である．ここで，このようなズレを変更できるルールが必要になる．1 つは，弱音節を強音節化する「昇格」(promotion) と呼ばれるルールである．この規則に従えば，2 行目の弱音節 are (機能語) が強音節化され，| **How** I | **won**der | **what** you | **are!** | となり，1 行目，3 行目と同じリズム構成になる．さらに 4 行目にも適用すると，弱音節である like (機能語) と in (機能語) の弱音節が強音節となり，| **Like** a | **dia**mond | **in** the | **sky**. | という強弱のパターンが全体に浮かび上がる．「昇格」(promotion) とは逆に，強音節を弱音節化させることを「降格」(demotion) と呼ぶ．上でも述べたが，3 行目の so は，内容語の high と連続するために衝突回避メカニズムが働いて弱音節化されているが，これを降格による弱音節化と見なすこともできよう．

韻律分析の仕上げは，1 行に「弱強格」(iambus) や「強弱格」(trochee) のような詩脚がいくつあるか判断する作業である．しかし，この詩ではどの行も「強弱格」がベースとなってはいるが，すべての行末が強音節で終わって後ろに弱音がないので，「歩格」で表すと「強弱 3 歩格 + 強音節」という中途半端な形となる．そこで，この字余りのような不自然さを解消するルールが生まれる．それは「行末欠節」(catalexis) という考え方で，主に「強弱格」に多いのだが，行末に強音節が残った場合に，その後に弱音節が抜けていると見なす考え方である．表記としては，行末に「^」をつけて表す．このように，「昇格」と「降格」，そして「行末欠節」という例外ルールを適用すると，“Twinkle, Twinkle” はつぎのような韻律となる．

Twinkle,	**twin**kle,	**lit**tle	**star** ^
How I	**won**der	**what** you	**are!** ^
Up a	**bove** the	**world** so	**high**, ^
Like a	**dia**mond	**in** the	**sky**. ^

どうだろうか．全体が強弱 4 歩格（trochaic tetrameter）の詩脚としてきれいに整えられていることがわかるだろう．「2. 韻（rhyme）を踏む」でこの詩の押韻の説明の際に 3 行目が，押韻の関係から語順が倒置されたと説明したが，実はリズムの関係からも **so high up** above the **world** にはできなかったわけである．このナーサリー・ライムのように，誰も口ずさめるメロディをつけることができるのは歌詞にこのような整ったリズムがあるからである．

では最後に，韻律分析の本格的な実践として，これも先に出したブレイクの “Tyger” の第 1 スタンザに挑戦してみる．この詩は，行末が強音節で終わり，「強弱格」（trochee）で読み込むと音節が余るので，“Twinkle, Twinkle” と同じ「行末欠節」のルールを当てはめ，行末に弱音節を補ってゆく．すると以下のような詩脚が浮かび上がる

Tyger!	**Ty**ger!	**Burn**ing	**bright** ^
In the	**for**ests	**of** the	**night**, ^
What im	**mor**tal	**hand** or	**eye** ^
(Could)	**frame** thy	**fear**ful	**sym**me	**try**? ^

第 1 スタンザ全体を眺めた場合，4 行目を除いて残りの 3 行がすべて「強弱 4 歩格」によって構成されているのがわかるだろう．問題となる 4 行目の行頭の弱音節の “Could” であるが，このような処理のために，「（行首）音節余剰」（anacrusis）という例外の規則を当てはめる．簡単に言うと，音節が余ってい

るときには「余剰」として無視するという考え方である．これによって，この行も他の行と同じ扱い，つまり「強弱格」となり，全体の韻律を「強弱 4 歩格」(trochaic tetrameter) と判断することができるのである．この韻律分析によって，この “Tyger” と “Twinkle, Twinkle” の韻律が実は一致することがわかるだろう．

最後に少し唐突に思われるかもしれないが，この分析法を用いて，2016 年にピコ太郎という日本のシンガー・ソングライターが世界的なブームを巻き起こした “PPAP”（「ペンパイナッポーアッポーペン」Pen-Pineapple-Apple-Pen）の韻律の妥当性について触れたい．まず，あくまでピコ太郎の発音によるが，日本語の「ペンパイナッポーアッポーペン」では，｜**ペン**パイ｜**ナッ**ポー｜アッ**ポー**｜**ペン**｜（強弱強弱弱強強）という変則的な強弱格となる．しかし，日本語を理解できない英語圏の人間にとっては，「ペンパイナッポーアッポーペン」ではなく，英語の Pen-Pineapple-Apple-Pen として理解されているはずである．そもそも「アッ**ポー**」という強勢(ストレス)のつけ方は日本語では可能であるが，英語では ap**ple** の ple の部分に母音がないために強く発音することができないので，このフレーズに英語の強勢(ストレス)を単純に置くと，**Pen**-**Pine**apple-**Ap**ple-**Pen** となる．しかし，これでは規則的なリズムが生まれず，メロディの流れに乗りにくいので，pineapple の第 1 音節を「降格」させ，その代わりに第 2 音節を「昇格」させると，**Pen**-Pine-**ap-**ple-**Ap-**ple-**Pen** という「強弱格」(trochee) が出現する．行末が強音節で終わっているのでここに行末欠節を認めると，この詩行は “Tyger” と “Twinkle” と同じ「強弱 4 歩格」(trochaic tetrameter) と見なすことができるのである．

1 行に 4 箇所の強勢(ストレス)を持つリズムは一般にナーサリー・ライムや賛美歌などの歌に多い韻律構成なので，この歌が世界を席巻した理由には，英語圏の人間には口ずさみやすい韻律構造がベースにあったからではないだろうか．もちろん，破裂音である [p] が頭韻となって連続し，Pete Piper の早口言葉と同じようにリズム感を強めていることも見落としてはならない．日本人が英語の歌を歌うとき，あるいはメロディにあわせた英語の詩を創作するとき，この韻律の原理を無視して成功することはあり得ない．ピコ太郎がこの “PPAP” を **Pen**-**Ap**ple-Pine**ap**ple-**Pen** ではなく，**Pen**-Pine**ap**ple-**Ap**ple-**Pen** という配列にし，定型詩的な強弱のリズム構成を持つようしたのが偶然だったのか意図的だったのかは別として，この歌は英語詩の韻律法の原理を見事に体現していると考えられる．

5. 新しい韻律法に挑戦する

これまで述べてきた伝統的な韻律分析は，伝統的な定形詩を分析するには有効な手段とされてきた．しかし，これまで解説した韻律分析を見ておわかりのとおり，例外ルールが多く，どこか不自然さを拭い切れないことも事実である．実は，この英語詩の韻律の考え方は，ギリシア・ラテン語詩のルールを英語詩に嵌め込んだために無理が生じているのも当然なのである．そんな不自然さを解消しようとしたのが，前に言及したヨーク大学教授のデレク・アトリッジである．本章の締め括りとして，その試みを従来の韻律法を見直すための視座の一例として紹介したい．

2003 年，アトリッジは詩人のトマス・カーパー（Thomas Carper）との共著 *Meter and Meaning: An Introduction to Rhythm in Poetry* (London: Routledge, 2003）の序の中で「英語詩におけるリズムはビートとオフビートが交互に置かれることによって生まれる」(pp. xii-xii. 以下，本書からの引用は，引用頁と共に *Meter and Meaning* と記す．）と定義し，英語本来のリズム感に基づく「ビートによる韻律法」(beat prosody）を提案する．彼は従来の韻律法における強勢音節の組み合わせパターンの代わりに，ビート（beat）とオフビート（offbeat）という概念を取り入れる．ビートは音楽のビートと同様にリズムを生むタイミングのことで，拍子を入れて言葉をリズムに乗せるという考え方である．わかりやすく言えば，歌を歌うときの手拍子の感覚である．このビートと強勢音節は概ね重なることが多い．しかし，「ビートによる韻律法」では自然な英語のリズムを重要視するため，伝統的な韻律法のように無理に強勢（ストレス）を加えたりすることがないので，ビートのある音節に必ずしも強勢（ストレス）が置かれるとは限らない．この点は少し注意が必要である．

この「ビートによる韻律法」によって伝統的な韻律法の問題点がいくつか解消される．その 1 つは，詩脚を判断するときの恣意性である．例えば，次はシェイクスピアの “The Phoenix and the Turtle”（「不死鳥と山鳩」）の詩行であるが，この詩行の詩脚を伝統的な韻律分析によって区切る場合，以下のように強弱格となる．行末がすべて強勢音節で終わっているので，ここに「行末欠節」

のルールを当てはめると「強弱4歩格」の詩脚を読み取ることができるだろう.

Here the **an**them **doth** cóm**mence** ^ :	さあこれから賛美歌が始まる
Love and **con**stancy is **dead** ^ ;	愛も不貞も死んだのだ
Phoenix **and** the **tur**tle **fled** ^	不死鳥と山鳩は
In a **mu**tual **flame** from **hence** ^ .	互いに1つの炎となってにげて行った.

(Project Gutenberg EBook of The Phoenix and the Turtle, by William Shakespeare <https://www.gutenberg.org/files/1525/1525-h/1525-h.htm>, (「不死鳥と山鳩」訳西脇順三郎『シェイクスピア全集 8 悲劇 III 詩』(筑摩書房, 1975年, 341頁)

しかし, アトリッジは, *The Rhythm of English Poetry* (Edinburgh: Pearson Education, 1982) の中で, 下の引用のAのように行末に「行末欠節」を認めることができるならば, Bのように行頭に弱音節が抜けていると見なす「行首欠節」(initial truncation) のルールを適用して, 「弱強4歩格」で読むこともできると主張する (p. 11). 同じ詩行でありながらこのような判断の差が起きることは避けなければならない.

A: | **Here** the | **an**them | **doth** com | **mence** ^ |
B: | ^ **Herc** | the **an** | them **doth** | com**mence** |

伝統的な韻律法のもう1つの問題は, 詩脚の規則的なパターンに合わせるために, 倒置や昇格などの不自然な処理をすることである. その結果, 変更された音節を他の強弱のレベルと同等に扱ってよいかという問題が生じる. 音の強弱には中間的な段階があるので, そのようなレベルを設けられるならば, 詩のリズムをより自然な発話に近づけて表現することが可能になる. そこで, アトリッジは以下のような「リズム・マーカー」(rhythm marker) を導入することによって, 詩の韻律の流れを細かく捉えようとする. この標示は先に紹介した *Meter and Meaning* でさらに細かく分類されているが, ここではその基本的なものを簡潔に紹介する.

B：　ビート（強）
b：　ビート（弱）
[B]：　仮想ビート（対応する音節は表記されないがビートが存在する場合）
o：　オフビート（弱）
O：　オフビート（強）
-o-：　ダブル・オフビート（弱形のオフビートが 2 つ連続する場合）
[o]：　仮想オフビート（対応する音節は表記されないが存在する場合）
ô：　休止オフビート（対応する音節は表記されないが，リズム上の必要とされる休止を暗示する場合）
~o~：　トリプル・オフビート（弱形のオフビートが 3 つ連続する場合）

(*Meter and Meaning*, p. 147)

では，このマーカーを用いてブレイクの "Tyger" の韻律を再考してみよう．マーカーは，アトリッジの *Meter and Meaning*（pp. 110–111）による分析に従って詩行の下に記した．伝統的な韻律法ではこの詩の詩脚は「強弱 4 歩格」であるが，例外となる弱強格（iambus）の詩行は（×）で表示した．押韻構成は aabb である．

Tyger! Tyger! Burning bright B o Bo B o B	虎よ！虎よ！輝き燃える
In the forests of the night, B o Bo b o B	夜の森のなかで
What immortal hand or eye B o B o B o B	いかなる不滅の手，あるいは眼が
Could frame thy fearful symmetry?（×） o B o Bo B o b	おまえの恐ろしいシンメトリーを形作り得たのか．
In what distant deeps or skies. B o Bo B o B	いかなる遠い深海か大空で
Burnt the fire of thine eyes? B o Bo b o B	お前の眼の火は燃えていたのか．

On what wings dare he aspire? B o B O B o B B ô B -o- B	いかなる翼にのって彼は高くあがろうとしたのか,
What the hand, dare seize the fire? B o B O B o B	いかなる手でその火を捉えようとしたのか.
And what shoulder, and what art, B o B o b o B	いかなる肩, いかなる技が
Could twist the sinews of thy heart? (×) o B o B o b o B	おまえの心臓の筋をねじり得たのか.
And when thy heart began to beat, (×) o B o B oB o B	おまえの心臓が鼓動を始めたとき,
What dread hand? and what dread feet? B O B o B O B	いかなるおそろしい手が, いかなる恐ろしい足が.
What the hammer? what the chain, B o B o B o B	いかなる鉄槌が, いかなる鎖が,
In what furnace was thy brain? B o B o b o B	いかなる溶鉱炉におまえの脳があったのか.
What the anvil? what dread grasp, B o B o B O B	いかなる鉄床が, いかなる恐ろしい把握が
Dare its deadly terrors clasp! B o B o B o B	その死ぬほどの恐怖を握り得たのか.
When the stars threw down their spears, B o B O B o B	星たちがその槍を投げおろし,
And water'd heaven with their tears: (×) o B o B o b o B	その涙で天をぬらしたとき,
Did he smile his work to see? B o B o B o B	彼はおのれの作品を見て微笑したか
Did he who made the Lamb make thee? (×) o B o B o B O B	子羊をつくった彼がおまえもつくったのか.
Tyger Tyger burning bright, B o B o B o B	虎よ！ 虎よ！ 輝き燃える
In the forests of the night, B o B o b o B	夜の森のなかで

What immortal hand or eye B o B o B o B	いかなる不滅の手，あるいは眼が
Dare frame thy fearful symmetry? (×) O B o B o B o b	おまえの恐ろしいシンメトリーをあえて形作ったのか．

従来の韻律分析においても，ビートによる韻律分析においても，強く読むべき強勢音節とビート (B) の数は 4 である．また，強勢音節とビート (B) の位置も変わらない．ビートによる韻律法で大きく変わったのは，従来の韻律分析で昇格した機能語を弱形のビート (b) に置き換えている点（全体で 9 箇所）と，従来の韻律分析では弱音節扱いとされてきた音節が強いオフビート (O) として扱われている（全体で 8 箇所）点である．この強形のオフビートは，内容語の連続を避けるために強弱をつけた衝突回避メカニズムと同じ原理から生まれていると考えてもよいだろう．第 2 スタンザの "dare" や第 3 スタンザと第 4 スタンザの "dread" などが前後の強勢音節との関係で強いオフビート (O) となっている．このような中間強度の設定により，リズムが従来の韻律分析より細やかに設定されているのがビートによる韻律分析の大きな特徴である．

また，第 2 スタンザの 3 行目においてふた通りの読み方が提示されているが，韻律の解釈に複数の可能性を持たせている点で新しい発想である．"On what wings dare he aspire?" のリズム標示を B o B O B o B（上段）とするのは従来の韻律分析に近いものであるが，Bo B ô B -o- B（下段）のように，強勢音節の "wing の後に休止オフビート (ô) を入れて次の強勢音節の "dear" との衝突を避け，さらに "he aspire" の弱弱強と並ぶ 3 音節の弱弱 (he as) をダブル・オフビート (-o-) で処理することによって，ビートとオフビートの連続性を確保している．ここはぜひ声に出して読んで見てほしい．そうすれば実際の発話ではこちらの方がより自然に響くだろう．

この韻律分析で指摘しなければならない最も重要な点は意味と韻律の結び付きである．"Tyger" は各スタンザ 4 行構成が 6 節続くが，この 24 行中 18 行が「強弱格」で書かれており，残りの 6 行（×で表示）が「弱強格」である．従来の韻律分析では，これらの弱強格の行は全体との統一性から行頭の弱音節が音節余剰と見なされて例外的に処理されてきた．しかし，この新しい韻律分析ではこの「弱強格」の行の意味を積極的に読み込もうとする．以下，アトリッジの *Meter and Meaning* (pp. 112-113) の解説を紹介する．

一般に「強弱格」は力強さや重厚さを表すときに用いられるが，この詩の強弱格の行ではその特徴が顕著に表れている．まず，第1，第2スタンザの “In the forests of the night”（「夜の森のなかで」）と “distant deeps or skies”（「いかなる遠い深海か大空で」）によって，人間世界を超えた暗い世界が背景化される．そして，“immortal hand or eye”（「いかなる不滅の手，あるいは眼が」）と “what shoulder”（「いかなる肩」）によって，その存在の中心にある創造主の体が分節化されて不気味なイメージが付与される．最後に，第4スタンザで，虎を創造するための “hammer”（「金槌」）“chain”（「鎖」）“furnace”（「溶鉱炉」）“anvil”（「鉄床」）という無機質で硬質な道具が並べられ，その後に続く “what dread grasp”（「恐ろしい把握」）と “deadly terrors”（「死ぬほどの恐怖」）によって創造の恐怖が暗示される．

「強弱格」によるリズムがこのような重々しく厳しい印象を与える一方で，（×）が付いた「弱強格」の詩行は，落ち着きや穏やかさを表現する．第3スタンザでは，“thy heart”（「お前の心臓」）と “when thy heart began to beat”（「おまえの心臓が鼓動を始めたとき」）という生を司る心臓の動きが，創造主の冷徹な「手」「目」「肩」と対比的に語られる．また，第5スタンザの “water'd heaven with their tears”（「その涙で天をぬらしたとき」）が人間の悲しみを訴え，さらに，「虎」と対照的な「子羊」を登場させることによって人間の善と優しさが前景化される．このようにして，畏怖と恐怖を表現する「強弱格」と人間の善と弱さを体現する「弱強格」が対立的に響きあう．しかし，最後のスタンザの行末に挿入された “symmetry” の弱いビート（b）がエンディングを飾るため，この対立する力，つまり，弱く脆い人間と，自然世界や神的世界の神秘性や恐怖感が中和され，ある種の調和に到達するのである．そして，第1スタンザの写し鏡である最終スタンザの中で “Could” から意図的に書き換えられた “Dare” が，重いオフビートを響かせているため，その神秘性と畏れに堪えつつ立ち向かう人間の強い意思が表明されると結論づける．

以上のように，この「ビートによる韻律分析」は，これまでの定型的な韻律分析では掘り下げることができなかった，あるいは例外として切り捨てられてきた一面に光を当てることができ，詩の作品に新たな解釈をもたらすことになる．それは，従来の韻律法では扱うことのなかった自由詩の分析や，ロック音楽やラップといった現代の音楽の詩とリズムの分析の道を切り開く可能性もある．しかし，この理論が長い伝統を持つ韻律学の世界で中心的な地位を占めるにはまだまだ時間がかかるだろう．あるいは，将来的には，この方法を超える新たな分析法が出現するかもしれない．しかし，いずれにせよ，この新しい韻律分析法がこれまでの膠着した伝統的な韻律法のあり方に一石を投じたことだけは疑いない．

最近は高校の英語の教科書から詩が消えてしまった感があるが，英語のリズムを学ぶ上にも，また，詩に含まれる 1 語 1 語のイメージを読み取り，深く思索にふける機会を与えてくれる詩は小説とともに，もっともっと英語教育に盛り込んでほしいものである．

図版について

図 1：William Blake “The Lamb” の版画
<https://upload.wikimedia.org/wikipedia/commons/8/87/William_Blake_-_Songs_of_Innocence_ and_Experience_-_The_Lamb.jpg>

図 2：William Blake “Tyger” の版画
<https://upload.wikimedia.org/wikipedia/commons/9/91/The_Tyger_BM_a_1794.jpg>

最後に

機械翻訳の可能性はいかに?

第14章

虚学のすゝめ

大木理恵子

1. みんなのお悩み

大学で英語を教えている友人が，先日こんなことを言ってきた.「電車のなかの広告って，頭の育毛，体の脱毛，体重減量，そしてなぜか英会話のお悩みに関するものがめちゃめちゃ多いよね？」

電車の中の光景を思い出してみると，たしかに，そうかもしれない．かもしれない，というのは，この原稿を書いている現時点でコロナ禍が始まって半年以上になるのだが，その間私は，普通電車に一度も乗っていないため電車内の広告を眺めるチャンスが全くないのだ．そこで代わりに，さまざまな企業の宣伝広告やインターネット上の HP を注意して見てみることにした.

髪を増やし，老けて見られる自分を変え，できれば実年齢より若く見られたい．水着姿や下着姿に自信を持ちたい．デブな私とさよならしたい．異性からも同性からも，家族や恋人，友人，そして職場のみんなからも好感を持たれる存在になりたい．そしていつまでも気持ちも外見も若々しく明るい毎日を送りたい．当然だ．しかし，なぜそれとならんで「英会話」がくるのだろう？

そう．なぜ「英会話」なのか．それが問題だ．──不思議がる私に，友人は即答した.「それは，根本的には威張りたいからよ.『威張る』というと言葉は悪いかもしれないけど，つまり，『自信をつけたい』ってこと．劣等感を払拭したいというか．他の人と比べて優位にたてる，と言ってもいいかもしれない」と．なるほど．「それだけじゃないよ，たとえ，美魔女になれなくても，髪の毛が全くなくても，太っていても，英語が話せるだけで，『すごいね』とか言われてさ，体型や容貌のマイナスポイントはだいたいチャラにできる．英会話は，一般社会では，魔法のカードなのよ」，とその友人．

2. かつらとしての英語：一念発起からペラペラ免許皆伝までの道

では，世の中に氾濫する「英会話」教材や教室では，どのような人たちを潜在的顧客として設定しているのだろうか．「英会話」の教材を使って商売をしている各社のHP等に掲載されている体験談風のお話をいくつか眺めてみると，よくわかる．情報ソースには困らない．なにしろ，この原稿を書くために，毎日薄毛や減量，腋毛すね毛陰毛の処理，そして英会話について検索を重ねるうちに，コンピュータ上に蓄積されたクッキーによって私がその手の話題に興味を持っている人と判断されたらしく，自分で探さなくてもどんどんその類の広告が表示されるようになってきたのだ．

山のようにある教室や教材プログラムの宣伝の多くに共通して登場する数々のストーリーのエッセンスを抽出し，まとめてみると，以下のようなものになろうかと思う．

英語が大嫌いで，できるだけかかわりたくないと思い，避けてきた「私」．ふとしたきっかけでハッと目を覚ます．このままではいけないと．そこでいくつかの教材やプログラムを試してみたが，効果なし．やはりだめかと諦めかけた矢先に，当該教材に出会い，半信半疑で勉強を始めたところ，これが，楽しくてしようがない．仕事の休憩時間，行き帰りの通勤時間や家事の合間の隙間時間を利用し，一日に15分ないしは20分，教材音声を聴き流したり，スマホで動画を視聴したり，ネイティヴの真似をするだけで，全くストレスを感じることなく学習が進む．わけのわからない文法や単語テストに苦しんだ学校英語とは大違い．費用も無料またはリーズナブルな価格に設定されている．気づいてみたら30日後には英語のニュースが聞き取れ，1か月半でスピーチができ，2か月後にはペラペラに．

え？ たったの2か月で，英語がすらすら話せるようになるの？と思われた方にあえて申し上げておくが，これは決して嘘ではないと．きちんとした指導のもと，真面目に取り組めば，ほとんどの人にとって，充分実現可能だ．なぜなら，日常英会話「ペラペラ」認定合格のための基準ラインは極めて低いから．判断する試験官は英語ができない人なので，そう見えればいい．英会話教室に何年も通う必要もないし，短期留学など必要ない．

具体的には，まず，形から．羞恥心を捨てる決心をし，ジェスチャーも派手に，表情も豊かに．とりあえず定番の自己紹介文を誰かに手伝ってもらって準備し，それを流暢に言えるようにしよう．いわゆるカタカナ英語と決別だ．ただし，カタカナでフリガナをつけて，それをガイドとして利用するのは大いに結構．例えば，“What?” だったら，「ホワット？」と発音するのはダメ．その代りに「ワ？」とフリガナをふるのだ．

そのうえで，中学 2 年生までの学習内容が盛り込まれた例文を，ネイティヴ・スピーカーのお手本の音声をまねて，英語のまま情景が頭に浮かぶようになるまで理解し，すらすらと口から出てくるまで体に叩き込んでいく．

なぜ中 2 までてよいのか？ それは中学 3 年生で学習する主な文法項目は，現在完了，受動態，関係代名詞などだが，現在完了は過去形と現在形を組み合わせれば表現できるし，カジュアルなオーラル・イングリッシュなら，関係代名詞を使うより，2 文に分けて話すほうが自然だ．ましてや，現実に起こり得ない架空の話を語る仮定法や，主に書き言葉で使う分詞構文など，高校で学習する項目は，無視して大丈夫．英語や英語圏文学文化を専攻する学生さんは別として，表層的「ペラペラ」認定を受けるためだけなら，中 2 の範囲で十分なのだ．例文は合計 300 個クリアできれば，効果はてきめんだ．それでも，無理と思う方もあるかもしれないが，一日 5 個×60 日，“This is a pen.” とか “I like coffee better than tea.” のような，ごく平易なものも含めての数である．

もちろん，いくら覚えるのが苦手でも，最低，曜日や月の名前，色や職業名，学校，大学，役所，警察署など，日常生活に必要な言い回しのおさらいくらいはしてほしい．これに自分の職業や環境に関連する言い回しを加えて，自分用に語彙をカスタマイズすれば完璧だ．

自分で発音できるものは，耳で聞いても理解できる．言われたことは，すぐにわかり，こちらの言うことも，即わかってもらえる．途切れることなく会話が続く！ その状態を傍からみたら，立派な「ペラペラ」以外の何ものでもない．

英語ができない人に「すごい！」と褒めてもらえて，自分でも「やったぁ！私の英語，通じてる！」と実感できる．家族にも同僚にも一目置かれる．海外旅行に行っても困らない．海外からの観光客が職場に現れても堂々と応対できる．道案内もできる．なにより，タイムラグなしに，スイスイと言葉が通じる心地よさや，そのときの高揚感は，間違いなくあなたに自信を与えてくれるだろう．たとえ，頭にちょこんと乗せたカツラのように，吹っ飛んでしまえばおしまいの，中身のない，どんなに薄っ「ペラ」な英語であっても．

3. 「ペラペラ」に未来はあるのか

文部科学省の外国語教育に関する方針も同じ方向を向いている．同省は，現行の学習指導要領のなかで，外国語を学習することの目的を，次のように述べている．「外国語によるコミュニケーションにおける見方・考え方を働かせ，外国語 による聞くこと，話すことの言語活動を通して，コミュニケーションを図る 素地となる資質・能力を … 中略 … 育成することを目指す」（平成 29 年度学習指導要領より）．同じ学習指導要領の中で，文科省はこうも言っている．「グローバル化が急速に進展する中で，外国語によるコミュニケーション能力は，これまでのように一部の業種や職種だけでなく，生涯にわたる様々な場面で必要とされることが想定され，その能力の向上が課題となっている」．いわずもがな，明らかにその背後には，「文法偏重」「英文和訳中心」「会話軽視」の英語教育への批判が見え隠れする．2 ヵ月で英語ペラペラを謳う教材の企業も同じだ．中学高校大学と，何年も勉強したはずなのに「日本人の 7 割が英語を話せない」のは，退屈で堅苦しい英語教育のせい，という立場から語り始める．さてこれは，どこまでが真実なのだろうか．

グローバル化が進展しているのは間違いない．しかし，今の小中学生が大人になるころ，文科省が言うように，果たしてこの世の中は「これまでのように一部の業種や職種だけでなく」すべての職種の人たちが，学校を卒えてから死ぬまでの「生涯にわたる様々な場面で」，「外国語によるコミュニケーション能力が必要とされることが想像され」る社会になっているのか．すべての職種の人が生涯にわたって外国語 ── 本来は，何語でもいいはずなのだが，今の日本では，なぜか外国語＝英語と認識されている ── で意思の疎通を行う必要がある時代がくるとすれば，それは，世界で事業を展開しているいくつかの企業で既に行われているように，今度は日本の公用語が英語に変わったとき，私には，それしか想像できない．

そして，グローバル化の進展と並行する科学技術の目覚ましい進化を考えると，個人の好き嫌い，得意不得意，向き不向きを無視し，子供たち一律全員にコミュニケーション中心の英語を強いるなど，愚の骨頂としか思えない．ひと昔前までは，笑いのネタになっていたコンピュータ翻訳の水準が，近年加速度をつけ格段に進歩していることを忘れてはいけない．

世界を股にかけて活躍するグローバルなビジネスパーソンや，国際的な学術研究に携わる人を除き，一般の日本人なら「ペラペラ英語」ができればどうにか旅行もできるし，雑談も成立する．そしてありがたいことに，先端技術の目覚ましい進歩のおかげで，我々の世界は，全人類が同じ言葉を話していたという旧約聖書「創世記」にあるバベルの塔建設の状態に着実に近づいている．使い方に気をつければ，機械を用いてかなり正確に意思の疎通ができるだろう．21 世紀の「翻訳こんにゃく」を謳う某社の自動翻訳機械の精度の高さには，私の周囲の先生たちも，みな感心している．英語や中国語はもちろん，ロシア語やポルトガル語の方言まで，合計 75 言語でコミュニケーションができるというこの機械は，たったの 3 万円ほどで購入できる．大学の英作文の授業に google 翻訳を取り入れている先生もある．機械翻訳サービスの利用を頭ごなしに禁止し，自力で一から英文和訳／和文英訳することを強いるのは，明らかに非生産的であるばかりか，その挙句，苦労して作った英文が意味不明では可哀想すぎるというわけだ．私の友人のひとりは言う．「修験行者の修業じゃあるまいしさ，それより，〈google 先生（と，その先生は親しみを込めて呼ぶ)〉の上手な使い方を指導したほうが，よほどハッピーだよね」と．

というわけで，ここまでの私の話を読んでくださった方へ．「もともと英語嫌いだし，「リンガ・フランカとしての英語（共通の言語を持たない人同士のコミュニケーションのための共通言語）も関係ないし，とりあえずすぐ役に立つ英会話以外の英語は要らないわ」と思われるなら，ここで読むのをストップして下さっても結構だ．

しかしあなたが，もし，夏炉冬扇 —— 役に立たないと思われているもの —— いま，すぐ，ここで必要ではない，教養のための英語が，日々の生活を潤し，人生を豊かにしてくれるものかもしれないと思われる方であれば，もう少しお付き合いいただきたい.

私がこれから記すのは，国からも社会からも，時代遅れとばかり冷や飯を食わされている，「虚学」の英語は，決して無駄ではない，というお話だ．それどころか，もしかしたら，あなたの長年の疑問を解いてくれるかもしれない．そんなことを，たぶん，おそらく，いやきっと皆さま全員がご存じの，ある英単語をキーワードとして，語っていこうと思う．その単語とは―― ズバリ “the” である．

4. 冠詞 the をめぐるおはなし

日本語にも冠詞がある，といったら，驚く方がいらっしゃるかもしれない．嘘のように見えるが，ほんとうだ．ザ・ドリフターズ，ザ・タイガースなど，芸能界のユニット名に使われてきた「ザ」とは異なる，なんとも不思議な響きの和洋折衷の「ザ」プラス名詞の用法は，フジテレビ系列で 1980 から 81 年にかけて放送されていたお笑いバラエティ番組『THE MANZAI』（ザ・漫才）の頃がはしりだったと記憶しているが，80 年代以降，急速に普及し一般化し，今に至っている．「ストップ・ザ・薬物」のような標語は，使い古された感はあるが未だによく見かける用法だ．一応国語辞典の定義を紹介しておくと「《英語の定冠詞から》名詞に付けて，その語のもつ性質・機能などを強調したり，普通名詞をその典型を表す固有名詞のように扱ったりする．広告文や映画・テレビ番組・雑誌記事のタイトルなどに「ザ - バーゲン」「ザ - 商社」などと用いられる.」（小学館『デジタル大辞泉』）とのことである．

閑話休題．とはいえ，日本語は，もともとは英語の冠詞（不定冠詞の a，定冠詞の the，そして冠詞をつけない無冠詞）に相当するものを持たない．そのため，日本の英語学習者にとって，これはかなりの曲者だ．一回目に出てきたものには a，二度目以降は the，というところまではいいのだが ....

そこで，皆さまに訊いてみたい．中学校で，楽器を演奏する，と言うときは，楽器の前に the をつけましょう，と習ったと思うのだが，どうして the をつけるのか，疑問に思ったことはないだろうか．正解は，楽器の前につける the は，総称用法の the で，同じ種類のものすべてを包括するということを表す，である．しかし残念ながらきちんとした説明ができない方たちが少なくないのが現状だ.

試しに「the / 楽器 / 理由 / なぜ」などの検索ワードで，ググってみて（検索して）いただくと，荒唐無稽な解説がずらりと並んでいるのが見られる．曰く，自分が楽器を演奏する場合，家にあるピアノや，自分のもっているギターなど，同じ楽器になりやすいので the を使う．曰く，かつて楽器は高価で珍しいものだったため，当時の会話の中に出てくる「楽器」は大抵，話し手と聞き手の間でイメージが共有されていた，その名残で現代でも「定冠詞 the」が「化石」のように使われている．曰く，「楽器というのは，決まった形を持っているから」．曰く「楽器に込められた『音楽』というエッセンスを，the をつけることによって，話している相手にわかるように抽出する，と考えることができる」．どれも全く納得がいく説明になっていないし，最後の説明など，私が無知で理解が足りないのかもしれないが，意味がわからなかった．総称の the の用法に触れているものもあるが，あくまでも「という説もある」というような外伝扱いだ．それぞれ辞書や文法書を参照したうえで，一定の結論を出していらっしゃるようだが，ひとこと言わせてもらえば，甘い．理由は２つある．

１つ．まともな辞書を引けば，「楽器を演奏する」の意の「play the 楽器名」における，同じ種類のもの全体を表す用法ということが，例文つきで載っている．手持ちの辞書に載っていなければ，別の辞書も引いてみればよい．何も特殊な辞書である必要はない．『グリーンライトハウス英和辞典』（研究社）は英語初習者向けだけに載っていなかったが，いつも私が持ち歩いている古い電子辞書の『リーダーズ英和辞典』（研究社）にも，『ジーニアス英和大辞典』（大修館書店）にも，普通に載っている用法だ.

２つ．疑問に思ったのなら，なぜ試しに “definite article / with musical instruments” 等と入れて調べてみないのか．日本語で検索した場合，出てくるのは上記のような珍回答ばかりだが，英語で調べれば，何のこともなく単純明快なルールが表示されるのに．つまり “... to express ‘violin’ as a category of instruments, a definite article must be used”（楽器の種類として「バイオリン」と言いたいときには定冠詞をつける）とか，“use the definite article when generalizing about an entire class of musical instruments”（同じ種類の楽器をすべてまとめて指す場合には定冠詞を使う）などだ（http://masteringarticles.com）.

断っておくが，これはウェブ上に珍妙な解説を書いている方を批判することを目的とするものではない．辞書を丹念に引く．日本語で埒があかなければ，英語で調べてみる．特別な専門書や研究書をひもとく必要もなく，ただ手持ちの辞書を丹念に読んだり，日本語のサイトにこだわらず英語のサイトでも調べてみることで，英語上級者が首をひねった挙句に満足に答えられない「なぜ？」を解決することができる，ということを示したかったのである．

5. 子熊の出身地をめぐって

同じ the の問題で，日本人学習者が少し苦労するものに，形容詞の最上級の the がある．このごろでは，従来の文法書や辞書にある正統な英語では誤りとされる表現に対して寛容な態度をとる人も多くなり，目下正解の基準がぐらついている点を多く含み，なかなか厄介だ．たとえば，副詞の最上級には，かつては the をつけないのが普通だったが，今はつけてもいいことになっているし，昔は絶対つけてはいけないと言われた，同一の人やモノの中での最上級にも，最近ではつけてもいいことになってきている．定番の，“This lake is deepest at this point.”（この湖はこのあたりが一番深い）も，現在は “This lake is the deepest at this point.” も容認されつつあるということだ．また，そんなことに気をとられているうちに，うっかり忘れてしまいがちな最上級の用法が，もう 1 つあるのも忘れるわけにはいかない．比較対象をもたない，非常に，とても，大変，という意味の，the をともなわない最上級だ．この後紹介するクマの物語に，“ ‘Darkest Peru?’ said the inspector, looking most impressive.” という一節があるが，これは各々「最も暗いペルー」／「最も感銘を受けて」という意味ではない．複雑だが，特に文学作品を読む際には，迷ってしまうような形容詞や副詞の最上級が出てきた場合，それをスルーするのではなく，the の有無，それが書かれた時代，前後の文脈や背景を勘案し，それがどういう意味で使われているのか，総合的に解釈をしていく必要がある．ここでは，それを，イギリス人ならだれでも知っているクマを題材に，説明してゆこうと思う．

イギリス人なら誰でも知っているクマといえば … クマのプー（Winnie the Pooh）？ ── 確かにプーは有名人（クマ）だが，もう 1 人，日本でも大変人気のあるクマがいる．ヒントは，帽子，ダッフルコート，ウェリントン・ブーツ，そしてママレード．そう，20 世紀の児童文学作家マイケル・ボンド

Michael Bond（1926-2017）の童話，『パディントン』シリーズの主人公，パディントン（Paddington Bear）だ（シリーズには，一般に普及している版が複数あるが，本稿では，Michael Bond, *A Bear Called Paddington* (London: Fortana Young Lions, 1971 を使用)．

イギリス児童文学者，安藤聡の端的な言葉を借りて，このシリーズを紹介したい．――「このシリーズは，一章完結型の短篇童話として書かれていて，第1巻第1章「どうぞこのくまの面倒を見てやってください」(‘Please Look After this Bear’）はブラウン夫妻がロンドンのパディントン駅で迷子の子熊を発見する場面から始まる．夫妻は娘のジュディが夏休みに全寮制学校から帰ってくるのを迎えるために駅で待っていた．子熊は奇妙な帽子を被り，所持品と思われる古いトランクの上に座って途方に暮れていた．ブラウン氏が声を掛けようとすると子熊は流暢な英語（それもかなり正当な容認発音）で丁寧に挨拶をし，「暗黒の地ペルーから密航してここにたどり着いた」と話す．子熊はペルーで叔母に育てられていたが，叔母が（熊の）養老院に入ることになったため，1人で生きて行くために英語を仕込まれてイギリスに送られたという．ブラウン夫妻はこの子熊を家族の一員として迎えるため，英語で通じる名前が必要だと考えてパディントンと命名する（安藤「『くまのパディントン』50周年」『語研ニュース』愛知大学，2008年）．

さて，私がここで問題にしたいのは，パディントンの出身地ペルーは，本当に「暗黒の地」なのかということだ．パディントンの公式HPにもそう紹介されているし，疑う余地はないように見える．しかしよく考えてみてほしい．もう一度繰り返す．なぜ「暗黒の地」なのか．

作品では，一貫して彼の出身地は ‘Darkest Peru’（日本では松岡享子の訳語「暗黒の地ペルー」が定着）と呼ばれるが，最初にこのフレーズが登場する場面――駅でのブラウン夫妻と出会う場面――を見てみよう．

> Mrs Brown bent down. ‘You’re a very small bear,’ she said.
>
> The bear puffed out its chest. ‘I’m a very rare sort of bear,’ he replied, importantly. ‘There aren’t many of us left where I come from.’
>
> ‘And where is that?’ asked Mrs Brown.
>
> The bear looked round carefully before replying. ‘Darkest Peru. I’m

not really supposed to be here at all. I'm a stowaway!' (Bond p. 11)

ブラウンさんの奥さんは，身をかがめて，「あなた，とても小さいクマでしょう.」と，いいました.

それを聞くと，クマは威勢よく胸を張って，もったいぶった調子でいいました.

「ぼくは，非常に珍しい種類のクマなんです．ぼくのもといたところにも，ぼくのようなのは，もうあまり残っていないんです.」

「もといたところって？」と，奥さんはたずねました.

クマは注意深く周りを見回して答えた．→訳文が抜けている.

「暗黒の地ペルーです．ほんとうはぼく，（こんなところにいるの見つかったらたいへんなんです．密航者なんですよ，ぼくは！」

（松岡享子訳『くまのパディントン』（福音館文庫，2002 年）pp. 13–14．以下，すべて松岡訳を使用）

同じ本にはあと 2 か所「暗黒のペルー」が出てくる箇所がある．1 つは，同じこの続きのシーンで，ブラウン夫妻から「毎朝ママレードを食べられる」と聞き，子熊が驚く場面.

'… Marmalade's very expensive in Darkest Peru.' (Bond p. 13)

「… 暗黒の地ペルーじゃ，ママレードはとても高いんです.」（松岡 p. 14）

もう 1 か所は，初めて地下鉄に乗ったパディントンがエスカレーターで騒動を巻き起こしてしまい，説諭される場面である.

'But we don't have esca … esca …'

'… lators,'said the inspector, helpfully.

'… lators,' said Paddington, 'in Darkest Peru. I've never been on one before, so it's rather difficult.'

'Darkest Peru?' said the inspector, looking most impressed. (Bond p. 45)

「ですけど，ぼくのいたところには，その，エスカ … エスカ …」

「レーター.」と公安官は助け舟を出しました.

「レーターがないんです．暗黒の地ペルーには．ぼく，きょう初めて乗ったもんですから，よくわからなかったんです.」

「暗黒の地ペルー？」公安官は，ひどく感心したようでした.

（松岡 pp. 73–74）

「暗黒」などと言われると，私などつい，国語辞典にあるように「社会の秩序が乱れ」「悪事や不安がはびこ」（小学館デジタル『大辞泉』）っている恐ろしい場所を思い浮かべてしまうのだが，皆様はどうだろうか．原作だけでなく，映画版（2014 年）の字幕スーパーでも「暗黒の地」は踏襲されている．自分の生まれ育った国を紹介するとき，いちいちそのような枕詞をつけるのは，不自然ではないのか.

6. 「暗黒大陸」と「暗黒の地」

著者ボンドが，パディントンの出身地を，当初「暗黒大陸」the Dark Continent（＝アフリカ）に設定していたことは，よく知られている．これはアフリカの内陸の事情がほとんど何も知られていなかった時代の旧い言い回しだ．このようなヨーロッパ中心主義の差別的な呼び方は，現代の我々には不愉快に感じるが，アフリカのほぼ全域で植民支配を続けていた時代のヨーロッパにおいては，事情は異なっていた.

未知の大陸と言う意味と，ヨーロッパ的文化の光が届いていない未開の地，キリスト教伝道による救いが必要な野蛮な土人の住む大陸という意味を重ねたその呼称は，西側北半球の先進国を自認する同時代の人たちにとっては，何の違和感もなかったはずだ．周知のとおり，手付かずのアフリカ大陸に魅力を感じたヨーロッパの列強は，19 世紀末から第一次大戦までの短期間のうちに，たったの 7 か国でアフリカ大陸のほぼすべてを分割して支配下に収めてしまった．宗主国はその政策を正当化し，従属国にとってもプラスのはずと思っていたくらいだったから罪悪感はなく，アフリカを「暗黒大陸」呼ばわりすることくらい何でもないことだっただろう．『パディントン』シリーズの著者ボンドも，大都会ロンドンに突然現れるクマの出身地として，その対極にあるアフリカを選んだことについて，他意はなかったのだろうと思う．何しろ，ボンドがシリーズの第一作を執筆した時期──公式 HP にもあるが，56 年のクリスマスに購入したクマのぬいぐるみを主人公にした最初の物語を 10 日間で仕上げ，58 年秋に出版にこぎつけていることを考えると，57 年の初頭のことと推測される──はまだ，アフリカのほとんどの地域が植民支配されていた頃だったのだから．

しかし，その草稿を，出版エイジェントのハーヴィー・ウナ Harvey Unna (1911-2003) に見せた際ボンドは，主人公がアフリカ出身という設定は変更すべきとの指摘をうけてしまう．2017 年に作家が亡くなる前に『テレグラフ』紙 (*The Telegraph*) に語ったことによれば，指摘の内容は「そもそもアフリカにはクマはいない」というものだと伝えられている．が同時に，1950 年代はアフリカに対する世界全体の態度が大きく変わってきていた時期だったことも影響していると考えるのが自然だ．

1945 年の第二次世界大戦終戦の時点でアフリカの独立国は，エチオピア，リベリア，そしてエジプトの，たったの 3 か国だけだったが，『くまのパディントン』が出版される 1958 年までに，リビア (51 年)，スーダン，モロッコ，チュニジア (いずれも 56 年)，ガーナ (57 年) が独立を果たす．ギニアの独立は，同書の公刊と同年の 58 年である．その直後の「アフリカの年」といわれる 1960 年には，17 ヵ国が一斉に独立．同年末に，国連総会は，植民地支配は人権侵害であり，すべての人は自己決定権を有すると宣言し，それは全会一致で可決されることになる (当時，植民地を持っていた国は投票を棄権)．国際オリンピック委員会が，それまで，公式ハンドブックに掲載していた「五輪の色は 5 大陸を表す．すなわち青がヨーロッパ，黄がアジア，黒がアフリカ，緑がオーストラリア，そして赤が［南北］アフリカ大陸である」という一節は，近代オリンピックの発案者で五輪マークの考案者でもあるクーベルタンの遺した文書等を精査してもその根拠が見つからないとして削除し，「この論争に終止符を打つ」(put an end to all controversy on this point) と発表したのは，1951 年のことだ (*Bulletin du Comité International Olympique, Number 25*, January 1951)．アフリカ大陸＝黒とすることは，50 年代以前から既に問題視されていたのだ．

結局ボンドはエイジェントのアドヴァイスを聞き入れて，アフリカを南米ペルーに改め，ウナもそれを承認．数社に原稿を持ち込んだところ，コリンズ(William Collins Sons & CO.) からの出版が決まったというのが，シリーズ誕生の経緯だ．

作品に登場するグルーバーさん (Mr Gruber) のモデルでもあるウナは，ナチス・ドイツからイギリスに逃れてきたハンブルグ生まれのユダヤ人である．フライブルグ大学，ベルリン大学，ハンブルグ大学で学び，1932 年には保険法の需要に関する論文で博士号を取得，その後史上最年少で判事に就任すると目されていたほどの才学非凡な青年であったのだが，ユダヤ人取り締まりのリストに自分の名前が載っていることを知り，25 ポンドの現金をもって身 1 つでドイツを脱出してきた人物だ．第二次大戦中は BBC のドイツ語放送に携わり，戦後はニュルンベルク裁判で通訳を務めるなどの活動に従事．その後文芸著作権エイジェントとして非常に成功した人物だが，もともと迫害を受けたユダヤ人の難民，しかも法学博士で法曹を目指していたほどの人間であったことを考えると，一般のイギリス人と比べ，アフリカをめぐる人権問題にも，敏感だったことは，想像に難くない．そして，そんなウナのアドヴァイスがなかったなら，ボンドは，後にアフリカに対する差別的な態度について批判にさらされ，『パディントン』シリーズは図書館の閉架書庫に追いやられ，短命に終わっていたかもしれない．

しかし，「暗黒の地アフリカ」がダメなら，「暗黒の地ペルー」も同じようにダメではないか，と不思議に思う方も，皆さまの中にいらっしゃるのではないかと思う．ここで再び役に立つのが，英語である．

確かに日本語の範囲だけで考えるなら，「暗黒大陸」も「暗黒の地アフリカ／ペルー」も似たり寄ったりであまり変わらないように見える．しかし，もとの英語 ― 前者は the Dark Continent，後者は Darkest Africa / Peru ― に目をむけてみると，その違いはもちろん，もっと複雑な事情も見えてくる．

まず the Dark Continent は，誰もが知っている「あの黒い大陸」，ズバリ名指ししなくとも誰もが何のことを言っているのかピンとくる，アフリカ大陸の代名詞である．アメリカで the Great Lakes といえば，ただの大きな複数の湖のことではなく，ヒューロン湖，オンタリオ湖，ミシガン湖，エリー湖，スペリオル湖の五大湖をさすのと同じ感覚だ．それに対して，ボンドが選んだのは，あくまでも，Darkest Africa 改め，Darkest Peru という言い回しである．

この the なしの最上級が何を意味するのか．Darkest Peru の訳語は，本当に「暗黒の地ペルー」でいいのか．

ボンドが当初使おうとした Darkest Africa は，1871 年にアフリカで消息を絶った医師／宣教師／探検家のデイヴィッド・リヴィングストン David Livingston（1813-73）を発見したことで最も有名なジャーナリスト／冒険家，ヘンリー・モートン・スタンリー Henry Morton Stanley（1841-1904）の著作 *In Darkest Africa* を踏まえていることは間違いないだろう．

彼の探検記を読んでみようと思う現代人は余りいないかもしれないが，新聞記者である彼の文章は読みやすくて面白く，実際さかんに読まれていたことは，様々なことからうかがい知ることができる．ディズニーランドの人気アトラクション「ジャングルクルーズ」は，20 世紀初頭から半ばにかけて子供時代を過ごした人たちの，文明から遠く離れた未開の地に抱いていたイメージを具現化したもので，毒矢で攻撃してくる原住民や，サイに追い詰められて，いち早く木に登って避難する白人探検家と現地で採用された黒人たちの姿（現在は，様々な差別的な表現を避けるポリティカル・コレクトネス political correctness に配慮したメンバーの人種変更が行われているが）などの数々のシーンを思い出してもらえば，それがスタンリーの探検記をベースの 1 つとして使用しているのは明らかだ．リヴィングストン発見の際，彼が発したとされる「リヴィングストン博士，とお見受けいたしますが」(Dr. Livingston, I presume.) は，今でも誰もが知る有名な台詞である．1962 年から 92 年までディズニーランドの「冒険の国」にあったジュース・スタンド「サンキスト，とお見受けいたしますが」(Sankist I Presume) もその 1 つだ（私は確認していないが，能登地雅子『ディズニーランドという聖地』（岩波新書，1990 年）によれば，東京ディズニーランドにもあったとのこと．現在のスクイーザーズ・トロピカル・バーの前身と思われる）．また，リパブリック・ピクチャーズ社のシリーズ映画 *Darkest Africa*（1936 年）――内容はスタンリーの著作とは無関係――や，ディズニーの短篇漫画 'Darkest Africa'（1948 年）に使われる（ドナルド・ダックと 3 人の甥っ子たちが，稀少な種類の蝶を追いかけて，アフリカ探検に行く）など，大衆向けエンターテインメントに多く用いられている．スタンリーが紹介するエキゾチックで危険でミステリアスなジャングルの世界が，少年少女にとって，冒険の世界に誘いワクワクさせてくれる存在であったことを十分にうかがわせるものである．

スタンリーは，生涯で3回のアフリカ探検をしている．まず，1回目は1871年から72年にかけて．消息を絶っていたリヴィングストン博士を捜索するのが，第一の目的であった．首尾よく博士を見つけた後，彼と共にいくつかの湖や川を偵察．その後博士は死亡するが，その遺志を継ぎ，1874～77年に二度目の探検に赴き，インド洋沿岸のバガモヨから内陸にはいり複数の湖とそれをつなぐ河川の関係を調べ，最終的に陸路でボマに出てコンゴ川が大西洋に注いでいることを確認．この2つの探検について彼が書き残したものが，*Through the Dark Continent*（『暗黒大陸を踏破して』1878年）だ．そして，最後の3回目が1887～90年の，当時のエクアトリア総督エミン・パシャ Emin Pasha を救出する目的で行われた所謂エミン・パシャ救出遠征である．表向きはスーダンから出られなくなっていたドイツ人パシャを助け出すことであったが，それまでの探検で解明できていなかった，コンゴ川流域とナイル川流域の間の地勢を知りたいという野望を抱いていたスタンリーは，スーダン入りに便利なインド洋側からではなく，わざわざ大西洋側からコンゴ川を上って陸路スーダンに向かい，インド洋に面したザンジバルへ抜けるルートを選んだ．このときの遠征についてスタンリーが書いたのが，問題の *In Darkest Africa* である．このタイトルは，一行の前に立ちはだかり，当初目算していた2か月の移動行程を約3倍の足かけ6か月にまで遅滞させた壮大な熱帯雨林，イトゥリの森（the Ituri Forest）――あまりに高い木が密生していて，地面まで光が届かないほど暗い森――からとられたもので，そこには，dark という言葉のもつ重層的な意味が込められている．すなわち，スタンリーは，「未踏の」（not known or explored because of remoteness）の意に加えて，真っ暗で「光があたらない」（not receiving light），前進しようとする探検隊の行く手を執拗に阻む「邪悪な」（showing evil traits），そして「陰鬱な」（dismal, gloomy），「未知の」（not clear to the understanding），奥深い（possessing depth and richness），「閉ざされた」（closed to the public）などの複数のイメージをもつ dark という形容詞を使うことで，読者の目の前に圧倒的なアフリカの存在感を提示し（英語の定義は，すべて Web 版 Mirriam-Webster による），最上級 darkest を使うことで，dark さを強調，また the をつけないことにより，それまでの探検では経験したどんなところよりももしかしたらもっと dark なところがあるかもしれないという不気味な含みをもたせていると考えられる．

例えば，次に示す英文とその後に示す，筆者による解説文（逐語訳ではない）

を読んでほしい．

Imagine the whole of France and the Iberian peninsula closely packed with trees varying from 20 to 180 feet high, whose crowns of foliage interlace and prevent any view of sky and sun, and each tree from a few inches to four feet in diameter. Then from tree to tree run cables from two inches to fifteen inches in diameter, up and down in loops and festoons and W's and badly-formed M's; fold them round the trees in great tight coils, until they have run up the entire height, like endless anacondas; .... (Henry M. Stanley, *In Darkest Africa or the Quest, Rescue, and Retreat of Emin, Governor of Equatoria*, Vol. II (New York: Charles Scribner's Sons, 1890), p. 76)

想像してみていただきたい．フランス全土からイベリア半島の津々浦々まで，隅から隅までびっしりと，高さ 20 ～ 180 フィート［約 6 ～ 55m］の樹木がびっしりと密集して生えているさまを．樹冠［樹木の枝や葉が生い茂っている部分］の枝葉は，互いに絡み合い，視界を妨げ，地上からは空も太陽も一切見えない．それぞれの樹木は小さいもので直径数インチ［1 インチは約 2.54cm］，大きいものは直径 4 フィート［約 1.2 メートル］．それだけではない．直径 2 インチ［約 5cm］から 15 インチ［50cm］の弦が，輪になって，花綱装飾のごとく枝葉もろとも絡まり合い，幹をよじ登ったかと思えば，ゆるく垂れ下がり，W やでき損ないの M の字を描き，木からまた別の木へと渡り巡る．それらの弦は無限のアナコンダよろしく，容赦なく木の幹に巻きつき締め上げつつ，木の頂に至るまで，上へ上へと延びてゆく．

熱帯林は高さの異なる多様な樹木が生育する「複層構造」をもつという特徴があるが，最も高い 55m は，ちょうど京都の東寺の五重塔と同じ．ビルの高さで言えば 20 階の高さに相当する．そんな樹木が密生した上に，各樹木には数え切れない数のアナコンダ（蛇）のような蔓性の着生植物が縦横に絡みついて，空も見えず，太陽の光も射さないという真っ暗な森，しかもその面積たるや，フランスとイベリア半島を合わせたほどの広さというのだから，探検家にとっては，まさにお先真っ暗．すでに開かれていた大陸沿岸の町や，多くの先人探検家たちにより，地勢や風俗などが比較的よく知られていた地域とは全く異なる，アフリカ大陸の中でも，前人未到の最奥地を踏破しようとしたスタンリーの意気込みが伝わってこないだろうか．

というわけで，ここで，話を元に戻そう ── パディントンの出身地ペルーは，本当に「暗黒の地」でよいのか．その問題に対する私の答えは，Yes でありNo である．「暗黒の地」という表現と *In Darkest Africa* の邦訳（なんと原書が発表された 1890 年からわずか 3 年後に，日本語訳が出版されているのだ）『闇黒阿弗利加』全 6 巻，博文館世界文庫（1893 年））との関連を残す意図で，「暗黒の地ペルー」とするなら，それはそれでよい．しかし，もし，敢えて児童文学のなかにスタンリーとの関連性を示す手がかりを残す必要がないと判断するなら，やはり，「ペルーの山奥」「ペルーの奥地」などのほうが，適切だろう．

7. 「もっとダークなコロンビア」

ちなみに，『くまのパディントン』のパロディに，『くまのユーストン：似て非なる悪いやつ』(Keillor Robertson, *A Bear Called Euston: The Evil Twin* (London: Carlton Books, 2010) という作品がある．礼儀正しい愛されくまのパディントンを腹の底から嫌っている，邪悪な子熊ユーストンの出身地は「もっとダークなコロンビア」(even darker Colombia) だ．この場合の dark は，もちろん日本語の暗黒のイメージで，犯罪が横行し薬物がはびこる「ヤバい」コロンビアの意で，パディントンの出身地 Darkest Peru の dark をわざと悪い意味に解釈し，「それよりもっとヤバい」，と嘯(うそぶ)いているのだ．興味のある方のために，安藤の文体を借りて，内容をすこしだけ紹介する．

「第 1 章「このくまの付近にいるときはじゅうぶんご注意ください」(‘Please Watch Yourself When In The Vicinity Of This Bear’) はウッド夫妻がロンドンのユーストン駅で，汚らしい子熊と出会う場面から始まる．頭が鈍く，独創力に欠け，知性の面で挑戦を受けているウッド夫妻は，娘を出迎えるために，駅で待っていたところだった．娘のレベッカはどこから帰ってくるところだったのか？ とても面白いところなので，紹介してみよう．

The actual reason why Mr and Mrs Wood had come to the station that day was to meet their daughter, Rebecca. Rebecca was returning after a few months away at boarding school. (Robertson p. 11)

ウッド夫妻がその日駅に来ていたのは，娘のレベッカのお迎えのためでした．レベッカは，家を離れ，寄宿学校で寮生活をしているのですが，数ヵ月ぶりに帰宅することになっていたのです． （拙訳．以下同じ）

Well, it was a sort of boarding school. It was an establishment with an educational remit situated deep in the countryside which provided residential facilities for its school age attendees. (Ibid.)

正確には，寄宿学校と言うか，寄宿学校のようなところ，と言ったほうがいいかもしれません．そこは，田舎の奥深くに位置し，義務教育年齢の入所者を収監するための，宿泊施設を伴う教育施設でありました．

Okay! It was a youth detention centre in the Midlands. But to Mr and Mrs Wood it was a boarding school. And one with a surprisingly affordable fee structure. Rebecca had been sent there six months ago following an unfortunate incident involving her domestic science teacher and an industrial bacon slicer. (Ibid.)

判りづらいですか，ではハッきり申し上げましょう．ミッドランドの少年院です．しかし，ウッド夫妻にとっては，それは寄宿学校だったのです．しかも，学費格安の学校．レベッカは家庭科の先生と業務用のベーコン・スライサーが関係する，ある不幸な事件を起こしてしまい，6 か月前，そこに送致されたのです．

Now Rebecca was being allowed to return home for the hols or, as her school described it, time off for relatively good behavior on condition that she refrained from operating any item of meat processing equipment within one hundred yards of Mrs (formerly Mr) Thompson. (Ibid.)

そして，ようやく，レベッカに休暇のための帰宅，というか，学校の説明どおりにいうなら，比較的素行が良好なため，ミセス・トンプソン先生（性別変更前のミスター・トンプソン先生）から100ヤード以内で，肉を加工する機械を操作しないことを条件に，仮釈放のための帰宅を許可されたのでした．［訳注：ここで，トンプソン先生の性別変更と肉屋さんが使う機械──おそらく肉のスライサー──との関係性がほのめかされていることにも気づきたいところである］

子熊は流暢な英語（それも非常に乱暴で汚いべらんめえ英語）を話す．四文字ワード（本文では伏字）を乱発し，性的な含みのある俗語に精通し，セクハラ的発言も珍しくない．そして “Ey, mister, hand over your wallet or you're a dead man” (Ibid. p. 8)「おい，おっさん，死になくないなら，財布をよこしな」と脅す．

後先考えずに刺激的なものに飛びついてしまう性格の夫妻は，偶然出会った子熊にすっかり心を奪われ，彼の脅し文句など馬耳東風で，彼を自宅に連れ帰ることにする．そのクマはまるでアンゴラのセーターを着ているようにフワフワに見えたが，それは，ユーストン駅のコンコースで，身長が低い彼が午前中いっぱい恐喝行為を繰り返すうちに体に付着した綿ぼこりであり，本当は素っ裸であった．信じようとしないウッド夫人に，一糸まとわぬ裸である証拠を見せた子熊は，自分が「もっとダークなコロンビア」even darker Colombia (Ibid. p. 15で3回，p. 106でも1回使われている）の首都ボゴタから，格安航空会社のファーストクラスに乗ってロンドンにやってきた」と話す．イギリス人にとっては，「駅とクマ」のコマがそろえば，もちろんパディントン，パディントンと言えば出身は darkest Peru というのは常識なので，ここでいう darker の後ろには当然 than Peru が頭に浮かぶところだ．

縫いぐるみの中に不法な物品を隠して運ぶ手口を使った密輸取引に使われ，数え切れないほどコロンビアとイギリスを往復してきたという汚い縫い目だらけの子熊は，今回もそうしてロンドンにやってきて，その日はコロンビアまでの帰路の航空券代を稼ごうと，ユーストン駅でゆすり行為を繰り返していたというのだ．一緒に住まないかと誘うウッド氏に対しては，最初は「金をよこせばいってやってもいい」とか，もしかしたら「クマ・フェチ」bear pervert/bear-vert (Ibid. p. 10) かなにかで，何か下心があるのではないかと（実際のちにそうであることが判明するのだが）疑ったりする子熊だが，結局誘いに乗ることにし，新しい名前（ユーストン駅にちなんでユーストン）をもらい，新しい家に定住することとなる.」

この続き，読んでみたいと思われるなら，選択肢は 1 つしかない．翻訳はおそらくでないだろうから，自力で読むほかはないのだ．グーグル翻訳？ ポケトーク？ それは，残念ながら，小説や詩など，文学作品を読むときには使い物にならない．例えば，先ほどの「仮釈放」のパラグラフの後半部分など，「グーグル先生」に訊いてみると ….

> または，彼女の学校が説明したように，トンプソン夫人（以前の氏）から 100 ヤード以内で食肉加工機器を操作することを控えることを条件に，比較的よい行動のために休暇を取りました.

となってしまう．これで面白さが伝わりますか？

… というわけで，私の結論はこれ．実学だけが英語ではない．虚学の英語のさきには，きっと楽しいことが待っている.

索　引

1. 人名と作品名に分けて，それぞれ五十音順に並べてある．
2. 数字はページ数を示す．

人　名

作品名

執筆者紹介

［編者・執筆］

江藤秀一（えとう　ひでいち）常葉大学学長，常葉大学外国語学部特任教授，筑波大学名誉教授，Dr Johnson's House（ロンドン）理事，博士（文学）専門：18世紀イギリス文学・文化　（第4章担当）

［執筆者］

青山加奈（あおやま　かな）関東学院大学法学部非常勤講師，文学修士　専門：19-21世紀英国小説，比較文学　（第10章担当）

安藤　聡（あんどう　さとし）明治学院大学文学部英文学科教授，博士（文学）専門：英国小説，児童文学，英国文化史　（第2章担当）

飯田敏博（いいだ　としひろ）鹿児島国際大学国際文化学部教授，日本バーナード・ショー協会前会長，日本コーヒー文化学会常任理事，文学修士　専門：イギリス文学・演劇，コーヒー文化　（第12章担当）

井石哲也（いせき　てつや）福岡大学教授，日本英文学会前編集委員，大会準備委員，日本ジョンソン協会前幹事，文学修士　専門：18世紀イギリス文学・文化　（第9章担当）

大木理恵子（おおき　りえこ）白百合女子大学キリスト教文化研究所所員，文学修士　専門：アメリカ文化，文学　（第14章担当）

倉林秀男（くらばやし　ひでお）杏林大学外国語学部教授，日本文体論学会会長，日本ヘミングウェイ協会学会誌編集委員長，日本英文学会関東支部編集委員，博士（英語学）専門：英語文体論　（第1章担当）

鈴木章能（すずき　あきよし）長崎大学人文社会科学域教授，日本文体論学会理事，片平英語英文学会会長，International Association for East-West Studies 編集委員，International Academic Forum Literature & Librarianship 部門編集委員，博士（英文学）専門：米文学，比較文学　（第3章担当）

千森幹子（ちもり　みきこ）大阪観光大学客員教授，元山梨県立大学・帝京大学教授，英国イーストアングリア大学博士（Ph.D.）専門：18-19世紀イギリス小説，日英比較文学・文化，図像研究，翻訳研究　（第11章担当）

戸田　勉（とだ　つとむ）　常葉大学外国語学部特任教授，日本ジェイムズ・ジョイス協会前事務局長，文学修士　専門：イギリス・アイルランド文学　（第 13 章担当）

中田元子（なかだ　もとこ）筑波大学教授，博士（文学）　専門：19 世紀イギリス文学・文化　（第 5 章担当）

原田範行（はらだ　のりゆき）　慶應義塾大学文学部教授，日本学術会議会員，日本英文学会前会長，Dr Johnson's House（ロンドン）理事，博士（文学）　専門：18 世紀を中心とする近現代英文学，比較文化論　（第 7 章担当）

松本三枝子（まつもと　みえこ）　愛知県立大学名誉教授，日本英文学会元理事，日本英文学会元中部支部長，学会誌『中部英文学』元編集委員長，日本比較文学会前理事，日本比較文学会前中部支部長，日本ギャスケル協会幹事，編集委員，日本比較文学会中部支部代表幹事，修士（文学）　専門：イギリス女性文学・文化　（第 6 章担当）

米山優子（よねやま　ゆうこ）　静岡県立大学国際関係学部准教授，日本カレドニア学会幹事，博士（学術）　専門：社会言語学，イギリス文化・文学　（第 8 章担当）

英語読みのプロが語る

文学作品に学ぶ 英語の読み方・味わい方

編　者　江藤秀一
発行者　武村哲司
印刷所　日之出印刷株式会社

2022年1月14日　第1版第1刷発行

〒112-0013 東京都文京区音羽1-22-16
電話　(03) 5395-7101（代表）
振替　00160-8-39587
http://www.kaitakusha.co.jp

発行所　株式会社　開 拓 社

ISBN978-4-7589-1310-2　C0082